Holger Fischer

Sie sind … Ihr bester Coach

Holger
Fischer

Sie sind ... Ihr bester Coach

Gesundheit, Glück, Erfolg – was hätten Sie denn gern?

Buch mit Arbeitsbuch

mvgverlag

Bibliografische Information der Deutschen Nationalbibliothek:
Die Deutsche Nationalbibliothek verzeichnet diese Publikation in der Deutschen Nationalbibliografie; detaillierte bibliografische Daten sind im Internet über http://d-nb.de abrufbar.

Für Fragen und Anregungen:
HolgerFischer@mvg-verlag.de

5. Auflage 2012

Nymphenburger Straße 86
D-80636 München
Tel.: 089 651285-0
Fax: 089 652096

Umschlaggestaltung: Weiss Werkstatt, München
Satz: HJR, Jürgen Echter, Landsberg am Lech
Druck: Konrad Triltsch GmbH, Ochsenfurt
Printed in Germany

ISBN 978-3-86882-020-1

Weitere Informationen zum Verlag finden Sie unter
www.mvg-verlag.de
www.facebook.com/mvgverlag.de
www.twitter.com/mvgverlag

Für meine Söhne Patrick, Kevin,
Noah-Etienne und Enrique-Leòn

Inhaltsverzeichnis

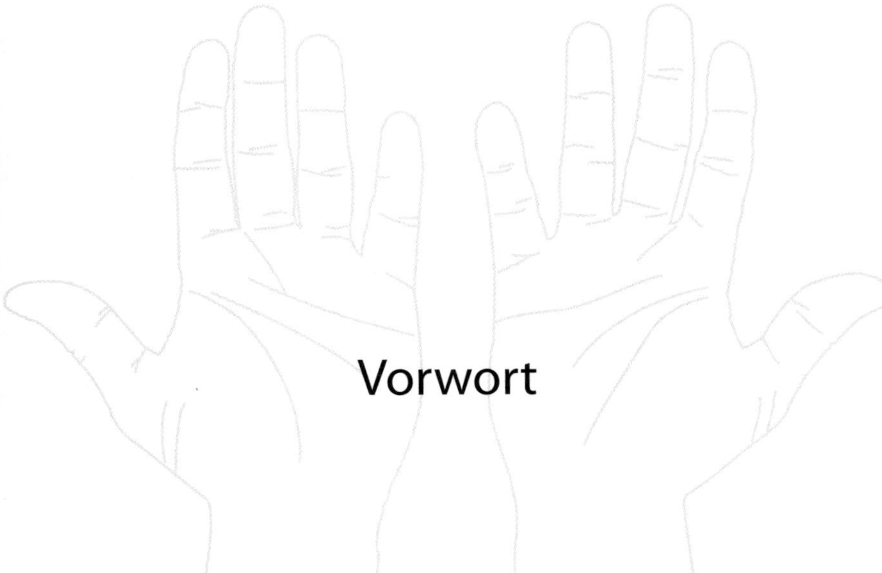

Vorwort

Es gibt auf dem Markt eine unglaublich hohe und ständig wachsende Anzahl von Büchern, die sich mit Themen wie »Positives Denken«, »Persönlichkeitsentwicklung«, »Heilung«, »Lebensphilosophie« oder Ähnlichem auseinandersetzen. Viele Theorien und teilweise Mythen wurden und werden verbreitet, die in der Praxis nur eingeschränkt bis gar nicht umsetzbar sind. Wir Menschen denken doch tatsächlich, dass wir die Beschaffenheit und die Funktionsweise eines Ozeans begreifen, wenn wir nur einen Tropfen Wasser analysiert haben. So gehen wir auch an uns selbst heran. Dabei kennen wir in Wirklichkeit die Funktionsweise des Systems »Mensch« viel zu wenig. Es gibt ihn nicht, *den* ultimativen, universellen Zugriff auf die Lösungen für die Probleme aller Menschen. Es gibt nicht *den* Ratgeber oder *das* Rezeptbuch für ein besseres, gesünderes und erfolgreicheres Leben. Es ist extrem wichtig, das zu verstehen.

Es gibt jedoch sehr wohl einen Schlüssel für Glück, Gesundheit und Erfolg, und den trägt jeder Mensch in sich selbst. Nicht Therapeuten oder Ärzte lösen die Ursachen unserer Probleme auf, seien es körperliche oder seelische. Nur wir selbst können das, jeder Mensch für sich allein. Natürlich sind Experten oder Freunde hilfreich, aber sie können uns nichts abnehmen, rein gar nichts.

Jeder Mensch ist für sich selbst verantwortlich.

Jeder Mensch darf selbst entscheiden, ob er sich entwickeln oder stehen bleiben will, ob er leiden oder glücklich sein will, gesund oder krank, erfolgreich oder erfolglos. Diese Entscheidung kann auch ich Ihnen nicht abnehmen.

Dieses Buch ist aus der Praxis entstanden, von Menschen für Menschen. Es beschreibt keine aus der Luft gegriffene Philosophie und es ersetzt nicht Ihre Arbeit an und mit sich selbst. Es gibt Ihnen allerdings Erklärungen und verschiedene Lösungsmöglichkeiten an die Hand. Dieses Buch ist meine Arbeit mit Ihnen, mit Ihrem Unterbewusstsein. Es berührt Sie, es berührt Ihre Seele und es wirkt in Ihnen. Es zeigt Ihnen Ihren Schlüssel zu sich selbst. Dieses Buch ist, wenn Sie es gelesen und damit gearbeitet haben, ein absolut einzigartiges Buch, nämlich *Ihr* Buch, *Ihr* ganz persönlicher Schlüssel zu sich selbst.

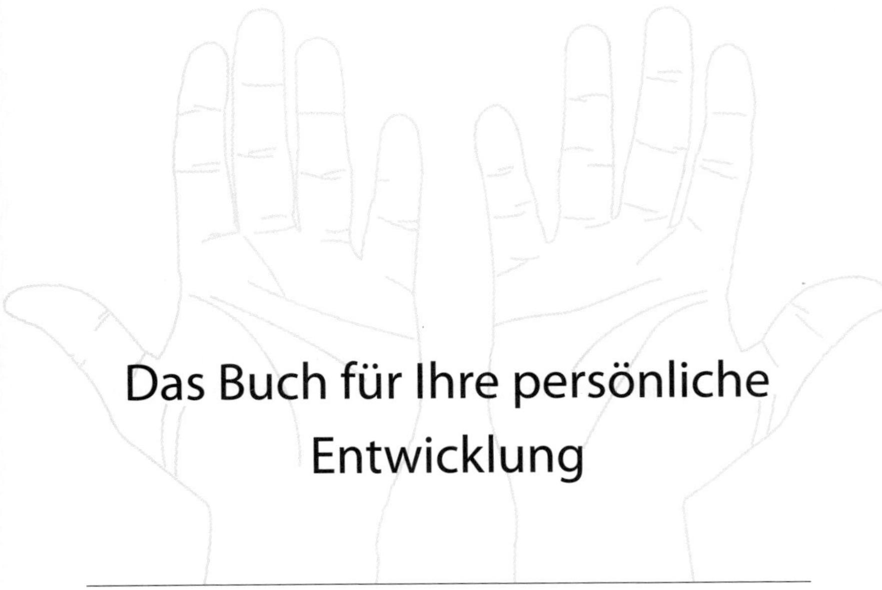

Das Buch für Ihre persönliche Entwicklung

Dieses Buch verändert Ihr Leben, und zwar in Richtung Erfolg, Gesundheit, Glück und Lebensfreude. Ganz gleich, was gerade für Sie ansteht oder was für Sie im Moment wichtig ist – Sie werden es erreichen.

Ein großes Versprechen angesichts der vielen Krisen, die die Menschen im Kleinen und im Großen derzeit zu bewältigen haben?

Es gibt Gesetze, die immer und überall Gültigkeit haben. Wer sie versteht und richtig anwendet, kann gar nicht anders als glücklich und erfolgreich leben. Diese Gesetze machen weder vor persönlichen Krisen noch vor kollektiven Herausforderungen halt. Sie gelten und wirken ohne Ausnahme. Die wesentlichen davon werde ich Ihnen auf den folgenden Seiten vorstellen.

Was Sie in den Händen halten, ist das Buch, das Ihr Leben nachhaltig und positiv umkrempelt. Lesen Sie es, und schon spüren Sie, wie sich einiges in Ihrem Alltag verändert. Nutzen Sie es, setzen Sie die Hinweise um, arbeiten Sie aktiv mit dem Arbeitsbuch – dann stehen Ihnen herrliche Zeiten bevor. Zeiten, in denen Sie das Beste leben, was Sie leben können: sich selbst in voller Entfaltung.

Alles ist möglich

Viele Krankheiten gelten als unheilbar, viele Menschen halten sich selbst für Versager, viele Situationen werden als aussichtslos beschrieben. Mein Motto in diesen Fällen ist: Bevor nicht das Gegenteil bewiesen ist, gehe ich davon aus, dass es eine oder mehrere Lösung(en) gibt.

Diese allerdings können nicht herbeigezaubert werden, die Betreffenden müssen selbst daran arbeiten. Als Coach kann ich ihnen einen Wink und Hinweise geben, Zusammenhänge herstellen und erklären, ich kann ihnen etwas bewusst machen, ihnen im Hintergrund die Kraft geben, an die Lösung zu glauben und allmählich Vertrauen in sich selbst aufzubauen – die Schritte gehen muss natürlich derjenige, dessen Weg es ist. Und das sind Sie, Leserin oder Leser dieses Buchs.

Was auch immer Sie in Ihrem Leben verändern wollen, was auch immer Sie erreichen oder heilen möchten, Sie haben es selbst in der Hand. Wer sich darauf einlässt, mit diesem Buch zu arbeiten, entwickelt sich. Hundertprozentig. Jeder darf dabei selbst entscheiden, wie und wie weit er sich entwickelt.

Wie tief wollen Sie gehen?

Wie glücklich, wie gesund, wie erfolgreich wollen Sie sein?

Heilung, Erfolg und Glück – immer auf drei Ebenen

Es gibt die körperliche, die geistige und die seelische Ebene. Alle drei sind miteinander verbunden und korrelieren miteinander. Heilung, und dazu zähle ich auch den Erfolg im Leben, das Glück und die Gesundung von Beziehungen, kann auf jeder dieser drei Ebenen ansetzen. Sie kann aber nicht stattfinden, wenn man eine dieser Ebenen ausklammert.

An dieser Stelle möchte ich betonen, dass alle hier verwendeten Definitionen meine ureigenen Definitionen sind. Ich stehe zu dieser Sichtweise und respektiere selbstverständlich auch jede andere Meinung!

Die körperliche Ebene meint natürlich unseren Körper. Die geistige Ebene ist, ganz grob formuliert, all das, was der Kopf steuert: Das sind unsere Gedanken, Ideen, Glaubenssätze und Überzeugungen. Hierzu gehört auch unsere Sicht auf uns selbst. Wenn wir uns auf der geistigen Ebene von ungünstigen Gedankenkonstrukten leiten lassen, dann reagiert darauf meist irgendwann auch die körperliche Ebene. Es entwickelt sich ein Symptom, eine Krankheit: ein nach außen hin sichtbares Zeichen, dass im Inneren etwas nicht stimmt.

Immer mit einbezogen ist auch die Gefühlsebene, die emotionale Welt, die nach meinem Verständnis zum seelischen Bereich gehört. Dort wirken höhere Kräfte, die wir uns mit einer wissenschaftlichen Denkweise nicht erklären können. Viele bezeichnen dieses Wirken als glücklichen Zufall oder sogar als Wunder. Die Trias aus Körper, Geist und Seele sollte im Idealfall ausgeglichen sein, eins sein.

Man kann den Zusammenhang auch anders formulieren: Es gibt im Leben nur Information, Energie und Materie. So gehe ich auch mit meinen Klienten an die Arbeit: Als Erstes braucht man eine Information und dann benötigt man Energie, um die Information Materie werden zu lassen. Körper und Materie, das ist die nach außen hin sichtbare Ebene. Dazu gehört also nicht nur Ihr physischer Körper, sondern auch Ihr Besitz, Geld, Immobilien, Ihr Auto, was auch immer Sie in materieller Form haben. Wenn im Leben eines Einzelnen ungünstige Informationen und negative Energien vorherrschen, dann hat er im materiellen Ausdruck kaum Besitz, dann manifestiert sich einfach nichts Wertvolles, wahrscheinlich ist auch der Körper krank. Denn dieser kann sich ja nur so bilden beziehungsweise erhalten, wie Energie und Information das vorgeben.

Alles Gute kommt von innen

Nachhaltige Heilung funktioniert nur von innen nach außen. Natürlich kann man von außen ansetzen, am Körper etwas reparieren oder mit bestimmten Gedanken arbeiten. Das ist in begrenztem Maße nötig und wirkungsvoll. Wahre Heilung geht aber von der seelischen Ebene und den Gefühlen aus. Diese sehe ich als die innere Ebene an. Wenn auf die innere Ebene Einfluss genommen wird, dann verändert sich automatisch das ganze System entsprechend nach außen hin.

Im Alltag machen wir das meist anders: Wenn unser Körper sich mit einem Symptom bemerkbar macht, gehen wir zum Arzt. Der setzt außen an und manipuliert oder reguliert die physische Ebene, durch bestimmte Techniken, Operationen oder Medikamente. Wenn aber die innere Information des Klienten nicht stimmt, wenn sie einem gesunden Körper völlig zuwiderläuft, dann kann auf der äußeren Ebene höchstens etwas temporär geflickt werden – wahre, innere Gesundung kann aber nicht eintreten. Die Symptome werden wiederkommen oder an einer anderen Stelle auftauchen, als berühmte Symptomverschiebung, mit der die Mediziner täglich zu tun haben.

Dasselbe gilt auch im Beruf, in Beziehungen, allgemein im ganzen Leben. Wer nur versucht, die äußeren Umstände zu ändern, wird nicht weit kommen. Das Innere – die Gedankenmuster, Gefühle und das eigene Selbst(un)wertgefühl – wird immer wieder die entsprechenden Umstände schaffen. Wenn Sie so leben wollen, wie es Sie glücklich macht, müssen Sie im Inneren ansetzen und dort etwas entwickeln, vielleicht auch ändern. Das ist möglich und nicht einmal schwer. Die folgenden Seiten geben Ihnen einen Fahrplan. Er ist oft erprobt und funktioniert ganz sicher.

»Das, was Holger Fischer macht, kann man nicht lernen. Er hat eine besondere Gabe. Die kann man nicht weitergeben – nur nutzen.«

Professor Dr. Dr. Jörg Jerosch,
international bekannter Orthopäde und Experte für Schmerztherapie

Wer ist Holger Fischer?

Sie tun gut daran, sich nicht einfach irgendjemandem anzuvertrauen. So viele Leute wollen einem heutzutage sagen, was man falsch macht, was man tun soll, woran man glauben muss, wie man leben soll. Zweifellos haben einige recht und einige nicht, von einigen können Sie viel lernen, andere sind einfach überhaupt nicht in der Lage, Ihnen auf Ihrem Weg zu helfen. Einen »schlechten« Therapeuten zu erleben, kann durchaus wichtig sein, denn nur dann lernen Sie zu fühlen, welcher der »Richtige« für Sie ist. Wem Sie letztendlich trauen oder vertrauen wollen, das ist Ihre Entscheidung. Eigenverantwortung beginnt beim ersten Schritt in ein besseres Leben – doch dazu später mehr.

Ich bin heute etwas, das sich nicht benennen lässt. In der Presse ist dann oft populistisch die Rede von »Wunderheiler«, »Handaufleger«, »Mental-Guru« oder dergleichen. Aber niemand kann sich erklären, was geschieht, wenn ich verletzte Profisportler teilweise innerhalb weniger Stunden wieder fit bekomme, wenn sich depressive Menschen nach einigen Sessions bei mir wieder offen dem Leben zuwenden oder wenn Unternehmer nach dem Kontakt zu mir ihren

Umsatz verdoppeln. Wie man es nun nennt oder erklärt, das ist letztlich egal. Ich selbst erforsche es immer weiter. Dieses Buch ist das Ergebnis meiner bisherigen Arbeit mit Menschen, meiner Bemühungen, meiner Erfahrungen, meiner Erkenntnisse und meiner Energien. Dieses Buch ist also durch mein bisheriges So-Sein und Wirken geprägt, es ist ein Buch von Menschen für Menschen.

Vom Sport zu etwas Allumfassenden

Schon immer galt meine Faszination dem Sport. Ich war in verschiedenen Disziplinen selbst aktiv und habe später als Tennislehrer im Hochleistungsbereich gearbeitet. Die ganze Zeit über waren mein Denken und Handeln ziemlich rational und nach schulmedizinischem und sportwissenschaftlichem Wissen ausgerichtet. Das änderte sich, als mir mit Ende 20 die Haare am ganzen Körper ausgingen. Und als meine Kinder in sehr jungen Jahren die eine oder andere Krankheit hatten, begann ich, über alternative Wege nachzudenken und mich diesen zu öffnen.

Irgendwann bemerkte ich, dass ich bei meinen Kindern etwas bewirken konnte: Wenn es einem der damals noch kleinen Jungs nicht gut ging, habe ich mich um ihn gekümmert. Ich habe eigentlich gar nicht viel gemacht. Doch es passierte etwas. Pünktlich eine Viertelstunde später musste er sich übergeben – und alles war wieder gut.

Zudem habe ich mein Leben lang Menschen angezogen, die mit meiner Hilfe ihre Probleme lösen wollten. Viele meiner früheren Beziehungen zu Frauen gestalteten sich auf diese Weise. Wenn ich heute zurückschaue, weiß ich, dass mich jeder Schritt in meinem Leben auf das vorbereitet hat, was heute meine eigentliche Aufgabe ist.

Ob es Bekannte, Freunde, Familienangehörige oder auch die Profisportler waren, stets kamen die Leute mit ihren Schmerzen zu mir:

»Kannst du nicht mal was machen? Bitte, mach noch mal was!« Ich fand mich immer wieder in der Situation, dass die Menschen mich wegen ihrer Probleme ansprachen, sich mir öffneten, mir Vertrauen entgegenbrachten, dass ich da etwas lindern, etwas ändern könnte. Und ich erlebte, dass ich es konnte. Einfach so!

Da ich damit natürlich nicht gleich umgehen konnte, habe ich mich hinter allen möglichen Meinungen und Philosophien versteckt – auf diese Weise habe ich auch sehr viele Autoren und Methoden kennengelernt. Ich suchte immer eine Erklärung von außen, letztlich eine Rechtfertigung für das, was ich tat und bewirkte, für das, was da bei mir irgendwie anders war als bei anderen Menschen. Ich bemühte alle möglichen Theorien, vor allem Erklärungen aus der Clustermedizin. Aber mit der Zeit ließ ich immer mehr zu, dass »ich selbst« einfließen konnte. Ich lernte, zu dem zu stehen, was ich tat und dass ich es tat, zu mir selbst und meinen Fähigkeiten. Und irgendwann war ich dann so weit, ohne Rechtfertigungen, Deutungen, Erklärungsversuche und fremde Theorien zu arbeiten. Ich gebe das, was mir – von wem auch immer (ich sage herzlich »von meinen Kumpels«) – gegeben wurde, weiter, ich setze es liebevoll ein und arbeite einfach damit. Ich entwickle mich so immer mehr zu dem, was ich bin und sein kann, ich setze das ein, was für mich in der Arbeit mit Menschen möglich ist und womit ich andere unterstützen kann.

So war ich schon gegen Ende meiner Zeit als Tennislehrer immer weniger Trainer und immer mehr Coach. Ich stand in einer entscheidenden Phase meiner Entwicklung einer Gruppe von Sportlern gegenüber, die als Versager galten. Was geschah? Im Rahmen ihrer Möglichkeiten entwickelten sich diese Leute nahezu auf wundersame Weise, für alle absolut unerklärlich! Erfolge stellten sich ein, die niemand, wirklich niemand für möglich gehalten hatte.

Für mich war klar: Wenn so etwas im »kleinen Rahmen« funktionierte, dann doch wohl auch im großen! Und wirklich kam ich bald dazu, nationalen wie internationalen Spitzensportlern auf die Beine zu helfen, wenn sie Probleme hatten, und sie auf ihrem Weg nach oben unterstützend zu begleiten. Auch über den Sportbereich hinaus fanden die Klienten immer öfter zu mir. Heute arbeite ich beispielsweise mit Größen aus der Musik-, Film- und Kulturszene, auch wenn in den Medien aufgrund der »spektakulären« Resultate meiner Arbeit vor allem der Bereich Sport sehr präsent ist. Denn natürlich wollen sich nicht alle meiner zahlreichen Klienten sowohl des öffentlichen Lebens als auch des privaten Bereichs mit ihren ureigenen Themen und Problemen in den Schlagzeilen oder auch in diesem Buch wiederfinden.

»Als ich zum ersten Mal von ihm hörte, konnte ich das erst nicht zuordnen, was er da macht. In diesem Bereich sind leider Leute tätig, die zwar immer viel erzählen, aber keine brauchbaren Ergebnisse abliefern können. Ich habe mir genau angeschaut, wie er arbeitet und was er macht. Ich muss sagen, er liefert sehr gute Ergebnisse ab … Beides (klassische Physiotherapie und Selbstheilung über das Mentale, Anm. d. Red.) ergänzt sich sehr gut und führt zu einer deutlichen Beschleunigung der Rehabilitation. Die Methode mag auf den ersten Blick vielleicht etwas ungewöhnlich erscheinen – und ich kann im Detail weder medizinisch, psychologisch noch physiotherapeutisch genau definieren, was er da eigentlich macht, aber das sichtbare Ergebnis seiner und unserer gemeinsamen Arbeit war in fast allen Fällen eine unmittelbare Verbesserung der Verletzung. Und auf das Ergebnis kommt es doch am Ende an.«

Oliver Schmidtlein, Physiotherapeut und Fitnesscoach des FC Bayern München

Während der letzten Jahre wuchsen somit auch die Herausforderungen: Waren es anfangs eher leichte Fälle, vielleicht Menschen, die einfach nur in ihrer Sportart besser werden wollten, so betreue ich jetzt auch häufig schwerstkranke und austherapierte Menschen. Ich habe Menschen in den Tod begleitet, auch Kinder, die dann weitestgehend schmerzfrei sterben durften, auf eine Weise, die die Schulmediziner nicht verstehen konnten. Überhaupt sind die Schwierigkeiten, mit denen die Menschen zu mir kommen, inzwischen sehr breit gefächert. Sie finden sich auf all den Ebenen, auf denen eben auch Heilung stattfindet. Da kann zum Beispiel die Gesundheit betroffen sein, die Beziehung, die berufliche Seite, das allgemeine Lebensgefühl.

Im Profisport gibt es leider immer noch zu viele Vereinsvertreter, die sich aufgrund meiner fehlenden Ausbildungen oder Zertifikate dagegen wehren, mit mir zusammenzuarbeiten. Der eben zitierte Oliver Schmidtlein sagt dazu: »Manche in diesem Umfeld sind sicherlich mehr daran interessiert, ihre eigenen Besitzstände zu verteidigen, als sich mit Dingen zu befassen, die sie selbst nicht direkt erklären können. Wenn einer daherkommt und ohne medizinischen Hintergrund einen sehr komplexen Prozess beschleunigt, gehen bei manchen in der Branche einfach die Alarmglocken los.« Der bekannte Physiotherapeut und Fitness-Coach weiß auch, dass meine Arbeit die eines Physiotherapeuten nicht ersetzt, sondern sie »wie bei der gemeinsamen Arbeit mit mir auch« ergebnisorientiert unterstützt. »In der klassischen Physiotherapie gibt es derzeit keine wirklich geeignete Terminologie, die Holger Fischers Methode exakt beschreibt. Dafür muss vielleicht erst noch eine entsprechende Bezeichnung gefunden werden.«

Auch ein Helfer braucht Helfer

Es gibt einzelne Menschen und auch Methoden, denen ich sehr viel verdanke. Da ist zum Beispiel Professor Ulrich-Jürgen Heinz, der mir die Clustermedizin, mit der ich heute nicht mehr arbeite, und eine neue Art zu denken nahegebracht hat. Durch ihn wurden sehr viele Zusammenhänge zwischen Symptomen und seelisch-geistigen Hintergründen für mich klarer und ich lernte, vernetzt zu denken. Dabei musste ich auch vieles ausprobieren, vieles lernen, vieles völlig neu erfahren.

Ich hatte lange das Gefühl, dass ich in der Arbeit mit anderen Menschen, beispielsweise mit den Sportlern, die ich trainierte und coachte, immer bis zu einem bestimmten Punkt kam, dann aber ging es nicht mehr weiter. Ich habe das lange nicht verstanden, weiß aber heute, dass ich auch eine Phase brauchte, in der ich lernte, was eben nicht funktioniert. Nur so habe ich herausfinden können, was funktioniert, was mein Ansatz und mein Weg ist.

Ein anderer Wegbereiter ist für mich der ukrainische Handballtrainer Sergej Budanow, der mich mit einem Denken und mit Trainingsphilosophien konfrontierte, die ich zunächst überhaupt nicht nachvollziehen konnte. Sein Herangehen war für deutsche Verhältnisse völlig unkonventionell, für die damalige Zeit geradezu revolutionär – und er hatte Erfolg als Trainer, außergewöhnlichen Erfolg. Durch ihn lernte ich all die mentalen Hintergründe bezüglich Erfolg und Leistung kennen, in der Art und Weise, wie es zum Beispiel Anthony Robbins lehrt. Budanow hatte eine für mich ganz neue Art, mit Menschen umzugehen, sie zu motivieren und mit positiven Worten zu arbeiten. Er bezog wie selbstverständlich die mentale Wirkung der Art und Weise ein, wie ein Trainer mit seinem Schützling umging.

Christian Frautschi, Rainer Schulte und Renate Schwingenheuer waren für mich wegweisend, nach dem Körperlichen und Mentalen auch die dritte Ebene, das Seelische, in meine Arbeit einzubeziehen. Ich traf sie in einer Zeit, in der ich mich mit meiner besonderen Gabe beschäftigte. Es kristallisierte sich immer klarer heraus, dass ich über »heilende Hände« und Hellsichtigkeit verfügte, über etwas Besonderes, das anderen Menschen helfen kann. Ich begann, spirituelle Literatur zu lesen, Dan Millman zum Beispiel. Ich bezog in mein Denken nun zunehmend auch eine größere Kraft ein. Ich ließ zu, dass es sie tatsächlich gibt. Sie ist nicht erklärbar, aber sie ist da und wirkt – und das zählt.

Auch mein eigener Weg ist ein Entwicklungsweg, ein Bewusstwerdungsweg. Auch wenn ich heute an einem Punkt stehe, an dem ich sehr viele Menschen unterstützen und ihnen zeigen kann, wie sie ihr Leben auf eine bessere und erfolgreiche Weise führen können: Meine Entwicklung geht weiter. Meine Arbeit wird immer schneller, immer intensiver, immer tiefer. Für mich gilt ebenso, dass ich meine Fähigkeiten und Möglichkeiten immer besser und hilfreicher einzusetzen lerne. Heute reicht es manchmal schon, wenn ich mit Menschen zusammensitze, um den Selbstheilungsprozess anzukurbeln, damit Symptome verschwinden.

Auch ich habe Menschen, die mit mir arbeiten. Wie jeder andere bin ich ein wachsendes und sich entwickelndes Wesen, das Hilfe braucht, um weiterzukommen, um immer wieder aufgeweckt zu werden, wenn es in alten Konstrukten herumschwimmt. So arbeite ich heute ganz anders als noch vor zwei Jahren. Und ich werde auch in zwei Jahren wieder ganz anders arbeiten, als ich es heute tue. Leben ist Entwicklung. Und wenn man sich darauf einlässt, geht es immer schneller – weniger Widerstand, mehr Spaß und mehr Freude.

»Es ist nicht wissenschaftlich untermauert, was er macht. Aber er hat Erfolg.«

Dr. Wego Kregehr, Orthopäde und Mannschaftsarzt von Hannover 96

Mit der eigenen Besonderheit umgehen lernen

Meine Arbeit findet auf allen drei genannten Ebenen statt: der körperlichen, der geistigen und der seelischen. Letztlich habe ich für all diese Ebenen über die Begegnungen mit anderen, mein eigenes Erleben und all die Tätigkeiten, die ich ausgeführt habe, eine Unterweisung und Lehre durchgemacht. Das ermöglicht es mir heute, auf all diesen Ebenen zu arbeiten. Es hat mir vor allem die Bestätigung gegeben, mit all dem, was ich bezogen auf diese drei Ebenen wahrnehme, klar umzugehen, die Dinge deutlich benennen zu können und jeweils den passenden Ansatz bei der Arbeit mit Einzelnen zu finden.

Diese Art von Ausbildung half mir auch, mit meiner Besonderheit umzugehen. Man muss schließlich erst einmal damit klarkommen, wenn solche Heilerfolge passieren. Ganz platt formuliert: Da ist ein Trainer für Tennisprofis, kein Arzt oder Psychologe oder so etwas. Zu ihm kommt jemand, der beispielsweise einen Bandscheibenvorfall hat – und innerhalb der kurzen Zeit, die sich dieser Trainer mit ihm beschäftigt, ist der Mensch wieder topfit.

Es ist ein Prozess, mit so etwas umgehen zu lernen. Natürlich hatte auch ich Phasen, in denen ich mich für allmächtig und ganz außergewöhnlich toll hielt. Das ist wohl ein normaler Vorgang, und das Gute daran: Das Leben korrigiert das sehr schnell wieder. Plötzlich funktionieren Dinge dann doch nicht mehr. Ich zahlte ebenfalls Lehrgeld – und so konnte auch ich mich schließlich über die Jahre in einer ausgeglichenen Haltung einpendeln. Ich kann jetzt den Wert meiner Gaben erkennen und schätzen, sie lieben und leben, dankbar dafür sein und weiter lernen, ich kann selbstbewusst damit auftreten und weiß zugleich, dass es nicht einfach mein persönlicher Verdienst ist, anderen Menschen auf ihrem Weg einen enormen Anstoß geben zu können. Ich weiß, dass da eine Kraft wirkt, die über das Persönliche hinausgeht, die niemand erklären kann und die man auch nicht erklären muss.

Auch musste ich lernen, damit klarzukommen, dass ich in einer gewissen Weise hellsichtig oder besser hellfühlig bin, wie das so schön heißt. Ich sehe einen Menschen und weiß sofort, was mit ihm los ist, was er für Schwächen und Stärken hat, woran es bei ihm gerade hakt oder woran es in ihm arbeitet.

Manchmal ließ ich mich dann provozieren, wenn mich Leute fragten, ihnen doch mal etwas Spannendes über sie zu erzählen: »Was siehst du bei mir? Los, mir kannst du's doch sagen!« Manchmal tat ich es – und nicht selten haben sich dann vermeintliche Freunde und Bekannte verabschiedet, weil sie mit ihren nun offensichtlichen »Brandherden« nicht umgehen konnten.

Solche Dinge passieren mir längst nicht mehr. Heute nutze ich die Möglichkeit, den »Berufsblick« aufzusetzen und auch wieder abzulegen. Schließlich muss und will ich nicht von jedem alles wissen. Auch wenn ich bei jemandem ein schwerwiegendes Problem entdecke, erzähle ich es ihm nicht sofort. Wenn ich von jemandem direkt oder indirekt den Auftrag erhalte, mich mit ihm zu befassen, dann komme ich dem gern nach und entscheide, was ich ihm wie und wann mitteilen kann. Wenn aber nicht, dann natürlich nicht.

> ***»Holger gab mir nur ein paar Sätze auf einem Blatt. Positive Aussagen zu meinem Leben. Irgendwie wusste ich, dass die stimmten und wichtig für mich waren. Aber es sträubte sich auch alles in mir, da mal ranzugehen. Ich bin viel mit dem Auto unterwegs und so legte ich das Blatt auf den Beifahrersitz. Immer wieder schaute ich es mir an, mit dem Sträuben, aber auch diesem Gefühl, dass es ja wichtig sei. Und das Sträuben wurde weniger, ich merkte, dass ich die Sätze immer besser annehmen konnte. Ich begann schon, mich selbst irgendwie anders wahrzunehmen.«***
>
> **O. M., Unternehmer**

Verbinder von Welten

Ich sehe mich als jemanden, der unterschiedliche Welten verbindet. Vor allem die spirituelle und die konservative Welt. Vieles aus dem Bereich unerklärlicher Heilungen wird heute pauschal in die Esoterikecke eingeordnet. Dort gehört es aber nach meinem Empfinden nicht hin. Es steckt mehr dahinter.

Was uns Menschen wirklich ausmacht, was den Erfolg Einzelner ausmacht, was Heilung ausmacht, was meine Begabung ausmacht – wir werden es vermutlich niemals wissen. Es ist aus wissenschaftlicher Betrachtungsweise nicht beweisbar und belegbar. Es geht um die Erfahrung und darum, diese Erfahrung selbst zu leben. Menschen haben die Tendenz, sich an Thesen zu halten, möglichst wissenschaftlich Belegtes, was man dann zumeist vorbehaltlos glaubt und für das eigene Sicherheitsgefühl nutzt. Aber diese Thesen sind oft nur Konstruktionen. Wer zum Beispiel will definitiv beweisbar sagen, was die Psyche ist und wo sie ist? Woher aber soll dann ein Psychologe definitiv wissen, was wirklich in Ihnen abgeht?

Wenn man sich die Geschichte anschaut, wird ganz schnell deutlich, dass Thesen immer wieder von denen der nachfolgenden Generationen als falsch erkannt und abgelöst wurden. Wie lange ist man in der Psychologie Sigmund Freud nachgelaufen – und selbst heute haben es noch nicht alle gemerkt, dass seine Ansichten zweifellos befruchtend für die Psychologie waren, dass aber nicht alle heute noch als richtig und hilfreich gelten können.

Leider leben wir Menschen viel zu stark unser Ego aus, wir sind regelrecht gefangen in unseren Gedanken- und Gefühlskonstruktionen. Es gibt aber etwas Größeres als unser Ego, unser kleines Ich. Dieses Größere lebe ich in meiner Arbeit, es bestimmt mein Tun. Je weniger das Ego involviert ist, desto erfolgreicher ist meine Arbeit. Ich weiß, dass nicht nur ich, sondern wir alle unsere innere Kraft immer besser und effektiver nutzen können, wenn wir erst einmal wissen, wie es geht.

Der folgende Text »Chill out« stammt aus meiner Feder und gehört vertont zum Repertoire des Projekts *Room 77*, das der ehemalige Fußball-Nationalspieler Andreas Görlitz ins Leben gerufen hat. Im Buch finden Sie weitere Texte und Lyrics aus meinem Gedankengut, die teilweise ebenfalls vertont wurden oder werden.

Chill out

I wake up in the morning
and listen to my radio.
I hear this horrible news
and start to feel bad.
I hate this feeling
to start the day like this.

I decide to create my own feelings
and start to chill out.
I create my own feelings
and I chill out.
Chill out, chill out,
I enjoy to feel like chill out.

This fucking news
destroy myself.
This fucking news
destroy my brain.
This fucking news
destroy my soul.
This fucking news
destroy my feelings.

I break the circle
and decide to chill out.
I decide to feel chill out.
Chill out, chill out,
I enjoy to be chill out.

I finish to listen bad news.
I finish to feel bad.
I break with the influence of some others
and start to create my own life.
I'll do it from my own behave
and decide to feel well.

I decide to chill out.
I like to chill out.
I open my mind to chill out.
Chill out, chill out,
I live my life
and chill out.

At which time you decide to live like chill out?

Holger Fischer

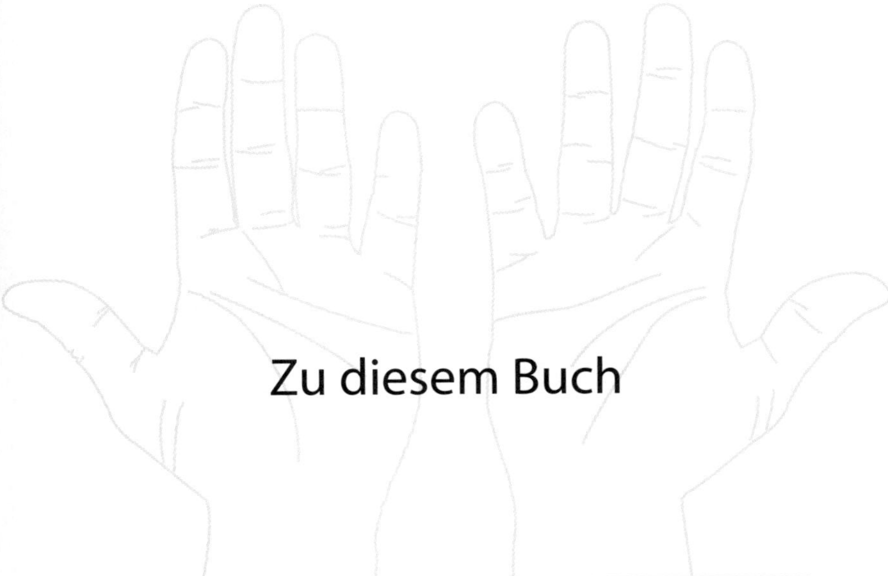

Zu diesem Buch

Dieses Buch ist eine Ansammlung von Worten, die Ihnen etwas klarmachen wollen, die in Ihnen etwas auslösen und bewirken. Weil das allein noch nicht unbedingt die großen Schritte in Ihrem Leben ermöglicht, hat dieses Buch etwas Besonderes: Es liegt ihm ein Arbeitsbuch, eine Art Hausaufgabenheft bei. Zudem enthält es einen kompletten Werkzeugkasten, mit dessen Hilfe Sie sich das gewünschte, das erwünschte Leben regelrecht zimmern können.

Keine graue Theorie, sondern sattes Leben

Information ist wichtig. Wie so viele Menschen hatte auch ich eine Zeit, in der ich Bücher über das Heilen verschlang, und zwar Heilen im weitesten Sinne: Da ging es um Erfolg und Wachstum, um den Sinn des Lebens, um die Gesetze, die hinter allem stehen. Anfangs kam ich mir immer wieder wie ein Idiot vor, wenn ich versuchte, die Inhalte mit Leben zu füllen und umzusetzen, es aber nie schaffte. Es las sich so einfach, so simpel, und ich konnte die Inhalte trotzdem nicht eins zu eins verinnerlichen.

Irgendwann ließ ich es sein, mich mit dem Wissen anderer zu füttern. Vieles von dem, was da gesagt wurde, leuchtete mir ein und brachte mich weiter. Vieles aber erlebte ich ganz anders und einiges habe ich einfach als falsch erkannt. Um die größten Gaben aus mir hervorzuholen, musste ich bei mir selbst bleiben und nicht so viel auf das schielen, was andere meinten, taten oder vertraten. Dennoch war diese Lektüre wichtig für mich. Sie hat mir vieles klargemacht, mir viele Zusammenhänge erklärt und mir oft auch einfach nur geholfen, selbstbewusst zu sagen: Nein, so geht es eben nicht! Das erlebe ich ganz anders.

Wie so viele Autoren könnte ich eine Menge an theoretischem Wissen vor Ihnen ausbreiten, ich könnte Thesen aufstellen und zu jeder dieser Thesen fünf verwandte Theorien und sieben Gegenmeinungen auflisten. Und was hätten Sie davon? Positiv formuliert könnte man sagen: Ich stelle Sie vor die wertvolle Herausforderung, selbst herauszufinden, was stimmig ist. Doch wozu dieser Umweg über allerlei Meinungen und die Ideen aus allerlei Köpfen? Hier geht es ja um Ihr Leben, also um Ihren Kopf und Ihren Bauch, um Ihre Gedanken und Ihre Gefühle. Und genau zu denen möchte ich Sie führen – direkt und unkompliziert. Was Sie selbst für diesen Ausflug brauchen, sind auch keine wohldurchdachten Thesen, sondern einfach nur die Bereitschaft, sich auf sich selbst einzulassen, und den Wunsch, sich zu entwickeln.

Was am Ende winkt? Zunächst einmal: Es gibt gar kein Ende, keinen Zielpunkt – durch, geschafft und fertig! Aber es gibt Etappen und dazwischen kleine und große Schritte. Stück für Stück kommen Sie sich selbst näher und damit auch all Ihren Stärken, Fähigkeiten und Möglichkeiten. Und ebenso Stück für Stück lassen Sie diese Qualitäten in Ihrem Leben Fuß fassen, damit sie sich entfalten und wachsen. Glück, Erfolg, Reichtum, die perfekte Beziehung – was hätten Sie denn gern? Das spielt für unser Stück gemeinsamen Weg keine Rolle, denn diese Dinge haben letztendlich den gleichen Ursprung, die gleiche Wurzel. Vor allem gleichen sich die Gründe, warum Sie das, was Sie sich wünschen, momentan nicht haben – ob es nun um Geld oder um Liebe geht. Und genau diesen Gründen wenden wir uns in den folgenden Kapiteln zu: Was hindert Sie daran, glücklich, gesund, erfolgreich und Sie selbst zu sein? Wenn Sie das herausgefunden haben, dann sind Sie bereits einen Riesenschritt weitergekommen, einen Quantensprung in Richtung Glück, Gesundheit und Erfolg.

Das Buch als Coach – mehr als Buchstaben

In der Praxis mit Klienten, die direkt vor mir sitzen, kann ich sehr viel über gezielte Fragen bewirken. Das ist mit Ihnen, da wir uns ja nicht direkt begegnen, nicht auf die gleiche Weise möglich. Dazu kommt, dass ich bei einem Menschen, mit dem ich direkt zu tun habe, sofort sehen und erspüren kann, was ihm fehlt. Und dementsprechend richte ich natürlich jede meiner Aussagen und Handlungen aus. Über ein Buch ist das nicht umzusetzen. Den Klienten gebe ich am Ende meistens einen Zettel mit bestimmten Aussagen, die nach meinem Gefühl für sie wichtig sind, mit auf den Weg. Das ist wie ein Hausaufgabenzettel, mit dem sich dieser Mensch dann beschäftigen sollte. Auch das kann ich in dieser individuellen Weise mit Ihnen nicht machen. Ihnen gebe ich dafür aber gleich ein ganzes Hausaufgabenheft mit auf den Weg.

Die Methode, nach der dieses Buch und das beiliegende Arbeitsbuch aufgebaut sind, ermöglicht es jedem Menschen, effektiv und wirklich mit schnell spürbarem Gewinn an sich zu arbeiten. Und es funktioniert, wie bereits einige Testleser bestätigt haben. Ihre persönliche Erfolgsgeschichte allerdings müssen Sie selbst schreiben.

Die besten Fallbeispiele nützen Ihnen: gar nichts!

Jeder Mensch ist einzigartig. Sie sind einzigartig! Deswegen verzichte ich in diesem Buch absichtlich auf ausführliche Beispiele aus meiner Praxis. Es nützt nichts, wenn Sie sich mit jemand anderem vergleichen. Bei Ihnen liegt der Fall vielleicht völlig anders. Selbst wenn es sich um die gleichen Symptome handelt, könnten die Hintergründe und das, was Ihnen diese Symptome sagen wollen, ganz anders gelagert sein. Sie würden in die falsche Richtung marschieren, wenn Sie sich an einem meiner Beispiele entlanghangeln. Es lässt sich nicht vermeiden, dass man sich an einem Beispiel orientiert, wenn man ein solches vor der Nase hat. Genau deswegen werde ich Ihnen keins geben. Aber ich werde nichts unversucht lassen, damit Sie mich auch ohne Fallbeispiele verstehen und den größten Nutzen aus dem Buch ziehen.

Warnung!

Dieses Buch ersetzt keinesfalls einen Arzt oder Therapeuten. Scheuen Sie nicht davor zurück, sich direkt professionelle Hilfe zu holen, wenn Sie merken, dass Sie nicht recht weiterkommen. Auch wenn Sie das Gefühl haben, dass da Leichen in Ihrem Keller liegen, die Sie sich lieber nicht allein ansehen wollen: Es gibt Coaches, Heilpraktiker und Therapeuten, auch Psychologen, die Sie begleiten und unterstützen können. Es ist nichts dabei, um Hilfe zu bitten – das Dach Ihres Hauses decken Sie ja wahrscheinlich auch nicht selbst, und dass der Bäcker bessere Brötchen backen kann als Sie, nehmen Sie am Samstagmorgen auch gern hin.

Eine weitere Warnung kann und will ich Ihnen nicht ersparen: Dieses Buch ersetzt auch nicht Sie selbst! Es entbindet Sie nicht von der Verantwortung für Ihr Leben. Wenn das jetzt die schlechte Nachricht für Sie war, lesen Sie trotzdem weiter. Sie könnte sich in eine gute Nachricht wandeln, wenn Sie merken, welche unschätzbaren Vorteile es hat, selbstbestimmt, in Eigenregie und Eigenverantwortung an sich zu arbeiten und sich zu entwickeln. Wer das einmal erlebt hat, will es nie mehr anders, das kann ich Ihnen versprechen.

Sind Sie bereit für einen unvergesslichen Ausflug? Okay, let´s go!

Dann gebe ich Ihnen zunächst ein paar Hinweise zum optimalen Umgang mit diesem Buch.

Das Beste herausholen – auch aus diesem Buch

Natürlich können Sie mit diesem Buch machen, was Sie wollen. Werden Sie aktiv! Seien Sie kreativ! Ich gebe Ihnen zusätzlich gern ein paar Infos zum Aufbau:

Was bewirkt Heilung? Was bringt meinen Klienten, so unterschiedlich ihre Themen sind, die entscheidenden Impulse? Einige antworten auf diese Frage, dass es meine Worte sind. Sehr viele sagen, dass es meine Hände sind. Von ihnen gehe eine Energie aus, die heilsam wirke, lösend, kräftigend, bewusstmachend. Es ist eine Ausstrahlung, die man nur spüren und erleben, aber nicht erklären kann. Sie wirkt auch in die Gespräche hinein, in meine Worte, in die ganze Atmosphäre zwischen mir und dem Klienten. Diese Energie wirkt sogar noch weiter, wenn mein Klient wieder nach Hause oder sonst wohin geht. Sie wirkt auch in diesem Buch und geht damit auf Sie als Leserin oder Leser über. Meine Absicht, meine Energie, meine Liebe, meine Erfahrungen sind in diesen Zeilen und in dem gesamten Projekt wirksam – und Sie können für sich das Beste daraus machen.

Dieses Buch ist so aufgebaut, dass Sie sich immer wieder bewusst mit der höheren Kraft verbinden können. Da meine Klienten diese Kraft häufig über meine Hände empfinden, gibt es in diesem Buch ein Bild meiner Hände: als Symbol für die heilsamen Kräfte, die Ihren persönlichen Weg zu Erfolg, Gesundheit und Glück ebnen. Dieses

Bild finden Sie immer dort, wo Sie aktiv werden sollen, denn dieses Buch ist nicht nur ein Informationspool, es ist zugleich ein Werkzeugkasten. In allen Kapiteln finden Sie Übungen, die Sie weiterbringen, gekennzeichnet durch das Symbol meiner heilenden Hände. Auch Verweise auf die Angebote des Arbeitsbuchs tragen dieses Symbol.

»Ich habe schon eine Vielzahl von Profifußballern, Nachwuchsspielern und Privatpersonen mit den unterschiedlichsten Themen, Verletzungen und Krankheiten zu Holger Fischer geschickt. Wirklich alle sind und waren von den Ergebnissen seiner Arbeit beeindruckt, überrascht und begeistert.
Seine offene, direkte, klare und dennoch menschliche Art hat mich sehr beeindruckt, auch wenn sein ›Röntgenblick‹ mich und den einen oder anderen anfangs sehr verunsichert hat. Allerdings versteht er es, in kürzester Zeit eine vertrauensvolle und freundschaftliche Atmosphäre zu schaffen, die sich nachhaltig positiv auf die Zusammenarbeit mit ihm auswirkt.
Aus dem anfänglichen, durchaus auch skeptischen, rein beruflichen Kontakt ist mittlerweile eine Freundschaft entstanden.«

Herbert Briem, ehemaliger Sportdirektor und langjähriger Chefscout des VfB Stuttgart

Wenn Sie die Übungen durchführen, können Sie sich bewusst mit der höheren Kraft verbinden – das beschleunigt und vertieft den Prozess ungemein. Dabei können Sie an meine Hände denken, Sie können aber auch auf eine andere, auf Ihre persönliche Weise, mit der Heilenergie Kontakt aufnehmen. Diese Kraft ist da, jederzeit, immer und überall. Ich bin jemand, dem diese Energie klarer, intensiver und mit einer höheren Frequenz zur Verfügung steht. Mein Kanal ist frei, ich kann damit bewusster und weitreichender umgehen als die meisten anderen Menschen. Doch jeder Mensch hat Zugang zu heilenden Energien, zu höheren Kräften, wie auch immer man dieses Unerklärbare nennen will. Mein Anliegen ist es, Ihnen dies bewusst zu machen und Sie zu ermutigen, Ihren eigenen Zugang zu den Energien des Lebens zu finden und zu nutzen.

Das Arbeitsbuch

In dem beiliegenden Arbeitsbuch finden Sie Fragen und Aufgaben, die Sie direkt auf den leeren Zeilen und Seiten beantworten können. Indem Sie dies tun, geschieht schon – bewusst oder unbewusst – eine ganze Menge: Ihnen werden individuelle Zusammenhänge in Ihrem Leben klar. Sie tauchen in Ihre eigene Gefühlswelt ein. Rationales Denken, das die Aufgaben erfordern, wird dabei gepaart mit Kreativität, mit emotionalem Denken und führt zu einer aktiven Handlung, dem Schreiben. Buchstäblich Ihr ganzes System gerät somit in Bewegung, aktiviert sich für einen Prozess, zuerst der Bewusstwerdung, dann der Entwicklung. All das führt zu Ihrer ganz persönlichen Wandlung.

Jedes Kapitel des Hauptbuchs enthält Verweise auf zusammenhängende Themen und die entsprechenden Seiten im Arbeitsbuch. Es lohnt sich also, das Lesen und das aktive Arbeiten zu verbinden. Aber selbstverständlich können Sie das Arbeitsbuch auch separat durchgehen, wie das Hauptbuch auch: von Anfang bis Ende, kreuz und quer – ganz, wie Sie wollen.

Im Arbeitsbuch werden Sie aufgefordert, zu jedem Themenbereich ein Symbol zu zeichnen. Was es damit auf sich hat, erfahren Sie dann am Ende des Buchs. Ich empfehle Ihnen, pro Tag nicht mehr als ein Kapitel im Arbeitsbuch durchzugehen. Denn während Sie schlafen, ordnet sich alles gut in Ihrem Unterbewusstsein ein. Danach sind Sie fit für den nächsten Schritt.

An dieser Stelle möchte ich Sie darauf hinweisen, dass die entscheidenden Kernaussagen und Zusammenhänge in diesem Buch in verschiedenen Kapiteln immer wieder auftauchen, sprich wiederholt werden. Das verhilft Ihrem Prozess zu mehr Tiefe. Sie kennen ja sicherlich die Weisheit: »Steter Tropfen höhlt den Stein.«

So, genug der Vorbereitung, lassen Sie uns mit der Praxis beginnen – aktiv, spielerisch, klar und gerade heraus. Es geht um Ihr Leben, und dafür wünsche ich Ihnen alles Gute, optimalen Erfolg und das höchste persönliche Glück! Let's go!

Holger Fischer

Sie sind der wichtigste Mensch auf der Welt

Wirft Sie dieser Anfang um? Dann widmen Sie sich am besten sofort dem Arbeitsbuch: Buchstabe P, gleich auf Seite 8.

S. 8

Sie sind wichtig. Für Sie selbst sind Sie der wichtigste Mensch überhaupt! Die meisten denken jedoch, dass die anderen doch viel wichtiger sind: Politiker, Stars, Wirtschaftsbosse. Doch was haben die mit Ihrem alltäglichen Leben zu tun? Nicht viel, oder?

Und Ihre Kinder, Ihre Frau oder Ihr Mann, Ihre Freunde, Eltern, Partner, Kollegen und, und, und?

Sind die wichtiger als Sie?

Vielleicht erscheint Ihnen das so, vielleicht war es auch bis heute der Fall, vielleicht ist das gerade in Deutschland aufgrund unserer Geschichte so, vielleicht trägt auch unsere Erziehung dazu bei.

Was aber wäre die Schlussfolgerung?

Sie selbst müssen im Zentrum Ihres Lebens stehen – als das Wichtigste, das es in Ihrem Leben gibt. Dann, und nur dann, sind Sie auch für die anderen ein wertvoller, hilfreicher, angenehmer Partner, Freund oder Elternteil. Wenn es Ihnen schlecht geht, wenn Sie vor sich hin leiden und sich immer nur um die anderen kümmern oder auf andere konzentrieren, kommt nicht viel dabei heraus. Weder für die anderen noch für Sie selbst.

Oder was haben Ihre Lieben davon, wenn es Ihnen schlecht geht? Sie hätten ja irgendwann gar keine Kraft mehr, für die anderen da zu sein. Und auch keine Kraft mehr für Ihr eigenes Leben! Denn Ihr Fokus wäre immer irgendwo anders.

Denken Sie an die Natur, die immer wieder ein leuchtendes Beispiel für uns Menschen sein kann, wenn wir es nur zulassen. Glauben Sie im Ernst, dass es Pflanzen oder Tiere gibt, die andere Artgenossen wichtiger nehmen als sich selbst?

Natürlich nicht. Alles sorgt in erster Linie für sich selbst und tut damit dem ganzen Universum den größten Gefallen. Je mehr gesunde Bäume es zum Beispiel auf dieser Welt gibt, desto mehr Schadstoffe können gebunden werden. Und jeder Baum kümmert sich ausschließlich um sich selbst, um sein eigenes Wachstum. Und was passiert, wenn ein Baum nicht mehr wächst? Er fängt an, zu sterben.

Es geht also um einen gesunden Egoismus, nicht um Egozentrik frei nach dem Motto: »Nach mir die Sintflut!« Das auf gar keinen Fall. Ich spreche von dem einfachen Grundsatz: Jeder steht im Zentrum seines Lebens. Jeder ist der wichtigste Mensch für sich selbst auf dieser Welt. Jeder Mensch hat für sich allein dafür zu sorgen, dass er wächst und sich entwickelt.

Wer soll sich sonst für Ihr Wohlbefinden und Ihre Entwicklung einsetzen, wenn nicht Sie selbst? Sie sind für sich der wichtigste Mensch dieser Welt. Auf dieser Einstellung baut alles andere auf.

Was zeichnet Sie aus?

Nehmen wir Ihre Eigenschaften und Eigenheiten genauer unter die Lupe. Jeder Mensch kommt mit einem ganzen Paket positiver, wirkungsvoller, schöner Qualitäten auf die Welt. Er entwickelt sie weiter, lernt dazu – und wird so immer besser. Das klingt übertrieben? Finde ich nicht. Es geht nämlich nur darum, sich diese Fähigkeiten und Gaben bewusst zu machen und dazu zu stehen. Mit Freude und Stolz!

S. 13

> ***»Holger Fischer konfrontiert einen gar nicht mit den Dingen, die störend oder falsch sind. Er konfrontiert einen mit den eigenen Stärken, mit dem ungeheuren persönlichen Potenzial. Er führt einem vor Augen, was in einem steckt. Und seltsamerweise bekommt man da erst mal einen gehörigen Schreck.«***
>
> **P. D., Angestellte**

Okay – und die nicht so tollen Seiten?

Sie haben wirklich eine riesige Menge Stärken einzubringen. Doch da sind auch noch andere »Qualitäten«: Neid, Zorn, Ärger, Vergesslichkeit, Versagensängste. Gut. Das muss festgestellt werden. Schlagen wir einen etwas weiteren Bogen, um den Zusammenhang zu erklären. Womöglich wollen Sie all das Unangenehme loswerden, weghaben, nicht haben, nie gehabt haben. Sie versuchen das, es klappt aber nicht.

Vielleicht beschäftigen Sie sich mit der weitverbreiteten Lektüre des »Positiven Denkens«. Sie versuchen, die Erkenntnisse dieser Lektüre umzusetzen, schaffen es aber nicht und fragen sich womöglich, ob

Sie »einfach zu dumm dazu« sind. Sie spüren, dass Ihre negativen Eigenschaften, Ängste, Zweifel und so weiter sich nicht so einfach abschütteln lassen.

Ihre – scheinbar – negativen Eigenschaften lassen sich auch unter einem anderen Gesichtspunkt betrachten. Ich nenne es das »magische Pendel«.

Die Welt ist polar

Wir leben in einer dualen beziehungsweise bipolaren Welt. Sie kennen sicherlich die Redewendung von der »anderen Seite der Medaille«. Alles im Universum hat diese zwei Seiten: polare Qualitäten, gegensätzliche Betrachtungsweisen und so weiter. Da sind Tag und Nacht, hell und dunkel, heiß und kalt, nass und trocken, männlich und weiblich ... Wir haben zwei Beine, zwei Arme, zwei Augen und zwei Ohren ... Die Zahl Zwei spielt also eine sehr besondere und wichtige Rolle.

Auch bei den Eigenschaften ist das so: lieb und böse, mutig und feige, forsch und schüchtern, extrovertiert und introvertiert – wir benutzen diese Gegensatzpaare häufig, ohne uns genau zu überlegen, was eigentlich dahintersteckt. Denn was wir bei Tag und Nacht noch akzeptieren – wir haben ja keine Wahl, wir könnten höchstens meckern – können wir bei unseren Eigenheiten meist nicht so hinnehmen.

Mutig wollen wir sein, aber dass da auch zögerliche oder sogar feige Seiten in uns sind – nein! Das darf nicht sein! Wir bewerten die eine Seite als positiv und die andere Seite als negativ. Am liebsten würden wir einen Cut machen und die Seite, die wir nicht mögen oder die uns einschränkt, kurzerhand entfernen.

Das ist aber genauso möglich, wie den Tag oder die Nacht einfach aus unserem Leben zu verbannen. Sehr vieles vom großen und kleinen Elend in der Welt beruht letztlich darauf, dass wir die Dinge nicht so wahrhaben wollen, wie sie sind. Dann verdrängen, leugnen, fliehen oder kämpfen wir – das System ist aus dem Gleichgewicht.

Auch die »dunkle« Seite bleibt Ihnen treu

Die positive, angenehme, leuchtende Seite gefällt uns besser. Und viele orientieren sich nur daran, sagen sich Affirmationen vor und suchen nur das Licht. Vielleicht haben Sie das auch schon versucht: »Ich bin erfolgreich. Das Glück strömt in mein Leben und ich bin gesund, reich und schön.« Hat es bei Ihnen wirklich funktioniert?

Mit der Polarität schenkt uns das Leben eine große Chance, zu wachsen, Entwicklungsschritte zu machen, dazuzulernen. Die Gegensätzlichkeiten können wir nicht abschaffen – das haben wir lange genug versucht. Aber wir können lernen, mit beiden Seiten umzugehen, beide Seiten zu akzeptieren, sie zu respektieren und schlussendlich in unser Leben zu integrieren.

Die eine Seite gibt es nicht ohne die andere: Den Tag gibt es nicht ohne die Nacht, wer niemals traurig ist, kann auch keine echte Freude empfinden, wer wahren Erfolg hat, ist auch durch tiefe Täler der Enttäuschung und des Misserfolgs gegangen.

Das klingt noch nicht gut genug für Sie? Es gibt allerdings noch etwas über diese Akzeptanz hinaus, das wir erfolgreich und nachhaltig tun können: Wir können die Wirkzeit und vor allem die Wirkintensität der für uns negativen Seite, der unangenehmen Gefühle und Eigenheiten, minimieren. Aber dazu später mehr.

Jeder Mensch ist einzigartig

Der Begriff »einzigartig« wird meist mit »etwas Besonderes, Herausragendes sein« in Verbindung gebracht. Das bedeutet dieser Begriff aber nicht. Jede Pflanze, jedes Tier ist für sich einzigartig. Egal, ob wir es als schön oder als hässlich bezeichnen, so bleibt es doch einzigartig, einmalig, in seiner Ausprägung ohnegleichen.

So ist es auch bei uns Menschen. Jeder Mensch ist einzigartig und hat das Recht und auch die Aufgabe, sich selbst in dieser Einzigartigkeit zu erfahren. Frei von Reglementierungen und trotz aller scheinbar negativen Seiten. Die gehören genauso dazu, auch sie prägen das einzigartige Bild eines Individuums.

Jeder Mensch ist aufgrund seines Aussehens (eineiige Mehrlinge vielleicht ausgeschlossen), seines Charakters, seiner Prägungen, seiner Voraussetzungen, seiner Talente so wie niemand anders. Niemand ist so wie Sie. Niemand kann Ihren Platz im Leben füllen, wenn Sie ihn nicht selbst einnehmen und Ihre Einzigartigkeit entfalten.

Lernen Sie also, sich selbst als etwas Einzigartiges zu sehen, sich einzigartig zu fühlen und dann auch entsprechend aufzutreten!

Positives Denken? Eher negativ.

Sie kennen diese Denkrichtung, die sich bis tief in allerlei Formen der privaten Hobbytherapie eingeschlichen hat, ganz sicher. »Ich bin stark, ich bin schön, ich bin erfolgreich ...« Platt formuliert – doch Sie wissen, was ich meine.

Es kann nicht funktionieren, immer noch positiver und positiver zu denken. Eben weil das ganze Universum auf den beschriebenen Polaritäten aufgebaut ist. Es gibt plus und minus, männlich und weiblich, groß und klein, schwer und leicht.

So kann man alle Dinge von der positiven und auch von der negativen Seite betrachten. Dass es Tag und Nacht gibt, das ist eine Tatsache. Wenn man aber bestimmte Ereignisse oder Situationen, andere Menschen oder sich selbst als positiv oder negativ einschätzt, dann entspricht das nicht den Fakten, sondern ist eine Interpretation. Dann ist es eine Wertung.

Denn alle Dinge haben beide Seiten in sich. Wer sich nur die positive anschaut, der verdrängt den negativen, den dunklen Gegenpol. Genau das passiert so häufig beim positiven Denken. Da eine Seite der Medaille des Lebens ausgeklammert wird, kann das ganze System nicht wachsen.

Wie ein Gegenteil zum positiven Denken scheint mir die Psychologie zu funktionieren: Auch die moderne Psychologie kann nicht wirklich heilen. Ein guter Psychologe, den man erst einmal finden muss, macht seinen Klienten Hintergründe und Zusammenhänge bewusst. Meist endet das Lied irgendwo bei einem Fehlverhalten von Papa und Mama oder einem Lehrer. Ein Schuldiger ist gefunden worden, ein Sündenbock, den man verantwortlich machen kann für die eigenen negativen Lebensumstände. Damals, als kleines Kind, konnte ich mich – womöglich – nicht wehren, aber bin ich denn heute immer noch das kleine Kind von damals? Psychologisch arbeitend fixiert man sich auf das, was schiefgegangen ist und heute als Problem das eigene Leben behindert.

Ich habe bereits unzählige Klienten begleitet, die viele Jahre Psychotherapie oder andere psychologische Begleitung hinter sich hatten. Oft hatten sie die Nase voll davon, dass sich nicht wirklich viel verbesserte in ihrem Leben, dass sie aber nun nur noch in der Kategorie »Problem« denken konnten. Sie fühlten sich extrem problembehaftet, und es nützte ihnen auch nichts, dass sie jetzt wunderbar ihr Problem analysieren, darüber sprechen und die Hintergründe erklären konnten. Davon geht es keinem besser. Die negativen Emotionen sind geblieben und immer noch präsent, teilweise sogar noch schlimmer geworden. Einige haben diese Emotionen ganz einfach weggedrückt, irgendwann aber melden sie sich als körperliches Symptom zurück: »Hallo, da bin ich wieder.«

Wenn man einem solchen Menschen jetzt sagt: »Denk mal positiv!« Was soll da rauskommen? Das kann nicht funktionieren. Er steckt zu tief in der Problematik, in seinen negativen Emotionen und all dem anderen Unangenehmen. Positive Botschaften, die er sich selbst denkt und vorsagt, müssen ihm wie Hohn und Spott oder schlicht wie Lügen vorkommen. Sie bewirken entsprechend wenig bis gar nichts.

Negativ tut weh! Aber positiv auch

Bei meinen Eventvorträgen teste ich bei den Leuten unter anderem oft kinesiologisch aus, wie sie auf positive und negative Aussagen reagieren. Das gibt jedes Mal einen großen Aha-Effekt. Denn natürlich ist es so, dass uns positive Aussagen mit Kraft und Freude erfüllen, uns negative Aussagen aber schlapp und verstimmt machen. Es kommt jedoch darauf an, wie man mit dieser Tatsache umgeht. Gebetsmühlenartig positive Aussagen vor sich her zu sagen, das kann nicht funktionieren. Das ist eine Verdrängung des negativen Pols, der eben auch zum Leben gehört.

Oft gibt es einen Widerspruch zwischen der seelischen und der geistigen Ebene. Viele Menschen versuchen, positiv über sich selbst zu denken, auf der Gefühlsebene sind sie aber voller Zweifel und Selbsthass. Dass der Körper auf diese Weise nicht langfristig gesund bleiben kann, dürfte jedem klar sein. Er bekommt widersprüchliche Informationen, und diese innere Spannung führt zu Symptomen. Jeder, der ein bisschen tiefer in sich hineinhört, spürt das auch.

Von der Bewertung zur Wertschätzung

Fast alle Menschen bewerten ihre Gedanken und Gefühle: »Oje, das darf ich doch nicht denken! Hilfe, was habe ich da für Gefühle! So darf ich nicht sein!« Es geht Ihnen mit Sicherheit in allen Lebensbereichen schon wesentlich besser, wenn Sie einfach all das akzeptieren, was Sie nun mal ausmacht.

Lassen Sie alle Bewertungen weg, nehmen Sie alle Gefühle und Gedanken, die da auftauchen, einfach als gegeben hin. So sind Sie jetzt gerade, und das ist okay, es ist der Anfang für vieles Neues, was demnächst an Positivem auf Sie zukommt. Stehen Sie ab sofort dazu, dass alles in und an Ihnen richtig ist. Denn es ist da, es existiert – wozu sollten Sie das in Gut und Schlecht einteilen?

In der Kindheit erleben wir alle eine Menge an unangenehmen Dingen, Maßregelungen und Abwertungen, wir werden alle mehr oder weniger seelisch misshandelt – daraus entstehen negative Gefühle und Gedanken über uns selbst. Dass die auch heute noch in Ihnen wirken, ist ganz normal. Nehmen Sie sie einfach als gegeben an. Als gegeben in dem Sinne, dass verschiedene Ursachen zu eben diesem Ist-Zustand führen mussten.

Denn was können Sie jetzt im Nachhinein noch ändern? Können Sie noch einmal zurückfahren, wenn Sie eine rote Ampel überfahren haben und dabei geblitzt wurden? Auch wenn es noch so schmerzhaft ist: Was gewesen ist, ist gewesen, und Sie können es nicht mehr ändern.

Ich möchte es noch einmal betonen: Ich kann nur etwas als positiv sehen und auch fühlen, wenn ich weiß, was negativ ist und wie sich etwas Negatives anfühlt.

Sie werden staunen, was sich jetzt, wo Sie die Dinge so sehen, entwickeln kann: Wertschätzung. Indem Sie sich und Ihre Vergangenheit so annehmen, wie sie ist, schätzen Sie sich selbst mehr. Das ist die grundlegende Basis für Erfolg, Glück und Gesundheit.

Auf der seelischen Ebene haben Sie dieses sehr gute und angenehme Gefühl, sich selbst zu schätzen und zu achten. Diese Energie schwingt in allem mit, was Sie tun und was Sie sind. Also bildet sich auch auf der körperliche Ebene das Entsprechende. So manifestieren sich Glück, Erfolg, Reichtum, was auch immer Sie möchten und sich wert sind.

Wer bestimmt wirklich über Ihr Leben? Sie?

Es gibt zwei Systeme, die in Ihnen wirken und die für jeden Ihrer Gedanken und Gefühle verantwortlich sind: die Psyche und das Unterbewusstsein. Wenn Sie die beiden kennen und wissen, wie Sie mit ihnen umgehen sollten, haben Sie bereits gewonnen. Davor allerdings leben Sie ziemlich fremdbestimmt.

Die Psyche – Wohl oder Übel?

Ich definiere die Psyche als den Aufbewahrungsort für all das, was ein Mensch an Unschönem und Schmerzhaftem erlebt hat. Die Psyche ist ein biologisches Alarmsignal, das dem Überleben und der Unversehrtheit des Menschen dient. Ich möchte Ihnen die Funktionsweise der Psyche anhand eines Beispiels näherbringen:

Stellen Sie sich vor, Sie sind in einem Hotelzimmer in Köln. Sie verlassen Ihr Zimmer, um essen zu gehen. In dem Moment, in dem Sie die Tür öffnen, kommt Ihnen eine Faust entgegen, die Sie zielsicher am Kinn trifft. Sie fallen rückwärts in Ihr Zimmer und sind bewusstlos.

Glauben Sie mir, Sie werden sich Zeit Ihres Lebens nicht mehr so unvoreingenommen einer Tür nähern. Egal, ob Sie sich zu Hause, in New York oder sonst wo befinden. Und jetzt lesen Sie zum Beispiel ein Buch über »Positives Denken«. Sie wollen diese Methode anwenden und malen sich die Tür so richtig schön aus, Sie sagen sich immer und immer wieder, dass sich dieser Vorfall ja nur in dem Hotel in Köln ereignet hat. Sie denken positiv und positiv – und doch bleibt immer ein komisches, unbehagliches Gefühl, wenn Sie eine Tür nur sehen.

Sie ersetzen wahrscheinlich Ihre Türen zu Hause irgendwann durch Glastüren, Vorhänge und so weiter. Sie meiden Aufzüge, einfach alles, was mit einer Tür in Verbindung steht. Das machen Sie automatisch und unbewusst. Und Sie denken weiter positiv und warten darauf, dass Sie jede Tür positiv sehen ...

Merken Sie etwas? Das funktioniert nur teilweise bis gar nicht. Sie werden es niemals schaffen, diese Emotionen zu löschen. Dass Sie dennoch einiges tun können, um sich im Leben absolut wohlzufühlen, wird Ihnen dieses Buch noch zeigen.

Körper, Psyche und Unterbewusstsein

Grundsätzlich trenne ich die Begriffe Psyche und Unterbewusstsein. Es sind für mich zwei verschiedene Paar Schuhe. Körper, Psyche und Unterbewusstsein sind zwar ganzheitlich gesehen eins, aber von der Wirkungsweise her sind es voneinander unabhängig und nicht parallel funktionierende Systeme. Sie korrelieren zwar miteinander, haben aber völlig verschiedene Ausrichtungen und Aufgaben.

Stellen Sie sich vor, Sie schneiden sich mit einem Messer. Der Körper beginnt sofort, alles daranzusetzen, dass die Wunde so schnell wie möglich geschlossen wird. Dann ist es verheilt und vergessen.

Ganz anders aber sieht das die Psyche, die diese Situation bis an Ihr Lebensende speichert, damit Sie im Umgang mit einem Messer ab sofort stets mit äußerster Vorsicht vorgehen.

Die Psyche ist also von ihrer Grundaufgabe her der Ort und der Bewahrer aller Erlebnisse und Ereignisse, die uns irgendwie und irgendwann Schaden oder Schmerzen zugefügt haben. Und sie hat die Aufgabe, uns vor diesen Erlebnissen künftig zu warnen und uns vor Wiederholungen des Unangenehmen zu bewahren.

Wie funktioniert die Psyche?

Die Psyche arbeitet nach einem einfachen Ja-Nein-Abgleich. Sie prüft, ob sie die fragliche Situation aus der Vergangenheit bereits kennt oder nicht. Findet sie die Situation oder ein ähnliches Erlebnis in unserer Vergangenheit, dann schickt sie uns die dazugehörenden, damals erlebten Emotionen und eventuell auch die Bilder davon ins Hier und Jetzt. Auch in der Zukunft werden wir bei einem gleichen oder ähnlichen Geschehnis dieselben Emotionen wieder spüren und die eventuell dazugehörenden Bilder wieder erleben.

Vereinfacht und in der Konsequenz heißt das: Wir leben durch die Funktionsweise der Psyche unser jetziges, momentan stattfindendes Leben im Prinzip immer nur aus den Erfahrungen der Vergangenheit und projizieren darüber hinaus diese alten Erfahrungen als einzig möglich Erlebbares in die Zukunft. Damit aber verpassen wir das Wesentliche: das Leben, so, wie es jetzt gerade ist.

Das Kreuz mit den Prägungen

Dass die Psyche so wirkt, wie sie nun einmal wirkt, hat weitreichende Folgen für uns. Allem voran bringt sie uns zu einem Vermeidungsverhalten. Sie ruft das Unangenehme in allen möglichen Situationen hervor – da wir das aber nicht spüren wollen, versuchen wir, die entsprechenden Situationen künftig zu meiden. Bis kaum noch Leben übrig bleibt.

Wir wurden außerdem dazu erzogen, Fehler zu vermeiden, das Unangenehme, das Schmerzhafte auszuschließen, sich anzupassen und nicht aufzufallen – schon gar nicht negativ – und zumeist so zu sein wie alle anderen auch.

Im Elternhaus, im Kindergarten, in der Schule, überall hieß es: »Tu dies nicht, fass das nicht an, kletter nicht so hoch, pass dich an, sei nicht so laut, fall nicht auf und so weiter.« Das prägt uns natürlich – und viel tiefer, als wir glauben. In uns liegen all diese Dinge gespeichert und die Psyche ruft sie den ganzen Tag über pausenlos ab. Sie kann nicht anders, das ist ihre Funktionsweise.

Auch Emotionen sind gespeichert. Irgendwann wurde jeder einmal ausgeschimpft oder geschlagen, weil er etwas gemacht hat, was sich für ihn ganz okay anfühlte, für die anderen aber nicht. Und diese anderen, die Eltern oder Lehrer, waren damals eindeutig die Stärkeren. Die damit verbundene Emotion und das Gefühl, das nicht wieder erleben zu wollen, haben sich tief eingeprägt. Daher wirken aus der Psyche heraus all diese frühen Erfahrungen. Das ist eine Gegebenheit, die man erst einmal begreifen und hinnehmen muss.

Ein Kind kommt, sehr vereinfacht dargestellt, wie ein weißes Blatt zur Welt. Natürlich gibt es Prägungen aus der Zeit der Schwangerschaft, von der Geburt selbst und den ersten Stunden danach. Je nach Weltauffassung gibt es auch Vorgaben, die im Seelischen liegen. Aber in gewisser Weise ist das Kind noch relativ frei von Prägungen.

Die Eltern und das Umfeld impfen dem Kind dann, größtenteils unbewusst, all das ein, was sie vom Leben halten, was sie selbst erlebt und durchlebt haben. Das Kind übernimmt all die Überzeugungen, Wertvorstellungen, Glaubenssätze und Ideen, auch die Grundstimmung, die Gefühle, die Ängste der Eltern. Es wird zu einer Art Abbild von Mama und Papa beziehungsweise einer Mischung daraus. Da sich Partner vor allem nach der Ähnlichkeit zum eigenen gegengeschlechtlichen Elternteil anziehen, setzt sich das so durch die Generationen fort. Die Grundprägungen »vererben« sich immer weiter.

Das Vergangene bestimmt die Gegenwart

Vor allem in den frühen Jahren luden wir uns ein dickes Paket mit Negativem auf. Wir erfuhren eine Menge Ablehnendes. Das müssen keine dramatischen Dinge gewesen sein. Aber unentwegt wurden wir verbessert, zurechtgewiesen, korrigiert und zudem oft genug getadelt. Die Grundbotschaft war immer: Du bist nicht richtig, so, wie du bist, das, was du tust, ist nicht richtig.

All diese vergangenen Erlebnisse haben sich wie beschrieben in die Psyche eingeprägt, die nun ständig in Alarmbereitschaft ist, um uns zu warnen oder davor zu bewahren, dass uns wieder etwas Unangenehmes passiert. Das schränkt unser Leben enorm ein! So viele alte schmerzhafte Emotionen wirken mittel- oder unmittelbar, offen oder im Hintergrund in uns. Sie sind deshalb unentwegt präsent, weil wir täglich in Situationen geraten, in denen sie wieder aktiviert werden.

Die meisten dieser Muster wurden gelegt, als wir noch ein Kind waren. Ein Kind, das sich nicht wehren konnte, ein Kind, das all diesen Erfahrungen völlig hilf- und wehrlos ausgesetzt war.

Und jetzt kommt noch einmal die entscheidende Frage:

Sind Sie heute immer noch ein Kind?

Sind Sie heute immer noch so wehr- und hilflos wie damals?

Wie lange wollen Sie selbst noch ein Opfer Ihrer eigenen Vergangenheit sein?

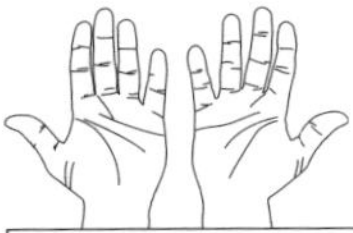

Übung

Werkzeugkasten: Testen eines unangenehmen Gefühls

Wenn Sie sich das nächste Mal nicht gut fühlen: Gehen Sie dem Gefühl auf den Grund. Setzen Sie sich ruhig hin und spüren Sie einfach in sich hinein, was da los ist. Vielleicht wollen Sie das Gefühl benennen oder Sie nehmen es körperlich wahr.

Fragen Sie sich, ob Ihnen das, was Sie jetzt fühlen, bekannt vorkommt. Fühlen Sie sich oft so? Begleitet Sie dieses Gefühl schon länger oder ist es ganz neu? Woher kennen Sie es? In welchen Situationen taucht es auf?

Schauen Sie sich von außen dabei zu, wie Sie da sitzen mit diesem unschönen Gefühl. Lassen Sie es zu sich sprechen. Erinnern Sie sich, wenn Ihnen der Zustand bekannt vorkommt.

Machen Sie sich bewusst, dass der Ursprung dieser Gefühle in der Vergangenheit liegt, wo Sie sich – noch – nicht dagegen wehren konnten.

Spüren Sie, dass Sie jetzt, genau in diesem Moment, stark genug sind, sich zu wehren, etwas zu ändern.

Übernehmen Sie jetzt ganz bewusst die Verantwortung für sich selbst und Ihr Leben, und schließen Sie Frieden mit den Erlebnissen und den Verursachern der negativen Emotionen Ihrer Vergangenheit.

Nehmen Sie innerlich das kleine Kind in den Arm, das Sie einmal waren, dieses Kind, das hilflos den Erlebnissen ausgesetzt war.

Nehmen Sie es liebevoll in den Arm und schließen Sie beide gemeinsam aus ganzem Herzen Frieden mit sich selbst und Ihren negativen Erlebnissen.

Eine Grundregel des Lebens wird jetzt entscheidend:

Wann immer Sie eine unangenehme Emotion spüren, können Sie davon ausgehen, dass sie durch die aktuelle Situation ausgelöst wurde – sie kommt aber aus einer Situation in Ihrer Vergangenheit und hat ursächlich nur damit zu tun.

Wenn man das weiß, kann man mit seinen Stimmungen und Emotionen ganz anders umgehen – erwachsen und frei wählend nämlich.

Natürlich gibt es Ausnahmen: Wenn man mit einem Revolver bedroht wird und dabei Angst aufsteigt, dann ist dieses Gefühl sicherlich aktuell, denn die Situation ist etwas Neues. Aber wenn Sie sich unverstanden, herabgewürdigt, überfordert, belästigt fühlen, dann ist das, was da in Ihnen auftaucht, etwas aus Ihrer Vergangenheit.

Ihre Psyche holt da etwas hervor, das mit einer unangenehmen Situation aus der Kindheit oder Jugend verbunden ist. Wenn Sie das wissen, dann ist es viel leichter, sich den aktuellen Themen, die Sie belasten, zuzuwenden. Dann ist gar nicht mehr so viel Mut nötig, sich das anzuschauen. Denn es ist letztlich Schnee von gestern, der aber heute noch wirkt und endlich erlöst werden sollte.

Immer im Hier und Jetzt?

Die Zusammenhänge um die Psyche machen deutlich, was viele fernöstliche und spirituelle Philosophien als eins der größten Probleme im Menschen sehen: Er lebt nicht bewusst im Hier und Jetzt. Das aber wäre möglich. Im Hier und Jetzt ist alles neutral und völlig wertfrei. Wir brauchen es nur wahr-nehmen, so, wie es ist. Doch mal ehrlich, wer von uns denkt und lebt so? Die Psyche funkt uns dauernd dazwischen.

Noch einmal wird klar, warum positives Denken allein nicht funktionieren kann. Wenn ein Fußballer einen wichtigen Elfmeter verschossen hat und die ganzen Begleiterscheinungen danach, wie Spott, Häme und Gemecker, erlebt hat, kann er zwar dazu gebracht werden, den nächsten Elfmeter relativ sicher zu verwandeln – im Hintergrund aber wird der Verschossene mit all seinen Begleiterscheinungen trotz alledem ewig nachwirken.

Die Psyche lässt sich nicht einfach so ausschalten. Bestimmte Situationen rufen die Erinnerung an etwas Unangenehmes und Verletzendes wach, das wir früher erlebt haben. Dann taucht Angst auf, Wut kommt hoch, der Mensch macht sich ganz klein und möglichst unsichtbar, weil das in seiner Psyche aus seinen früheren Erfahrungen heraus so angelegt ist. Es ist letztlich ein Schutz für ihn, weil er das, was da früher so furchtbar war, keinesfalls wieder erleben möchte.

Wenn dieser Mensch jetzt sagt: »Ich bin stark, ich bin froh, ich bin mutig«, ändert sich daran überhaupt nichts. Im Gegenteil, die ängstliche Seite in ihm wird noch lauter schreien. Sie muss ihn in der betreffenden Situation einfach warnen, weil sie mit entsprechenden negativen Erfahrungen angefüllt ist.

Das Unterbewusstsein – das Tor zur Entwicklung

Nun zu einem weiteren, diesmal sehr hoffnungsvollen Mitspieler in uns: dem Unterbewusstsein. Es ist für mich nicht dasselbe wie die Psyche. Die Psyche speichert, wie beschrieben, alles ab, was wir in negativer Hinsicht erleben, damit sie uns in Zukunft davor bewahren kann. Die schönen Erinnerungen hingegen werden durch das Unterbewusstsein im Gedächtnis verankert.

Wir Menschen werden durch die unglaubliche Masse an negativen Einflüssen, durch die gemachten Erfahrungen und die Funktionsweise der Psyche quasi darauf trainiert, unseren Fokus fast ausschließlich auf Negatives zu richten und das beschriebene Vermeidungsverhalten aufzubauen.

Wenn uns der liebe Gott nun ein System geschenkt hat, das auf Schmerzvermeidung ausgelegt ist – die Psyche –, so hat er auch dafür gesorgt, dass wir ein System in uns haben, welches uns Glück, Freude, Liebe und Lust bescheren kann – das Unterbewusstsein.

Ein riesiger, unbekannter Pool der Freude?

Stellen Sie sich eine Insel vor, nehmen wir zum Beispiel Mallorca. Was wir sehen und erkennen, ist das, was aus dem Wasser ragt. Das ist unser Bewusstsein. Das Unterbewusstsein ist alles, was sich unter dem Wasser befindet. Die Basis also, ohne die wir die Schönheiten dieser Insel niemals erkennen würden, ohne die diese Schönheiten niemals existieren könnten. Kein Mensch aber weiß genau, wo die Basis von Mallorca beginnt und wie weit sie sich ausbreitet.

Die Größe des Unterbewusstseins ist nicht genau festzulegen. Nur neigen wir Menschen dazu, irgendwo einen Anfangspunkt zu benennen und von dem aus unsere Berechnungen und scheinbaren Erkenntnisse festzusetzen. Diese werden anschließend durch mehr oder weniger beweisbare Faktoren verifiziert und dann als gegeben definiert. Alle weiteren Erkenntnisse stützen sich auf diese Definition.

Wir erhalten dadurch ein Wissen über einen Teil des Ganzen, zum Beispiel über einen Wassertropfen. Wie selbstverständlich schließen wir daraus, dass wir dann natürlich auch wissen, wie das ganze Meer funktioniert.

Alles, was schlussendlich in irgendwelchen Lehrbüchern über den Menschen steht, ist weder falsch noch richtig, sondern es ist lediglich ein Teil des Ganzen. Es ist aber nicht die ganze Wahrheit. Zu viele Faktoren und Zusammenhänge sind nicht endgültig beweisbar. Diese Phänomene werden dann gern als »Schwachsinn«, »Placebo«, »gibt es nicht« oder »geht nicht« abgetan.

Wie funktioniert das Unterbewusstsein?

Das Gedächtnis sammelt alles, was Sie an Positivem erleben, denken, träumen und erfahren. Diese angenehmen, beflügelnden, motivierenden und stärkenden Inhalte kann es jederzeit für Sie aktivieren, sodass sich die entsprechenden Umstände in Ihrem Leben manifestieren. Es birgt somit ein unermessliches Reservoir an Kraft, das Sie selbst immer wieder bewusst auffüllen, vergrößern und nutzen sollten. Kaum jemand tut das – und doch ist das vielleicht der einzige Weg, wirklich erfolgreich und glücklich zu leben.

Um die Funktionsweise des Unterbewusstseins besser zu verstehen, können Sie sich einen Skiabfahrtsläufer vorstellen. Dieser fährt kurz vor dem Rennen für sich allein mit geschlossenen Augen, scheinbar in einer Art Trance, die vor ihm liegende Strecke in Gedanken, verbunden mit der entsprechenden Körperhaltung, ab. Untersuchungen haben gezeigt, dass die vorher innerlich gefahrene Zeit mit der anschließend real gefahrenen Zeit fast auf die Hundertstel Sekunde identisch ist.

Das Unterbewusstsein arbeitet mit Bildern, auch Ihre Gedanken und Worte nimmt es wie Bilder auf – oder versucht es zumindest. Vor allem aber hat das Unterbewusstsein einen kleinen Schwachpunkt, der für uns überaus nützlich ist. Es kann nämlich nicht unterscheiden, ob das Bild, das es gerade registriert, ein real erlebtes Bild oder ein produziertes Bild ist.

Diese Eigenheit ist eine große Chance, und zwar deshalb, weil wir das Unterbewusstsein dadurch bewusst beeinflussen können. Wir können ihm positive Inhalte einpflanzen, die dann in unserem Leben ihren ebenso positiven Niederschlag finden. Sie werden die Werkzeuge dafür kennenlernen, allen voran das Programmieren (siehe ab Seite 117).

Ohne Gefühl geht gar nichts

Wer die Mechanismen des Unterbewusstseins richtig zu nutzen weiß, dessen Weg führt zu Gesundheit, Glück und Erfolg. Körperliche Symptome, Armut und Leiden sind immer Anzeichen dafür, dass man sich irgendwo oder irgendwie auf dem Holzweg befindet. Entweder hat man ein belastendes Ereignis verdrängt oder man hat begonnen, sich eben dieses Ereignis schönzureden.

Wenn Sie zum Beispiel Angst vor Hunden haben, können Sie sich hundert Mal am Tag einreden: Hunde sind doch nette Tiere, eigentlich tun sie ja keinem etwas. Sobald dann ein Hund auf Sie zugerannt kommt, werden Sie merken, dass das, was Sie sich selbst eingeredet haben, nicht gewirkt hat: Die Angst ist sofort wieder da.

Wir müssen immer auf der seelischen, auf der emotionalen Ebene ansetzen. Nur wenn die Gefühle zu Ihren Gedanken stimmen, wird sich das gesamte System sinnvoll ausrichten.

Viele arbeiten mit Methoden des rein mentalen Programmierens und Affirmierens: Das ist extrem begrenzend und somit auch in seiner Wirkung sehr begrenzt. Denn wenn Sie auf ein emotional negativ behaftetes Thema positive Affirmationen draufsetzen, wird der innere Druck durch den künstlich erzeugten Kampf Ratio gegen Emotio stetig größer und größer. Mit dem sicheren Ergebnis, dass der Druck irgendwann so groß ist, dass er sich ein Ventil suchen muss und es auch findet – nämlich Ihren Körper. Er wird Ihnen ein dem Thema entsprechendes Symptom anhängen, das Sie im wahrsten Sinn des Wortes eine Zeit lang außer Gefecht setzt. Wenn Sie also die Gefühle außer Acht lassen, ändert sich nichts zum Guten. Haben Sie ein Gefühl des Mangels, zeigt sich in Ihrem Leben Mangel. Nichts anderes. Auch ich arbeite mit dem Programmieren des Unterbewusstseins und werde Ihnen das in diesem Buch vorstellen (siehe Seite 122).

Worauf ich besonderen Wert lege: Erfolgreiches Programmieren funktioniert nur in der Zusammenarbeit von mentaler Bewusstmachung und dem Trainieren der emotionalen Ebene. Erfolgreiches Programmieren arbeitet mit der Psyche und dem Unterbewusstsein gleichermaßen, denn nur so kann sich etwas ändern. Sie werden diese höchst wirksame Methode kennenlernen. Hier ging es zunächst darum, die Wirkungsweise von Psyche und Unterbewusstsein zu verstehen. Denn diese Zusammenhänge sind entscheidend für Ihren Entwicklungsweg.

Warum es so viele Verlierer unter den Gewinnern gibt

Ähnlich wie mit den unzähligen Büchern über das »Positive Denken« verhält es sich mit den zahllosen Anleitungen, die beschreiben, wie man auf ganz einfache Weise zum Gewinner wird. Erfolgsbücher ohne Ende haben Einzug in unser Leben gehalten, alle mit scheinbar sicheren Strategien. Der Wunsch, erfolgreich und reich zu sein oder zu werden, grassiert wie ein Virus in unserer heutigen Zeit.

Oberflächlich funktioniert nicht

Was steckt hinter dieser Mode? Jeder, der solche Bücher kauft, muss doch im Prinzip erst einmal ein Verlierer sein. Sonst würde er ja nicht zu einem solchen Buch greifen. Und er wird ein Verlierer bleiben, wenn er nichts dagegen tut: Er versucht also, die Inhalte dieser Bücher zu verinnerlichen und umzusetzen.

In all diesen Erfolgsbüchern lesen sich die Inhalte so einfach, so klar, so leicht umsetzbar. Unzählige Menschen haben sich intensiv mit der Lektüre beschäftigt und versucht, die Inhalte umzusetzen. Und was haben sie gewonnen? Gibt es jetzt ebenso viele Sieger wie verkaufte Bücher dieser Art?

Kurzfristig haben sich einige Autoren eine goldene Nase verdient. Gratulation! Viele Menschen haben sich kurzfristig als Gewinner gefühlt. Und sind genauso wieder schnell abgestürzt. Und zwar deshalb, weil sich die äußeren Einflüsse, die eigenen Umstände und die – nie durchschauten – Muster nicht verändert haben.

Sie konnten sich nicht verändern, sie wurden ja noch gar nicht erkannt. Die Leute sind nach einem mehr oder weniger langen Höhenflug wieder ins Tal gerauscht, weil sie sich selbst nicht und vor allem nicht so schnell wie versprochen verändern oder entwickeln konnten. Und man fühlt sich äußerst schlecht und unfähig, wenn man es »mal wieder« nicht geschafft hat. Die Resignation erreicht ungeahnte Höhen oder Tiefen, je nach Betrachtungsweise, und man ergibt sich seinem Schicksal noch mehr.

Dabei liest es sich doch wirklich so verdammt einfach …

Das Unterbewusstsein folgt eigenen Gesetzen

Nach meiner Erfahrung braucht das Unterbewusstsein ohne Hilfsmechanismen bis zu eineinhalb Jahre, um neue Erkenntnisse und Einstellungen wirklich tief zu verinnerlichen. Allein dadurch wird schnell klar, warum oberflächliche Werkzeuge nicht so schnell funktionieren können. Dazu kommen die eigene Trägheit und die Verunsicherung, wenn es nicht gleich klappt: Man rutscht wieder in die alten Denkgewohnheiten – die Psyche jubiliert schlussendlich wieder, wird doch die Liste des persönlichen Versagens immer länger und länger.

Apropos Trägheit, auch wir Menschen unterliegen diesem Gesetz: Wir tun uns sehr schwer, aus bekannten Mustern auszubrechen. Aus dem »Trägsein« entwickelt sich dann ein »Währen«, aus dem »Währen« wird ein »Wahren«, und daraus entsteht unsere »Wahrheit«. Und da wir Menschen zudem nach einem rückkoppelnden System leben, suchen wir uns für unsere »Wahrheit« auch noch Bestätigung, was es noch schwerer macht, sich von den begrenzenden Mustern zu verabschieden.

Eine Frage der Sichtweise

Wenn man den Medien und unseren Politikern Glauben schenken darf, geht es unserer Wirtschaft immer schlechter. Eine der wenigen Quoten, die ständig steigen, ist die der Insolvenzen. Insbesondere klein- und mittelständische Unternehmen gehen reihenweise pleite. Achselzuckend wird die »Konjunkturkrise« als Grund genannt.

Wenn man aber genauer hinschaut, gibt es in jedem Wirtschaftszweig, ich betone: in jedem Wirtschaftszweig, Unternehmen, die jährlich beachtliche Zuwachsraten zu verzeichnen haben. Auch heute, auch in diesen Krisenzeiten. Doch was machen diese Unternehmen anders? Haben sich ihre Führungspersonen alle mit Erfolgsbüchern beschäftigt? Oder machen manche einfach »von Natur aus« alles richtig mit ihrem Unterbewusstsein und vor allem im Umgang mit den Menschen?

Fakt ist: Es gibt Gesetze, denen sowohl Psyche als auch Unterbewusstsein folgen. Diese Gesetze lernen Sie in diesem Buch kennen und Sie erfahren und üben dabei, sie sinnvoll und zielführend auf Ihr

Leben, Ihre Persönlichkeit, Ihre Muster und Wehwehchen, Ihre Träume und Ziele hin anzuwenden.

Wie man sich in kürzester Zeit in eine positive Grundstimmung versetzen kann, zeigt eine Methode aus dem Neurolinguistischen Programmieren (NLP). Sie eignet sich hervorragend, um sich selbst zum Beispiel vor und während Prüfungen oder Wettkämpfen in Sekundenschnelle in eine beschwingte, ja, fast euphorische Grundstimmung zu versetzen. Da dies aber über das Unterbewusstsein geschieht, ist die Wirkung – leider – nur für relativ kurze Zeit zu spüren. Sie hilft jedoch, Nervosität, Unwohlsein, Frust und Aggressionen kurzfristig so abzubauen, dass man die Chance bekommt, die Situation bestens zu meistern.

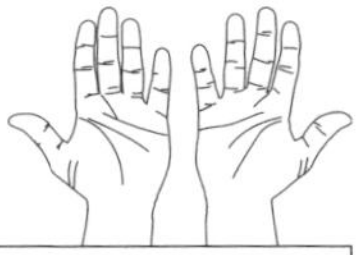

Übung

Für Ihren Werkzeugkasten: Ankern – Blitzstart ins Glück

Nehmen wir als Beispiel die Angst davor, Fehler zu machen: Um erfolgreich einen Anker zu setzen, suchen Sie sich einen ruhigen Platz, an dem Sie nicht gestört werden können. Lehnen Sie sich entspannt zurück. Schließen Sie die Augen und holen Sie gedanklich und bildhaft ein Ereignis aus der Vergangenheit hervor, bei dem Sie eine absolute Höchstleistung vollbracht haben, möglichst etwas, das zu einem Ihrer größten bisherigen Erfolge geführt hat.

Sie spüren nun in Ihrem Inneren eine immer stärker werdende Welle der Euphorie, die ihren Höhepunkt erreicht und anschließend langsam wieder abflaut.

Wenn Sie dieses Ereignis nun zum zweiten Mal gedanklich und bildhaft in sich aktivieren, berühren Sie sich am absoluten Hochpunkt Ihrer Gefühle irgendwo, wo Sie sich im Normalfall nicht berühren, zum Beispiel als Rechtshänder mit der linken Hand am rechten Ellbogen.

Wiederholen Sie diese Übung drei bis vier Mal. Danach machen Sie eine kurze Pause.

Nun versetzen Sie sich in einen Moment, in dem es Ihnen richtig dreckig ging, weil Sie einen Fehler nach dem anderen gemacht haben. Holen Sie auch hier die dazugehörenden

Übung

Gedanken und Bilder aus Ihrem Gedächtnis hervor. Am Höhepunkt dieser schlechten Gefühle berühren Sie sich selbst an dem Punkt, an dem Sie zuvor den Anker gesetzt haben. In unserem Beispiel berührt die linke Hand kurz den rechten Ellenbogen.

Sie spüren, wenn Sie diese Programmierung richtig durchgeführt haben, sofort, wie sich Ihre Stimmung radikal verändert, vom Negativen hin zum Positiven.

Üben Sie das Ankern immer wieder. Wenn Sie die nötigen Erfahrungen mit dieser Methode gesammelt haben, können Sie auch für die Situationen einen Anker setzen, die vor Ihnen liegen. Setzen Sie den Anker, indem Sie sich in diese Situation in ihrer bestmöglichen Ausprägung gedanklich, bildhaft, bei Bedarf auch verbal und körperlich, hineinversetzen. Erleben Sie, wie Sie die Aufgabe mit Bravour meistern.

Wenn Sie das Ankern richtig ausgeführt haben, reicht es in einer entscheidenden Situation aus, die entsprechende Körperstelle zu berühren – und schon sind Sie bereit für die Herausforderung.

Probieren Sie es aus. Denken Sie aber bitte daran: Wenn sich diese Hochgefühle beim Abrufen der Situation nicht mehr einstellen, müssen Sie die Situationen neu verankern und den Gewohnheitseffekt des Unterbewusstseins überlisten.

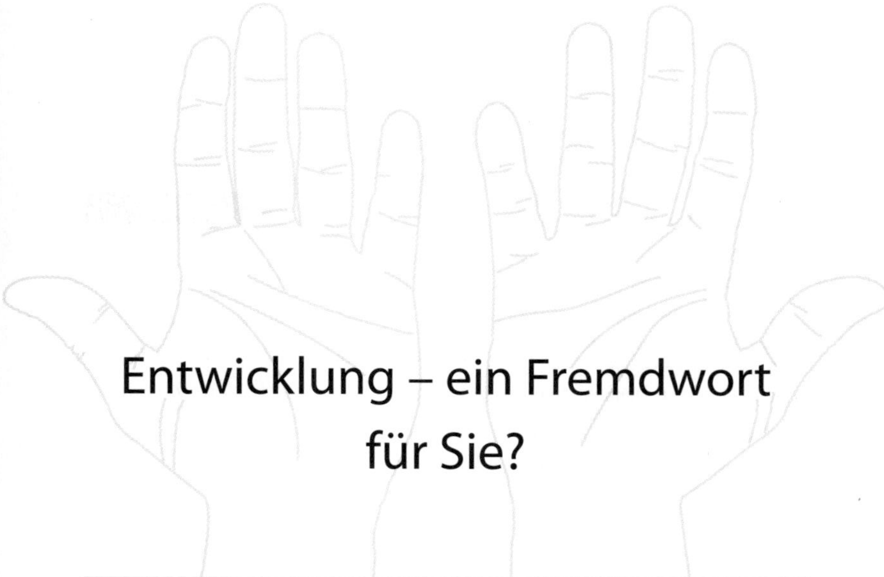

Entwicklung – ein Fremdwort für Sie?

Sie haben also zwei Seiten: Zum einen sind da die unangenehmen Gefühle, die »schlechten« Eigenheiten, vielleicht Symptome und Fehlschläge, mit denen Sie klarkommen müssen. Zum anderen aber haben Sie einiges an Qualitäten vorzuweisen und ganz bestimmt so ein Ahnen, dass noch viel mehr in Ihnen steckt oder stecken könnte. Was lässt sich damit anstellen? Auf jeden Fall eine ganze Menge!

Nur Mut: Schauen Sie hin!

Mein Ansatz ist es, über das hinauszugehen, was beim positiven Denken passiert: Für jede Form von Heilung, da kann auch die Heilung von Misserfolg dazugehören, ist es nötig, sich die ungeliebte Seite, die Inhalte der Psyche anzuschauen, sie anzunehmen. Dann gibt es ein inneres Einverständnis, eine Akzeptanz, dass da im Moment Angst ist, dass da eine Idee gescheitert ist und dass man darüber traurig, verletzt, enttäuscht ist. Es ist in Ordnung, wütend zu sein, voller Trauer und Zweifel. Indem man diese Seite, die natürlich zunächst keiner gern hat, annimmt und sagt: »Okay, so ist das jetzt, und

Schatten

Du hast einen Begleiter.
Er ist eine genaue Kopie von dir.
Er ist blind, taub und stumm,
sieht und hört aber alles mit dir.

Wer ist der Begleiter?
Wer kann das nur sein?
Wer ist immer bei dir
und lässt dich niemals allein?

Er kommt, wenn am Morgen die Sonne erwacht.
Und geht, wenn es abends dunkel wird.
Zündest du im Dunkel jedoch ein Licht an,
ist er sofort wieder bei dir, so schnell er nur kann.

Wer ist der Begleiter?
Wer kann das nur sein?
Wer ist immer bei dir
und lässt dich niemals allein?

Dein Begleiter ist stets folgsam
und widerspricht dir nicht.
Er klebt dir an deinen Füßen
im Sonnenlicht.

Wer ist der Begleiter?
Wer kann das nur sein?
Wer ist immer bei dir
und lässt dich niemals allein?

Dein Schatten ist dein Begleiter.
Er ist seit deiner Geburt bei dir
und wenn du stirbst,
dann stirbt er mit dir.

Sei nun du selbst
und nicht dein Schatten.
Oder du wirst irgendwann sterben,
ohne zu wissen, was Leben ist.

Der Schatten ist mein Begleiter.
Er nur kann es sein.
Er ist immer bei mir
und lässt mich im Leben niemals allein.

Holger Fischer

es ist in Ordnung«, holt man das Unangenehme mit ins Boot. Die Not neutralisiert sich gewissermaßen mit diesen Wünschen, dass man die Situation ganz anders, viel heller und schöner haben möchte. Nun ist auch positives Denken möglich. Jetzt ist es sinnvoll, sich auf die Ziele, auf das, was man haben und erreichen möchte, zu fokussieren.

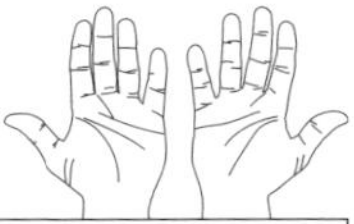

Übung

Für Ihren Werkzeugkasten: Den Schatten ansehen

Setzen Sie sich in einem hell erleuchteten Raum oder draußen im Freien so hin, dass Sie Ihren Schatten betrachten können. Schauen Sie ihn ganz ruhig an, nehmen Sie Kontakt mit ihm auf. Immer ist er da, immer ist er bei Ihnen, fast nie wird er bemerkt.

Lassen Sie alle Gedanken zu, die nun vielleicht zu den Schattenseiten Ihrer Person aufkommen wollen. Auch die sind immer da, immer bei Ihnen. Meist werden sie ignoriert oder abgelehnt. Doch sie sind da. Lassen Sie sich darauf ein. All das sind Sie: Sie, wie Sie da sitzen, Ihr Schatten, den Sie betrachten, und die hellen und weniger hellen Eigenschaften, die Sie ausmachen.

Cool bleiben? Das klappt nicht immer

Da die Welt polar aufgebaut ist, hat es keinen Sinn, sich nur auf eine Seite beziehen zu wollen. Das ist so, als würden Sie eine Straße überqueren wollen, gar nicht hinsehen, sich stattdessen aber immer wieder sagen: »Die Straße ist frei, die Straße ist frei, die Straße ist frei.« Dann laufen Sie einfach los – und es kann gut passieren, dass die Straße nicht frei ist und Sie ein Auto erwischt.

Man kann sich jetzt fragen, wer den Menschen eigentlich die Psyche gegeben hat und warum. Doch ganz gleich, wie man das beantwortet: Jeder muss für sich selbst entscheiden, wie er damit umgeht. Wir Menschen sind dazu »verpflichtet«, selbst dafür zu sorgen, dass wir glücklich sind. Natürlich können und sollen wir uns dabei in die positiven und schönsten Gefilde hinaufschwingen – das setzt aber voraus, dass wir erst einmal auch mit der negativen Seite klarkommen.

S. 18

Dazu braucht es nicht einmal Kraft. Sicher ist eine gewisse Form von Mut nötig. Der Mut, aus diesem allgemeinen Positiv-sein-Müssen auszuscheren. Jeder sagt: »Cool bleiben, keine Angst haben, das Leben im Griff haben, sich den Erfolg holen, der einem zusteht!« In dieser allgemeinen Stimmung zu bleiben, ist nicht unbedingt sinnvoll, wenn man spürt, dass man Ängste und Zweifel hat. Auch wenn man Schuldgefühle hat, weil man beispielsweise krank ist und seine Leistung im Job oder in der Familie nicht erbringen kann – dann ist das in dem Moment eben so. Auch ein Schuldgefühl ist nur eine Emotion, und sie ist in dem Moment einfach da.

Die zwei Seiten verbinden – und wachsen

Was die Betrachtungsweise der Welt betrifft, gibt es ebenfalls zwei Seiten, zwei große Lager: auf der einen Seite die konservativen, streng wissenschaftlichen Denker, auf der anderen Seite die sogenannten Esoteriker. Diese beiden Seiten stoßen sich ab. Die rationalen Menschen nehmen die Esoteriker nicht ernst, die nur von Licht und Liebe, von feinstofflichen Energien und der Tiefe ihrer Gefühle sprechen. Andersherum werfen die Esoteriker den rational ausgerichteten Leuten vor, nur das zu akzeptieren, was sie mit ihren physischen Sinnen wahrnehmen und beweisen können und dass sie damit einen großen Teil des Seins ausklammern.

Die Verbindung herstellen

Wenn diese beiden Seiten getrennt nebeneinander agieren, dann ist es für mich selbstverständlich, dass es etwas Drittes geben muss, das beide zusammenbringt. Ich finde, dass sich diese Verbindung auf eine ganz natürliche und unkomplizierte Weise herstellen lässt. Wir alle sind spirituelle UND weltliche Wesen. Spiritualität heißt für mich: »Zurück zum Ich.«

Den Esoterikern tut es gut, sich mit weltlichen Dingen zu befassen. Die konservativen Denker dagegen gewinnen, wenn sie ihr Weltbild öffnen und auch größere Dimensionen mit einbeziehen.

Ich erlebe das in der Praxis beispielsweise mit Profisportlern. Das sind zunächst einmal streng schulmedizinisch, rational und stark auf das Körperliche ausgerichtete Menschen. Wenn sie aber mit einem Problem zu mir kommen, wenn sie in ihrer Leistungsfähigkeit beeinträchtigt sind, dann kann ich sie unterstützen – und zwar, indem ich auch eine spirituelle Ebene mit einbringe und mit Energien arbeite. Die Erfolge geben mir recht: Die Sportler werden um einiges früher gesund, als ihre Ärzte es prognostizieren. Sie können deutlich früher wieder zum Training oder in den Wettkampf zurückkehren und Sie haben Wertvolles für Ihr Leben gelernt.

Das Beste von allem nutzen

Diese dritte Ebene, von einer bodenständigen Haltung aus das Spirituelle ganz selbstverständlich mit einzubeziehen, wird noch zu wenig gelebt. Ich betrachte es als meine Aufgabe, selbst so zu arbeiten und zu leben und dies auch anderen Menschen nahezubringen. Dabei nehme ich es entspannt in Kauf, dass die Esoteriker mir vorwerfen, ich sei normal und konservativ, gar nicht ehrfürchtig und demütig und würde nicht jeden Tag meine zwei Stunden meditieren. Auf der anderen Seite, bei den schulmedizinisch ausgerichteten Menschen, runzeln manche die Stirn, weil sie sich nicht erklären können, was ich da tue. Damit kann ich gut leben. Auch ich selbst bin dabei, immer weiter zu erforschen und tiefer zu begreifen, was bei meiner

Arbeit passiert. Ausschlaggebend ist für mich jedoch allein, dass es funktioniert.

Es wird immer Esoteriker geben, die ich, wie Sie sicher schon gemerkt haben, von spirituellen Menschen unterscheide. Und es wird immer konservative Denker geben. Wichtig ist, dass eine starke Mitte entsteht, die das Beste aus beiden Richtungen verbindet und zu etwas noch Größerem, noch Besserem führt. Darin liegt für mich zweifelsfrei die Zukunft.

So erlebe ich es auch im Profisport: Es geht ja nicht darum, dass ich Mediziner, Physiotherapeuten oder andere Fachleute ersetzen will. Es ist vielmehr wichtig, dass jeder das einbringt, was er am besten zur Genesung des Sportlers und zur Verbesserung der Teamleistungen beisteuern kann. Dabei hat es keinen Sinn, zu diskutieren und zu bewerten, ob die einzelnen Methoden nun ins eigene Weltbild passen oder davon abweichen. Das Ergebnis zählt.

Psychologen heilen nicht

Jeder wird betriebsblind, wenn ihn etwas belastet. Gerade deshalb ist es so wichtig, sich von einer einseitigen Betrachtungsweise zu lösen. Es hilft enorm, sich die andere Seite der Medaille anzuschauen. Jeder sieht die Dinge auf seine Weise. Nun geht es darum, die Situation auf eine völlig andere Art, vielleicht sogar aus der umgekehrten Perspektive, zu betrachten.

In der Psychologie ist das zumeist ganz deutlich. Dort kommt man immer zu diesem Punkt: Weil die Dinge so oder so waren, kann ich heute gar nicht anders sein, als ich eben bin. Das zementiert den meist nicht glücklichen momentanen Zustand für alle Ewigkeit fest ein. Dies ist aber nur eine mögliche Betrachtungsweise. Es gibt viele andere. Und es kann das ganze Leben verändern, sich einmal die andere Seite anzusehen.

Die heutige Psychologie beruht auch auf den Ideen und Erkenntnissen von Adler, Freud und Jung plus allen möglichen Ergänzungen späterer Psychologen. Aufgrund Tausender von Gedanken, Experimenten und Schlussfolgerungen hat man festgeschrieben, wie die menschliche Psyche funktionieren soll. Das halte ich für Unsinn. Die Psyche wird als etwas Absolutes, Verifizierbares dargestellt, was sie aber nun mal nicht ist.

In der Sendung *Süddeutsche TV* auf VOX beispielsweise wurde im Dezember 2005 proklamiert, dass in Deutschland 15 Millionen Menschen bewusst oder unbewusst an Erkrankungen der Psyche leiden. Täglich würden etwa 2500 Menschen in Deutschland stationär zur psychiatrischen Behandlung eingeliefert oder melden sich bei Psychologen. Professor Dr. Dose, Leiter einer renommierten Anstalt für psychisch Kranke in Bayern, erklärte im Interview, »dass wir noch viel zu wenig über die Psyche und deren Funktionsweise kennen und wissen«. Ein führender Psychologe muss also zugeben, dass sich seine Zunft in ihrem ureigenen Betätigungsfeld eigentlich noch viel zu wenig auskennt.

Ich habe absolut nichts gegen die Psychologie, aber wir Menschen dürfen die Verantwortung für uns selbst nicht anderen aufbürden, auch nicht den Psychologen.

Ihre Einstellung zählt

Psychologen hören zu. Das ist eine wichtige und wertvolle Eigenschaft. Man kann sich bei einem Psychologen ausheulen. Das erleichtert, aber man sollte nicht davon ausgehen, dass es heilt. Von außen kann einen niemand heilen. Bestenfalls erfährt man die Unterstützung, sich selbst zu heilen. Denn alles, was dafür nötig ist, hat jeder Mensch in sich.

Kein Arzt, kein Psychologe, kein Heilpraktiker, kein Holger Fischer kann Sie heilen. Sie selbst sind der Einzige, der Sie heilen kann. Die anderen können Sie, wenn sie ihr Handwerk verstehen, dabei begleiten, unterstützen und Ihnen Hilfe zur Selbsthilfe geben.

Werden Sie sich bewusst, dass kein Psychologe der Welt wirklich wissen kann, was mit Ihnen los ist. Ein Mensch kann nur glücklich, erfolgreich, ganzheitlich gesund sein, wenn er unabhängig ist.

Unabhängig heißt in diesem Fall, sich so weit wie möglich frei zu machen von allen Werturteilen, Bewertungen, alten Mustern und emotionalen Verstrickungen. Das bedeutet zugleich den kompletten Ausstieg aus jeglicher Opferhaltung, man braucht keine Sündenböcke und auch keine Erlöser mehr.

Dieser Weg steht jedem, wirklich jedem offen. Denn die Umstände können so sein, wie sie nun einmal sind – mehr oder weniger unangenehm. Das Entscheidende aber ist die innere Einstellung dazu. Genau die können Sie jetzt in diesem Moment ändern. Dann brauchen Sie sich selbst und Ihren Heilprozess nicht irgendjemand anderem in die Hände zu geben. Denn dort gehören Sie nicht hin. Hilfe kann und sollte man sich jederzeit holen – doch die Verantwortung bleibt bei einem selbst.

Sowohl als auch – die Formel der Zukunft

Bisher heißt es immer: Entweder oder. Viel sinnvoller ist aber ein Sowohl-als-auch. Ganzheitlichkeit ist ein Schlagwort geworden, doch der eigentliche Sinn wird nur selten erfasst. Denn kaum ein Arzt, Psychologe oder auch Heilpraktiker kann etwas auf der seelischen Ebene bewirken.

Das beginnt schon bei der Ausbildung: Vor allem Ärzte lernen, indem ihnen etwas als gegeben dargestellt wird. Daran ist nichts falsch, die Fakten sind so und so. Gleichzeitig hat eine solche Betrachtungsweise aber keinerlei Entwicklungsmöglichkeit. Was einmal so ist, wie es gelernt wird, muss immer so sein. Damit ist das Blickfeld eingeengt. Es ist in diesem Rahmen nicht möglich, dass die Dinge anders liegen.

So hat ein normaler Muskelfaserriss im Fußball vor 30 Jahren drei bis vier Wochen zur Heilung benötigt. Heute dauert es noch genauso lang. Von einer anderen Möglichkeit gehen die Mediziner gar nicht aus. Die Patienten werden regelrecht darauf programmiert, dass Heilung nicht schneller gehen kann. Wenn ein betroffener Sportler zu mir kommt und nach zwei Tagen geheilt wieder auf den Platz kann, ist das Erstaunen groß.

Sie können das bei sich selbst überprüfen: Was denken Sie, wenn Sie eine Erkältung erwischt? »Mist, das wird mich jetzt mindestens eine Woche lahmlegen!« Jeder wird Ihnen diese Behauptung bestätigen. Daher lässt es Ihr Bewusstsein gar nicht zu, dass Sie vielleicht schon am nächsten Tag wieder fit sein können.

Im Sowohl-als-auch liegt für mich der Schlüssel. Das gilt in meinen Augen auch für die Esoteriker. Denn die meisten Vertreter dieser Gruppe stecken ja ebenfalls in einer starren Haltung, die nichts anderes zulässt. Die Entwicklung wird abgewürgt, wenn man schon genau zu wissen meint, wie der Hase läuft. Zudem wird oft eine ganze Hälfte des Lebens, nämlich die sogenannte dunkle Seite, ausgeklammert. Dann hört sich alles salbungsvoll und lichtvoll an, ist es aber nicht. Meiner Erfahrung nach sind auch nur die wenigsten Vertreter dieser Spezies wirklich glückliche, zufriedene, gesunde oder gar erfolgreiche Leute.

Denn egal ob Sie sich von der Schulmedizin oder von Heilern Hilfe holen: wenn Sie Ihre Verantwortung abgeben sind beide Richtungen verkehrt.

Oftmals sind für das manchmal nicht gerade berauschende Image der Esoteriker nur Formulierungsfragen verantwortlich: Eine heilsame, unerklärliche Kraft kann der eine als Engel wahrnehmen, der Nächste als göttlichen Lichtstrahl, der Dritte sagt einfach Energie dazu. Ich zum Beispiel sage recht nüchtern: »Ich habe einen Zugriff aufs System.« Darunter kann sich jeder vorstellen, was er will. Auch rationale Typen werden nicht verschreckt. Wenn es wirkt, ist es nicht mehr wichtig, wie man es nennt. »Wer heilt, hat recht«, ist die These.

Es hat zum einen keinen Sinn, sich an der Form festzuklammern und andere von der eigenen Wahrnehmung überzeugen zu wollen. Zum anderen beschränkt man sich selbst, indem man angenehme, heilsame, höhere Kräfte stets nur als Engelwesen, also als etwas außerhalb von einem selbst, wahrnehmen will.

Wer die Welt in Richtig und Falsch einteilt, der bewertet die Dinge. Er schließt damit aber etwas aus. Das Leben jedoch schließt nichts aus. Was existiert, gehört dazu.

So sind beide Seiten – die Schulmedizin wie die Esoterik – auf ihre Weise engstirnig. Das Sowohl-als-auch, das Zulassen aller Sichtweisen, aller Weltbilder, aller Möglichkeiten, die Offenheit dafür, dass alles noch ganz anders sein kann, darin liegt für mich die Zukunft. Das Sowohl-als-auch bringt wahre und nachhaltige Entwicklung.

»Gib dem Menschen keinen Fisch, sondern zeige ihm, wie man angelt!«

Fernöstliche Weisheit

Entwicklung heißt, andere Möglichkeiten zu sehen

»Probleme kann man niemals mit der gleichen Denkweise lösen, durch die sie entstanden sind.«

Albert Einstein

Die Menschheit entwickelt sich immer dann weiter, wenn sich Einzelne nicht damit zufriedengeben, dass etwas so ist, wie es zu sein scheint oder wie man allgemein glaubt. Pioniere waren stets Menschen, die daran glaubten, dass ihre Ideen funktionieren. Sie forschten so lange, bis es klappte. Edison zum Beispiel brauchte Tausende Versuche, um die Glühbirne zum Leuchten zu bringen. Tausende Male ist er gescheitert. Doch er wusste, dass es geht. Also hat er weitergesucht – und die richtige Methode gefunden.

Entwicklung findet statt, wenn scheinbar Feststehendes infrage gestellt wird, wenn sich das Bewusstsein so erweitert, dass plötzlich etwas Größeres darin Platz hat als das, was allgemein bekannt ist. Dafür finden Sie sicher viele Beispiele in der Geschichte, aber auch in Ihrem eigenen Leben. Es ist nur der Verstand, der sagt: »Das geht nicht. Wieso soll ich das besser wissen als alle anderen? Es ist schon immer so gewesen, mein Nachbar sagt es auch.« Der Kopf bewertet, er teilt alles in Richtig und Falsch ein. Er experimentiert nicht, lässt nicht gern Neues und Unbekanntes zu. Damit aber verhindert er Entwicklung.

Es geht überhaupt nicht um Richtig oder Falsch. Das sind Begrenzungen. Alles, was ist, gehört zum Leben. Es ist da, und deshalb erübrigt sich die Frage, ob es gut oder schlecht, richtig oder falsch ist. Es ist. Die Frage ist nur, wie Sie damit umgehen. Lassen Sie alles Gegebene zu, öffnen Sie sich – erweitern Sie Ihren Raum! Machen Sie Platz für die positiven Überraschungen des Lebens und für Ihr Wachstum!

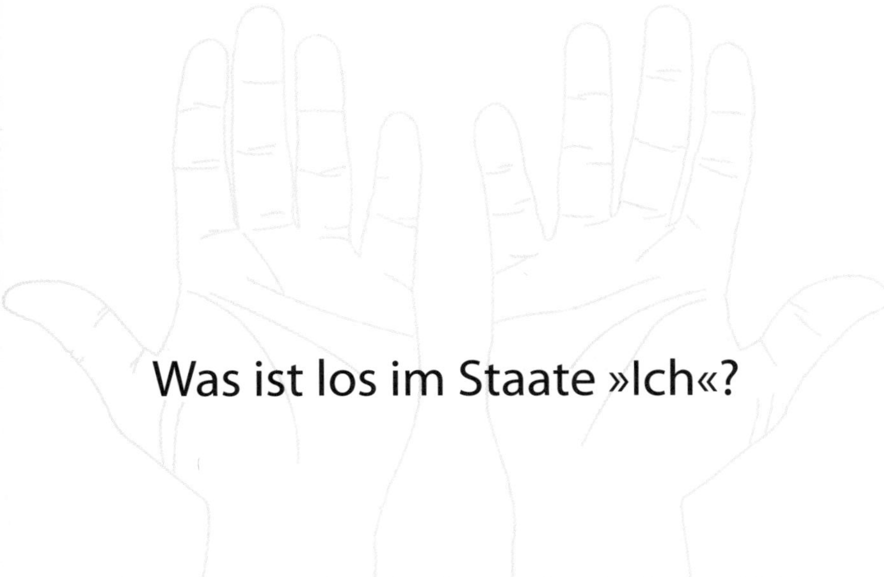

Was ist los im Staate »Ich«?

Der Weg

Der falsche Weg zu meinem Ziel,
leider gibt's davon viel zu viel.
Manchmal probier ich davon einen,
doch bevor's der falsche ist, wähl ich keinen.

Ich müsste mich einmal, nur einmal entscheiden,
statt mich in meiner Angst, in meinem Schmerze zu weiden,
den ich bisher stets bekommen habe,
wenn ich an etwas Gutem labe.

Entscheiden ist für mich ach so schwierig,
aus Angst, den falschen Weg zu wählen,
bin ich lieber dabei, mich selbst zu quälen.
Anstatt zu sein und nach mehr Wissen begierig,
lebe ich weiter in meinem alten Sumpf,
den Schmerz in mir spüre ich sehr dumpf.

Unfähig, mich da herauszumanövrieren
und endlich nach mehr Erfolgen zu gieren,
bin ich weiter auf der Suche nach einem Schlüssel,
der mir Türe und Tore öffnet.
Für das, was auch dahinter erscheinen mag,
mit viel Mut Ja zu allem Neuen sag.
Egal, was dabei herauskommen wird,
ich nehm es an, so, wie es kommen wird.

Alles kommt gut, wenn ich mich dafür entscheide,
endlich Ja zu sagen für ein Leben im vollen Geiste.
Mich leben und akzeptieren in meiner totalen Fülle,
anstatt weiterzusiechen in meiner alten Gülle.
Stehe ich jetzt da in vollem Glanze,
bin bereit, für mich zu brechen die stärkste Lanze.

Gehe jetzt entschlossen meinen Weg,
meine Angst davor ist ganz weit weg.
Spüre jetzt das volle Vertrauen und die Liebe für mich,
in meine Fähigkeiten, mein Potenzial, ganz einfach in mich.

Mein Weg ist für mich endlich vollkommen.
»Alles kommt gut«, habt Ihr's alle vernommen?
Bin jetzt voll und ganz in mir angekommen,
kann mich in meinem Glanze wohlwollend sonnen.

Bin jetzt fest und ganz in mir zu Hause,
lasst uns gemeinsam feiern eine Riesensause.
Für uns, für mich, für jeden Menschen,
einfach für alle, an die wir mit Liebe denken.

Holger Fischer

Bevor sich Schritte nach vorn unternehmen lassen, ist es notwendig, sich immer wieder den Status quo anzuschauen. Wo stehen Sie jetzt?

Wie sieht es in Ihrem Leben und in Ihrem Inneren aus?

Welche heute noch wirksamen Spuren hat die Vergangenheit in Ihnen hinterlassen?

Die Erfolge Ihrer Vergangenheit

Jeder Mensch hat eine Menge Erfolge zu verzeichnen. Wir alle sind gewachsen und gereift, haben unsere Erfahrungen gemacht und daraus gelernt. Wir sind gescheitert und haben die Kraft gefunden, weiterzuleben und neue Ziele anzuvisieren. Wir sind unseren Weg schon ein gutes Stück weit gegangen und haben dabei Ziele erreicht oder gelernt, sie loszulassen, wenn sie nicht stimmig waren.

Negativ drauf

In jedem Menschen wirkt erst einmal das Negative. Das Positive, das genauso zu jedem Leben gehört, ist irgendwo tief vergraben. Die Psyche, Sie wissen Bescheid, ist voll mit negativen Erfahrungen und ablehnenden Gefühlen. Und diese wirken ungebremst nach. Wir wollen sie allerdings nicht wahrhaben. Doch all das Unangenehme, das wir uns nie anschauen möchten, das wir in unserem Inneren haben, aber nicht haben wollen, verstärkt sich im Lauf der Jahre. Außer, wir gehen bewusst damit um!

Fragen Sie einen Menschen, was alles in seinem Leben oder im letzten halben Jahr schiefgegangen ist, dann sprudelt es nur so aus ihm hervor. Fragen Sie ihn, was alles gut gegangen ist, dann ernten Sie Schweigen.

Fragen Sie jemanden, warum er keinen Erfolg hat, warum er nicht so erfolgreich wie ein anderer ist, dann wird er Ihnen viel erzählen. All die Überzeugungen seines eigenen Unwerts wird er hervorbringen. vermutlich wird er auch Schuldige präsentieren.

Ich bringe solche Menschen dazu, sich zu fragen: Warum bin ich erfolgreich? Zuerst kommt da keine Antwort. Schweigen. Erstaunen. Verblüffung. Denn im Inneren geht ein solcher Mensch davon aus, dass er nicht erfolgreich ist. Die Frage arbeitet aber nach. Und es tauchen erste Gründe für die Situation auf.

Positiv drauf

Ich betrachte es als die Aufgabe eines jeden Menschen, selbst dafür zu sorgen, dass das Positive in seinem Leben mehr Raum bekommt. Gerade vor wichtigen Ereignissen, einem Vorstellungsgespräch oder einem anderen bedeutsamen Termin, aber auch, wenn es einem nicht gut geht, ist diese Einstellung entscheidend: dem Positiven Platz zu geben.

Holen Sie all das Positive, das in Ihrer Vergangenheit liegt, endlich nach oben. Machen Sie sich bewusst, wie Sie sich als Sieger fühlten, als glücklicher Mensch.

Wie war das für Sie in den schönsten und besten und wertvollsten Momenten Ihres Lebens? Wie haben Sie sich dabei gefühlt?

Richten Sie den Blick nach oben

Wenn Sie sich am Guten in Ihrem Leben orientieren, ist eins wichtig: Richten Sie die Augen nicht nach unten, sondern nach oben. Ich beobachte das immer bei den Profifußballern, mit denen ich arbeite. Natürlich müssen sie den Ball unten suchen. Aber sie laufen generell gern mit gesenktem Blick durch die Gegend. Vor allem in der Rehabilitation nach Verletzungen. Dabei hängen sie, wie jeder andere Mensch auch, in Gefühlen drin, bei verletzten Sportlern selbstredend in den Gefühlen des »Verletztseins«, in der Suche nach dem »Schmerz«. Wenn ich mit ihnen arbeite und sie davon überzeuge, eine Übungseinheit zu absolvieren, während ihr Blick nach oben gerichtet ist, mit der Aufgabe, sich selbst gute Gefühle, positive Erinnerungen oder positive Vorstellungen über die Zukunft zu geben, zeigen sich daraufhin meistens deutlich bessere Ergebnisse.

Was haben Sie erreicht?

Da Sie sich mit erhobenem Blick nun gerade auf der positiven Seite Ihres Lebens einrichten, machen wir da gleich weiter.

Was waren die Erfolge Ihrer Vergangenheit?

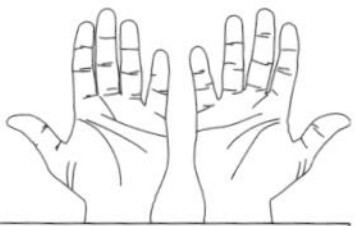

Übung

Für Ihren Werkzeugkasten: Blick nach oben

Unternehmen Sie einen Spaziergang und achten Sie darauf, den Blick dabei nach oben zu halten. Schauen Sie ab und an auf den Weg, um nicht zu stolpern, blicken Sie aber ansonsten nach oben. Nicht mit dem ganzen Kopf, das würde anstrengend werden, aber mit den Augen. Lassen Sie diese immer in der oberen Hälfte des Blickfeldes umherziehen. Beobachten Sie, was auf diesem Spaziergang mit Ihren Gefühlen passiert. Schwelgen Sie in alten schönen Erinnerungen, erzeugen Sie in sich selbst die schönsten Zukunftsaussichten.

Wie fühlen Sie sich, wenn Sie eine Zeit lang so unterwegs waren?

Sind Sie jetzt optimistischer?

Sehen Sie jetzt Ihre Zukunft positiver?

Fühlen Sie sich jetzt besser?

Gerade, wenn es Ihnen nicht so gut geht: Blick nach oben. Raus aus dem alten Kram, der Sie runterzieht! Schaffen Sie Raum für das Positive!

Worauf sind Sie stolz?

Was haben Sie gut gemacht?

Was ist Ihnen gelungen?

Wo hat Sie das Leben reich beschenkt?

Es kommt einiges zusammen, oder? Das müssen keine großen Sachen sein: Auch kleine Erfolge zählen, Situationen, in denen etwas so richtig gut geklappt hat, Gespräche, in denen Sie bestmöglich agiert haben.

Spüren Sie schon, dass sich an Ihrem Selbstwert etwas tut? Sich selbst an die Dinge zu erinnern, die gut gelaufen sind, die man gut gemacht hat, das ist eine simple, aber sehr wirksame Übung.

Auch Profifußballer schauen sich oftmals vor einem entscheidenden Spiel extra für sie zusammengestellte Videos ihrer größten Erfolge an. So rufen sie sich ins Gedächtnis, was sie alles draufhaben, wozu sie bereits fähig waren. Und warum sollten sie es nicht wieder sein?

Warum sollten sie mit der inzwischen dazugewonnenen Erfahrung nicht heute sogar noch viel besser sein?

Haben Sie die Liste Ihrer Erfolge vor Augen? Fällt Ihnen auf, dass Sie auch mit negativen Erfahrungen der Vergangenheit nun ganz anders umgehen? Ist da einiges schiefgegangen? Sind Sie mit einzelnen Projekten oder Ideen gescheitert? Haben Sie Eigenschaften entwickelt, die nicht so geschätzt sind? Das ist normal, es gehört zu jedem Leben.

Keine Angst vor Fehlern!

Die meisten Menschen verurteilen sich für Fehler, die sie – oft sogar nur vermeintlich – gemacht haben. Doch niemand tut absichtlich etwas, das er hinterher als Fehler einschätzt.

Ich verwende den Begriff »Fehler« nicht gern, denn dieses Wort ist sehr negativ behaftet und weckt schnell Schuldgefühle. Der Begriff »Fehler« und auch das Gefühl, das damit einhergeht, wenn man sich selbst eines Fehlers bezichtigt oder von anderen auf Fehler hingewiesen wird, all das führt sofort wieder in eine negative Spirale. Das Wort »Fehler« ist verknüpft mit allerlei unangenehmen Erinnerungen und Emotionen, die dann sofort wieder parat sind. Die Lähmung ist perfekt, der Schwung ist erst einmal raus. Und das allein durch die Wortwahl.

In Wirklichkeit ist es uns nicht möglich, etwas falsch zu machen.

Jeder Mensch geht seinen Weg, trifft seine Entscheidungen, handelt auf die eine oder andere Weise. Später stellt er vielleicht fest: »Das hat mir nicht gutgetan, damit habe ich andere verletzt, damit habe ich mir selbst ein Bein gestellt. Jetzt weiß ich, wie es nicht geht, und probiere einen anderen Weg, damit es besser funktioniert.«

Somit gibt es keine Fehler, sondern immer nur Resultate von Entscheidungen oder Entwicklungsschritten. Wie sonst soll ein Mensch fühlen, was richtig ist? Manchmal nehmen wir einen Umweg und brauchen somit länger bis ans Ziel. Aber wir haben auf diesem Umweg Erfahrungen gemacht und Neues kennengelernt. Es war also nichts falsch dran!

Wenn Sie mit dem Auto mal bei Rot über die Ampel fahren und geblitzt werden, denn geben Sie sicher nicht Ihren Führerschein ab und sagen: »Ich bin zu blöd zum Autofahren, bitte nehmen Sie meinen Führerschein, ich möchte nicht mehr fahren.« Kein Mensch tut das. Wir alle können mit diesen Dingen umgehen. Fehler passiert, Erfahrung gemacht, daraus gelernt – und es wird weitergelebt.

Erfolglos, ungeliebt, krank? Die Sprache Ihrer Symptome

Viele kommen zu mir in die Praxis, leiden an irgendetwas und verstehen das nicht. Es ging doch jahrelang gut, warum klappt es jetzt plötzlich nicht mehr, mit der Gesundheit, mit dem Beruf, mit dem Partner? Das ist ein ganz normaler Prozess: Wenn man die eigenen Fähigkeiten nicht lebt, wenn man das, weshalb man auf der Welt ist, nicht umsetzt, dann lebt man gegen die eigene Natur. Das geht eine Weile gut, schließlich machen es ja fast alle so und es fällt nicht weiter auf. Zudem dürfen Sie nicht vergessen, dass jedes Fass mit dem ersten Tropfen anfängt, sich zu füllen.

Doch irgendwann, wenn das Fass eben voll ist, setzt sich das eigene System zur Wehr: Man wird krank, zieht nur noch Streit und Ärger an, es kommt zu Misserfolgen, man hat zu wenig Kraft, um den Anforderungen zu genügen, die man sich selbst gestellt oder von anderen übernommen hat. Das System ruft auf verschiedenen Ebenen: Stopp! Es ruft immer lauter und es treten unter Umständen auch körperliche Symptome auf, die einen dann buchstäblich zum Anhalten zwingen.

Was sagt das Symptom?

Um zu erkennen, was da geschieht, ist es sehr nützlich, sich das Symptom anzuschauen.

Wenn die Beine nicht mehr so recht wollen, dann hängt das sicherlich mit dem Vorankommen im Leben zusammen, sei es im privaten, sei es im beruflichen Bereich oder möglicherweise auch in beiden.

Wenn der Rücken schmerzt, könnte das auf Schwierigkeiten damit schließen lassen, sein Kreuz zu tragen, sich aufzurichten, sich den Rücken freizuhalten und anderes mehr.

Der Körper spricht eine deutliche Sprache, er lügt nicht. Auch der Volksmund kennt das: Dann ist jemandem die Galle hochgekommen, ihm ist eine Laus über die Leber gelaufen oder etwas an die Nieren gegangen, etwas hat ihm auf den Magen geschlagen oder er hat es sich zu Herzen genommen. Diese Redewendungen kommen nicht von ungefähr, sie sind nicht zufällig entstanden – sie bilden vielmehr sprachlich die körperlichen Symptome ab.

Wenn bei einem Sportler beispielsweise die Oberschenkelmuskulatur vorn verletzt ist, weiß ich sofort, dass unter anderem das Thema Beschleunigung, schnelles Vorankommen eine Rolle spielt.

Zudem kommt es darauf an, ob es die linke oder die rechte Seite betrifft: Geht es um Vergangenheit (die linke Körperhälfte) oder Zukunft (die rechte Körperhälfte); um die weibliche (linke Körperhälfte) oder die männliche (rechte Körperhälfte) Seite; um eher emotionale (rechte Gehirnhälfte in Verbindung mit der linken Körperhälfte) oder eher rationale (linke Gehirnhälfte in Verbindung mit der rechten Körperhälfte) Themen?

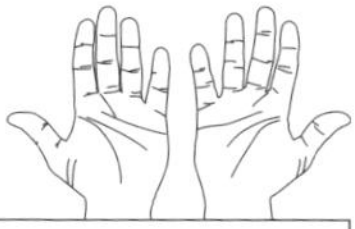

Übung

Für Ihren Werkzeugkasten: Das Symptom befragen

Haben Sie ein körperliches Symptom? Das muss keinesfalls etwas Schlimmes sein, es kann sich auch um etwas Unangenehmes oder zumindest Einschränkendes handeln, was auch immer es ist.

Nehmen Sie sich einen Moment Zeit und gönnen Sie sich etwas Ruhe. Setzen Sie sich bequem hin und nehmen Sie sich vor, sich jetzt einfach einmal nur um sich zu kümmern. Wenn Sie sich entspannt fühlen, stellen Sie sich einige der folgenden Fragen, ganz, wie es für Sie stimmig ist:

- Was habe ich für ein Symptom, wo tut es weh, was ist eingeschränkt?
- Was funktioniert nicht mehr?
- Was ist mir jetzt in diesem Zustand nicht mehr möglich?
- Worauf muss ich jetzt verzichten?
- Was ist die grundlegende Funktion dieses Organs oder Körperteils?
- Wofür steht diese Funktion im übertragenen Sinne?
- Wie gehe ich derzeit mit diesem Bereich in meinem Leben um?
- Wie bin ich früher damit umgegangen?
- Gibt es eine Idee, wie ich damit umgehen könnte, eine Alternative, einen Wunsch?
- Ist die linke oder die rechte Körperhälfte betroffen?
- Gibt es Erlebnisse, aktuell oder in meiner Vergangenheit, die mir nach wie vor unangenehme Gefühle oder gar Ängste, Hassgefühle oder Ähnliches bescheren?
- Lebe ich mehr die weibliche oder die männliche Seite in mir?

Nehmen Sie in Ruhe wahr, welche Antworten in Ihnen auftauchen. Machen Sie sich auch bewusst, wie Sie sich bei dieser Übung fühlen. Wenn Sie sich auf diese Weise selbst befragen, können Sie dem Hintergrund Ihres Themas sehr schnell nahekommen. Es ist ein Bewusstwerdungsprozess, der erste Schritt zur Heilung.

Ohne also viel untersuchen, analysieren oder testen zu müssen, kann man eventuell schon eine ganze Menge für sich selbst klären.

Jetzt kann man durch gezielte Fragen die ganz individuellen Themen in diesem Bereich ausmachen. Dabei ist es so, dass ich den Betreffenden durch Fragen anleite, die Ursache für das Symptom für sich selbst herauszufinden und zu begreifen. Er selbst muss den Grund spüren und richtig wahrnehmen. Als Coach gebe ich ihm dafür nur Unterstützung. Die Arbeit macht derjenige selbst, es ist sein Leben und seine Verantwortung, damit umzugehen. Genauso gebe ich auch Ihnen als Leser dieses Buchs eine Art Werkzeugkasten an die Hand.

Übertragen Sie das, was Ihnen zum Thema Gesundheit jetzt klarer geworden ist, auch auf andere Lebensbereiche: Beziehungen, Erfolg, Umgang mit Geld ... Was sagt Ihnen die aktuelle Situation?

Wer nichts dazulernt, bleibt stets der Alte

»Wenn man eine Herausforderung zum Problem macht, wird aus der Herausforderung auch ein Problem.«

Holger Fischer

Jeder Mensch kann lernen, mit all den Themen und Herausforderungen seines Lebens sinnvoll umzugehen. Das ist immer und jedem möglich. Jedem passiert etwas Blödes, jeder steckt mal in einer schwierigen Situation, jeder hat ab und zu unangenehme Gefühle, Zweifel oder Ängste. Wir können damit umgehen.

Wenn man sich all die Hürden genau anschaut, beginnt ein Prozess: Man hebt bestimmte Dinge aus dem großen Dunkel der Psyche heraus. Man macht sich mit dem vertraut, was da in einem lagert. Man lernt, mit all diesen Dingen zu leben und sich von ihnen nicht mehr behindern zu lassen. Es ist dabei aus meiner Sicht überhaupt nicht wichtig, die Einzelheiten der Vergangenheit noch einmal durchzuarbeiten. Nicht dieses Wer, Wann, Was, Wie ist entscheidend, sondern die grundlegenden Muster, die sich in einem eingeprägt haben.

Auf ewig im Hamsterrad?

Jeder Mensch lebt seine Muster zunächst unbewusst und gibt sie auch an seine Kinder weiter. Das Ziel aber sollte sein, sich diese Dinge bewusst zu machen und zu dem zu finden, was einen selbst wirklich ausmacht.

Ein Mensch, der nie in irgendeiner Form Bewusstseinsarbeit oder auch eine Therapie gemacht hat, ist in Wirklichkeit nicht er selbst: So, wie er da steht und durchs Leben geht, ist er nicht selbst. Er ist eine Mischung aus all dem, was man ihm vom ersten Tag an eingeimpft hat – im Elternhaus, in der Gesellschaft, in der vorherrschenden Glaubensform, duch die Normen seiner Zeit und Region.

So ein Mensch ist letztlich eine Konstruktion aus fremden Ideen und Vorstellungen. Niemals er selbst. Er selbst müsste er erst noch werden, und zwar in eigener Regie, in einem Prozess der Bewusstwerdung, auf einem Weg zum eigenen Selbst, auf genau dem Weg, den Sie mit dem Lesen dieses Buchs bereits eingeschlagen haben.

S. 26

Die Vergangenheit wirkt nach – bis man sie loslässt

Wie zunächst erst einmal alle Menschen haben Sie bislang in den Mustern Ihrer Vergangenheit gelebt. Mehr oder weniger unbewusst. Sie haben damit Erfolge erreicht, aber auch Misserfolge einstecken müssen. Sie haben an sich selbst schöne und weniger schöne Eigenschaften entdeckt.

Jetzt sind Sie an einem Punkt angekommen, an dem Sie etwas Neues wollen: Ihr eigenes Leben, Ihre eigenen Potenziale, Ihren eigenen Erfolg auf allen Ebenen auszukosten!

Sie haben sich mit diesem Kapitel vieles aus Ihrer Vergangenheit und vieles von dem, was noch nachwirkt, bewusst gemacht. Nun geht es voran.

Ihre Gegenwart und Ihre Zukunft – sie wollen gelebt werden.

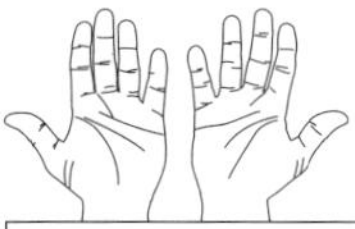

Übung

Für Ihren Werkzeugkasten: Entrümpeln

Altes loslassen, um Raum für ein neues Leben(sgefühl) zu schaffen, befreit ungemein. Sie können damit auch auf der äußeren, der materiellen Ebene beginnen: Entrümpeln Sie Ihren Keller, den Dachboden, den Büroschrank, die Küche, das Schlafzimmer – wo immer Sie das Gefühl haben, dass es nötig sein könnte. Werfen Sie alle Kleidungsstücke weg, die Sie in den letzten zwei Jahren nicht mehr getragen haben.

Sortieren Sie alten Kram und lösen Sie sich von Dingen, die Sie nicht mehr brauchen. Schmeißen Sie großzügig weg!

Wahrscheinlich werden Sie auch ein paar wahre Schätze finden, von denen Sie gar nicht mehr wussten, dass Sie sie haben. Geben Sie dem, was Ihnen etwas wert ist, einen neuen, angemessenen Platz.

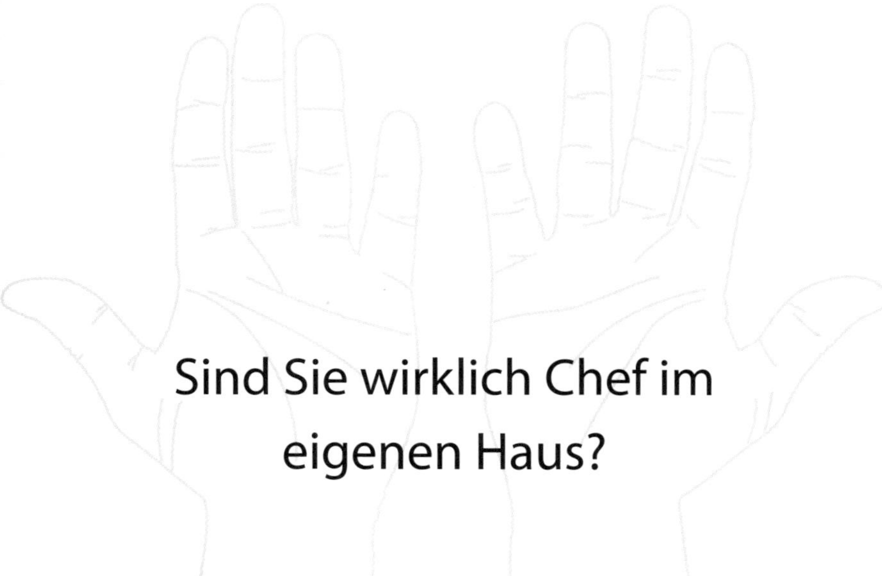

Sind Sie wirklich Chef im eigenen Haus?

Wer sein Leben selbst bestimmen will – und das ist der einzige Weg zu persönlichen Erfolgen, auf welchem Feld auch immer –, muss die absolute Verantwortung für sich selbst übernehmen. Für die eigene Vergangenheit, das eigene Wohlergehen, die eigene Entwicklung, die eigene Zukunft, überhaupt für das komplette eigene Leben.

Höre ich da ein: »Ja, aber …? Aber meine Eltern haben doch damals … Aber mein Chef ist doch so ein fieser … Aber die wirtschaftlichen Probleme heutzutage …« Merken Sie, was hier passiert? Sie suchen Verantwortliche, Schuldige. Und wer die sucht, der findet sie auch. Und entdeckt damit gleich noch die Gründe, nichts zu tun und alles so zu belassen, wie es ist.

Damit geben Sie allerdings auch die Verantwortung für sich selbst aus der Hand. Sie machen sich quasi abhängig, emotional abhängig. Und das Schlimmste dabei ist, dass der- oder diejenige, den Sie als Sündenbock auserkoren haben, oftmals gar nichts davon weiß.

Stellen Sie sich vor, Sie grollen Ihrem Sündenbock – und der liegt gerade auf Jamaika in der Sonne und genießt einen Caipirinha ...

Mit dem Festhalten an vermeintlich Schuldigen blockieren Sie sich selbst und beeinflussen somit auch Ihre Zukunft negativ. Wollen Sie wirklich emotional abhängig sein? Nein? Dann tun Sie etwas dagegen!

Sündenböcke – so alt wie die Menschheit

Die Geschichte ist voll mit Beispielen dafür, wie Menschen andere zu Sündenböcken gemacht haben. Ganze Volksgruppen wurden und werden verfolgt, weil sie an einer Misere im Lande schuld sein sollen.

Auch im persönlichen Bereich ist es schon immer ein beliebtes Mittel gewesen, die eigene Schuld, die eigene Unfähigkeit, Faulheit oder Feigheit auf andere abzuwälzen.

Heute leben sogar etliche Therapiezweige äußerst gut davon, den Klienten zu helfen, diesen oder diese Schuldigen zu finden.

Gerade mit psychologischen Mitteln muss meist nicht lang gesucht werden, fast immer werden wir schnell fündig: Da finden wir die Mutter, den Vater oder gleich beide, aber auch die Schule, das gesellschaftliche System – all die Erwachsenen, mit denen wir als Kind zu tun hatten, haben uns so tief verletzt, dass an Erfolg oder Glück heute natürlich nicht mehr zu denken ist. Wir analysieren, arbeiten auf, beschäftigen uns mit dem Vergangenen, setzen uns damit auseinander, tun und machen, werden therapiert.

Andere schlucken Medikamente, fliehen in Süchte wie Alkohol oder Drogen, schüren Aggressionen oder kämpfen mit Depressionen. Kommen wir so auf einen grünen Zweig?

Fest im alten Sumpf

Eins ist klar: Solange Sie in der Vergangenheit stecken bleiben und anderen die Schuld für Ihr So-Sein geben, kommen Sie keinen Schritt voran.

Ich möchte die Funktionsweise der Psyche und die alten gespeicherten Emotionen hier nicht verharmlosen. Aber eben weil die alten Muster es in sich haben, gibt es nur einen, der Sie da herausführen kann: Sie selbst – in der uneingeschränkten Verantwortung für Ihr Leben.

Wir Menschen investieren unglaublich viel Kraft und Energie, um die alten, unangenehmen Emotionen und Ängste zu verdrängen. Wir wollen sie nicht wahrnehmen und nicht wahrhaben. Sicher war in der Vergangenheit, in den ersten Jahren Ihres Lebens nicht alles gut und toll. Sicher wurden Ihrem Wesen Steine in den Weg gelegt, Sie wurden emotional verbogen, manipuliert, herabgewürdigt. Aber das ist geschehen. Es ist nicht mehr zu ändern. Und vor allem: Es ist vorbei.

Heute sind Sie erwachsen und in der Lage, die Zügel selbst in die Hand zu nehmen. Was glauben Sie, was für Sie alles machbar ist, wenn Sie Ihre Energien und Ihre Kraft nicht mehr zum Verdrängen missbrauchen, sondern in sich selbst und für Ihre Entwicklung investieren?

Alles, ob Erfolg, Genesung, eine geglückte Beziehung, Zufriedenheit, alles das fängt damit an, die volle Verantwortung für sich selbst, für das eigene Leben, für die eigenen Lebensumstände und für die eigene Zukunft zu übernehmen.

Also entscheiden Sie sich: Wollen Sie weiter im alten Sumpf der Vergangenheit wühlen, um vielleicht etwas Klarheit zu finden, die Ihnen emotional heute sowieso nichts mehr bringt, oder wollen Sie Ihre Energie für sich selbst in das Heute und in die Zukunft investieren?

Zum Beispiel Fußball

Profifußballer sind oftmals extrem abhängig. Sie werden – bewusst oder unbewusst – gezielt abhängig gemacht und sie lassen dies auch zu. Für sie ist es so: Wenn ich aufgestellt werde, bin ich gut. Wenn nicht, dann habe ich versagt. Wenn die Presse gut über mich schreibt, bin ich toll. Wenn die Presse mich zerreißt, dann bin ich nichts mehr wert.

Wenn man so jung und mit der Aussicht auf so viel Erfolg und Geld in eine solche Abhängigkeit gerät, ist es nicht leicht, wieder zu sich selbst, zum eigenen Selbstwert und in die eigene Verantwortung zu finden. Aber es ist möglich. Es ist immer möglich. Es ist unsere Aufgabe, den eigenen Weg zu finden und zu gehen. Für jeden von uns.

Wenn ein Fußballer, vorausgesetzt, dass er für diesen Sport geeignet ist und die entsprechenden Qualitäten mitbringt, diese Dinge begreift und beherzigt, wenn er eigenverantwortlich seinen Weg geht, ist er einfach nicht aufzuhalten. Dann kann er nicht anders als erfolgreich sein.

Dieses Kennenlernen des Grundsätzlichen im Leben und das Erfahren der eigenen Person sind absolut nötig. Wenn jemand sein eigenes Sein lebt, wenn er das lebt, was ihm Freude macht, was ihn erfüllt, was ihm Kraft gibt, was mit seinem tiefsten Inneren in Harmonie ist – wie soll so ein Mensch scheitern? Das ist unmöglich. Wer selbstbestimmt lebt, so weit es eben möglich ist, der erreicht seine Ziele – ganz egal, um welche es sich handelt.

Seien Sie Ihr eigener Psychologe, Coach und Trainer!

Wenn die Menschen spüren, dass mit ihnen etwas nicht stimmt, gehen sie zum Psychologen. Sie hoffen, dass er sie versteht und ihnen hilft.

Woher aber soll der Psychologe wissen, was mit diesen Menschen los ist? Er kennt von der Uni viele Theorien und im besten Fall hat er in seiner Praxis Erfahrungen und Menschenkenntnis gesammelt – aber das alles muss nicht unbedingt etwas mit dem Individuum vor ihm zu tun haben. Was hier oftmals geschieht, ist, dass Menschen ihre Verantwortung an einen anderen abgeben, ihr Heil von ihm erhoffen und – bewusst oder unbewusst – in eine neue Abhängigkeit schlittern.

Ich möchte hiermit noch einmal ausdrücklich festhalten, dass ich weder etwas gegen Psychologen oder Ärzte noch gegen sonstige Therapeuten habe. Vielmehr ist es so, dass aufgrund der Erwartungshaltung der Patienten eben diese Berufszweige in eine Rolle gedrängt werden, der sie niemals gerecht werden können: nämlich verantwortlich zu sein für Heilung, verantwortlich zu sein für einen anderen Menschen.

Selbstverständlich können Ärzte oder Therapeuten verschiedenste Symptome beseitigen, aber sie können eben nicht die wahren Ursachen und die damit verbundenen Emotionen auflösen. Vor allem können sie ihren Patienten niemals die Verantwortung für das eigene Leben abnehmen – auch wenn viele Patienten das noch so gern hätten. Hinzu kommt noch, wie überall im Leben: Es gibt fähige und nicht so fähige Vertreter eines jeden Berufsstands.

Auch ich kann, wie schon erwähnt, nicht heilen, sondern nur die Klienten dabei unterstützen, sich selbst zu heilen. Was ich Ihnen sagen möchte, ist: Für ein erfolgreiches und gesundes Leben ist es nötig, die Autorität des eigenen Lebens zu werden. »Herr Dr. X sagte es so. Herr Prof. Y sagt es anders. Und mein Weg geht womöglich ganz woanders entlang und ist dann genau der richtige für mich. Denn nur ich selbst kann wissen, kann fühlen, was mein Weg ist.«

Ich möchte Sie zu einer solchen Haltung anregen, ich wiederhole deshalb auch einige Kernaussagen an verschiedenen Stellen immer wieder, wenn auch mit leicht veränderten Worten. Und ich gebe Ihnen eine ganze Menge Werkzeuge mit auf Ihren Weg.

Das alles ist ohne komplexe Theorien und auf eine völlig einfache, ganz normal menschliche Weise möglich. Sie ziehen los und machen auf Ihre ganz persönliche Weise das Beste aus sich!

S. 30

Dass Sie dabei zusätzlich die Unterstützung und den Rat von Fachleuten suchen und annehmen können, ist selbstverständlich. Das kann helfen und Ihnen den Weg spürbar erleichtern – solange Sie die Verantwortung für sich selbst behalten und aus freien Stücken akzeptieren.

Abhängig von der Vergangenheit?

Ganz gleich, ob es um beruflichen Erfolg, eine erfüllte Beziehung oder Gesundheit geht: Es kommt immer darauf an, die eigentlichen Zusammenhänge im eigenen Leben zu verstehen. Immer ist es entscheidend, eine gewisse Unabhängigkeit zu bekommen. Das ist ein Weg, sich selbst zu verstehen, das Menschsein zu verstehen. Es ist eine Voraussetzung dafür, glücklich und erfolgreich zu leben. Wer sich dann mit den Grundregeln des Lebens befasst und diese befolgt, dem kann es nur gut gehen.

Einer der ersten Schritte ist immer, sich mit der eigenen Vergangenheit zu versöhnen. Dann blockiert diese nämlich nicht mehr die weiteren Schritte, sondern gibt sogar Kraft für das Vorangehen.

Das Vergangene lässt sich nicht mehr ändern

Es geht nicht darum, Dinge aus der Vergangenheit, die in einem selbst ein negatives Gefühl erzeugen, schönzureden, zu verharmlosen oder gar zu zelebrieren. Es geht auch nicht darum, in den alten Wunden herumzuwühlen oder sich ihnen mit schmerzverzerrtem Gesicht hinzugeben. Keinesfalls!

Es geht ausschließlich darum, alles, was sich in der Vergangenheit ereignet hat, wirklich so anzunehmen, wie es ist. Denn es ist ja Ihre Vergangenheit, da kommen Sie nicht drum herum. Da Sie das Geschehene nun mal nicht rückgängig machen können, ist es das einzig Sinnvolle, es anzunehmen und zu akzeptieren. So, wie es eben ist. Als Bestandteil Ihrer persönlichen Historie. Mit allen negativen und positiven Aspekten.

Annehmen und akzeptieren

Zwischen diesen beiden Begriffen treffe ich eine hilfreiche Unterscheidung, die am besten durch ein Beispiel verdeutlicht wird:

Der Postbote klingelt, Sie öffnen die Tür. »Für Sie«, sagt er und hält Ihnen ein Paket hin. Unterschreiben Sie etwa gleich? Mit Ihrer Unterschrift würden Sie automatisch die Sendung akzeptieren. Vermutlich nehmen Sie das Paket, schauen auf den Absender und überlegen kurz, ob Sie überhaupt etwas bestellt haben. Wenn alles korrekt ist, unterschreiben Sie – und akzeptieren damit das Paket.

Das ist mit den Emotionen und Ängsten aus der Vergangenheit durchaus zu vergleichen. Das Annehmen ist wesentlich, bedeutet aber noch nicht zwangsläufig, dass Sie das Geschehene damit auch sofort akzeptieren müssen. Wir Menschen tun uns schwer, negative Erfahrungen, Gefühle und Ängste anzunehmen, als Teil von uns selbst, als Teil unserer eigenen Lebensgeschichte, als Teil unseres Seins. Wir wollen stark sein, unverwundbar, mit Schwächen wollen wir nichts am Hut haben.

Indem ich »annehmen« und »akzeptieren« unterscheide, mache ich es Ihnen leichter. Ein riesiger Schritt wird in zwei Schritte zerlegt: erst annehmen und dann, wenn Sie so weit sind, akzeptieren.

Mit dem Annehmen sagen Sie: »Okay, so wirkt meine Vergangenheit in mir.« Sie haben immer noch die Wahl, ob Sie den nächsten Schritt der Entwicklung angehen oder noch einen Moment in dem alten Muster verweilen wollen. Es ist eine Annäherung an die eigene Person. Es ist die Vorbereitung für den nächsten großen Schritt in der Entwicklung. Dieser folgt dann mit dem Akzeptieren der Vergangenheit. Wie im Beispiel mit dem Postboten: Sie haben nachgeschaut, ob das Paket wirklich für Sie ist und ob Ihnen der Absender bekannt ist. Nun unterschreiben Sie die Empfangsbestätigung: Jetzt haben Sie es akzeptiert, es ist ganz Ihres und Sie können damit machen, was Sie wollen.

Beide Seiten akzeptieren – das ist Ganzheitlichkeit

Nur wenn Sie wirklich bereit sind, alles aus Ihrer Vergangenheit zu akzeptieren, können Sie sich selbst in Ihrer Ganzheitlichkeit leben. Erst dann lassen Sie ja nichts mehr von sich selbst außen vor.

Das bedeutet nicht, dass Sie diese Vergangenheit damit für gut befinden müssen. Sicher kann es Erlebnisse geben, die andere verursacht oder beeinflusst haben und die Sie nach wie vor ungut, bösartig oder schlecht finden. Oder es gibt unschöne Erfahrungen, die Sie selbst ausgelöst haben, bei denen Sie selbst Fehler gemacht oder versagt haben. Das müssen Sie jetzt nicht bejubeln. Sie akzeptieren einfach, dass es so war. Sie haben damit Ihre Erfahrungen gemacht – und gehen weiter.

Ich erlebe es sehr häufig in der Arbeit mit meinen Klienten, dass dieses Akzeptieren der eigenen Vergangenheit mit wirklich allen negativen Aspekten sehr viel Druck wegnimmt und eine große Erleichterung verschafft.

Dazu gehört mit Sicherheit auch die Erlaubnis an sich selbst, ab und zu »schwach« sein zu dürfen. Diese Schwäche in sich zu haben, obwohl es in unserer heutigen Welt nur die harten und starken Menschen zu etwas bringen. Inwieweit das stimmt, ist ohnehin eine andere Geschichte …

Erinnern Sie sich: Es gibt immer zwei Seiten einer Medaille, und beide Seiten wollen beachtet sein.

Ohne die eine Seite zu akzeptieren, können Sie die andere Seite nicht vollständig aus- und erleben.

Ohne Schwäche gibt es keine Stärke.

Damit bliebe ein Teil Ihrer Fähigkeiten für immer in Ihnen verborgen. Ein trauriger Selbstbetrug!

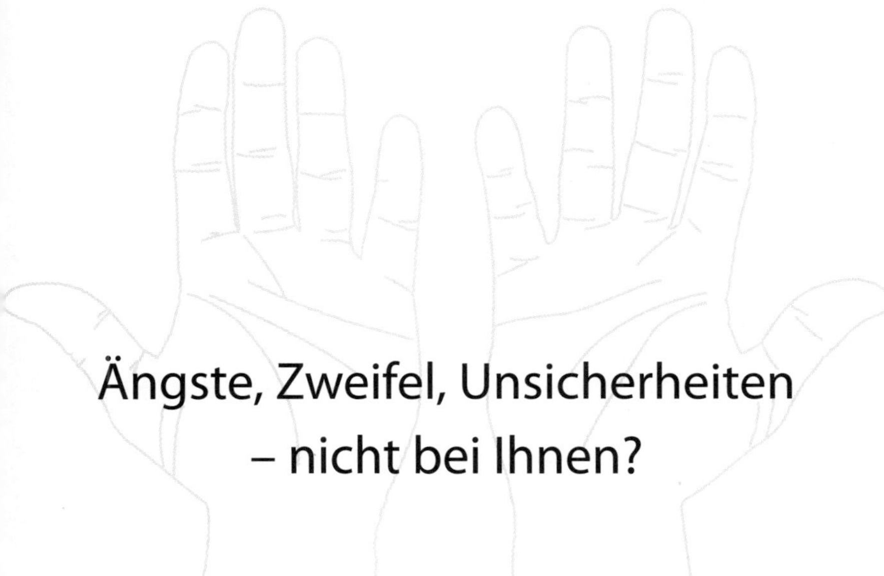

Ängste, Zweifel, Unsicherheiten – nicht bei Ihnen?

Gratulation! Sie kommen gut voran!

Was, da gibt es ein Aber in Ihnen?

Dieses »Aber ich habe doch immer noch so viele unangenehme Gefühle und Ängste«?

Ja, klar haben Sie die! Das ist völlig normal.

Ich erlebe so oft, dass die Menschen das nicht recht wahrhaben wollen, obwohl ihnen die Zusammenhänge theoretisch klar sind. Manche kämpfen sogar nachhaltig darum, ihre alten Wunden nicht zu schließen. Schauen wir uns das also noch einmal an. Außerdem ist es Zeit für ein paar hilfreiche Methoden zum Umgang mit Emotionen.

Üble Gefühle – die werden Sie nicht los

Wir sprechen von Ganzheitlichkeit und davon, dass es immer zwei Seiten gibt – also schöne wie unangenehme Gefühle. Über die angenehmen Seiten brauchen wir jetzt nicht groß zu reden, die akzeptiert man gern. Aber diese unschönen, miesen, üblen Gefühle! Wut, Angst, Selbstzweifel, Neid und was es da noch alles gibt. Wie Sie bereits wissen: Sie gehören auch zum Leben. Wie Tag und Nacht, wie warm und kalt.

»Ich habe einige Jahre Psychotherapie hinter mir und dabei hat sich bereits einiges in meinem Leben bewegt. Ich habe dabei Wege aufgezeigt bekommen, wie ich etwas bewegen kann. Aber das war immer eher auf der Kopfebene. Es war schon so, dass ich dabei viel gelernt habe, und trotzdem blieb immer dieses Gefühl: Da fehlt noch etwas. Herr Fischer hat mir vor allem Fragen gestellt, die mich teilweise etwas verwirrten, die teilweise hängen blieben und auch nach dem Gespräch noch in mir arbeiteten. Er sagte gar nicht viel, aber einige wesentliche Sätze, die blieben in meinem Kopf. Und er bat mich auch, bewusst über einzelne Aussagen weiter nachzudenken und zu schauen, was diese in meinem Leben bewegen würden.
Ich muss sagen, schon beim ersten Mal hat sich einiges zum Positiven hin verändert. Seither war ich regelmäßig alle paar Wochen bei ihm zu einem Gespräch oder einer Behandlung – und es geht mir deutlich besser. Im ersten Herbst der Zusammenarbeit mit ihm, da kamen schon noch ein paar Verstimmungen auf, wie die Erinnerungen an diese vielen Herbste des Leidens. Aber es geht bereits jetzt deutlich besser. In der ganzen Familie ändert sich seither viel bei uns.«

A. M., Managerin

Die Psyche schlägt Alarm

Wir hatten festgestellt, dass alle unangenehmen Gefühle Relikte der Vergangenheit sind und es nur wenige Ausnahmen gibt, der Revolver, Sie erinnern sich? Auch Menschen, die völlig im Reinen mit Ihrer Vergangenheit sind, bekommen ab und an die negativen Gefühle aus dieser Zeit zu spüren.

Denn alles, was sich uns als Kind (oder bei intensiven Erlebnissen auch später) eingeprägt hat, lagert in uns. Sobald wieder eine vergleichbare Situation auf uns zukommt, schlägt die Psyche Alarm.

Simples Beispiel: Sie haben sich an der Herdplatte die Finger verbrannt. Es hat furchtbar wehgetan. Ihre Psyche hat sich das gemerkt. Und immer, wenn Sie nun eine Herdplatte sehen, erhöht die Psyche die Alarmbereitschaft. Sie spüren sogar manchmal mehr oder weniger stark den Schmerz wieder. Dabei fassen Sie die Herdplatte vor sich gar nicht an. Vielleicht ist sie sogar ausgeschaltet und kalt. Egal. Es könnte eine Gefahr bestehen. Den Schmerz von damals wollen Sie nie mehr spüren. Also Vorsicht!

So funktionieren wir. Alte Erfahrungen lassen sich nicht löschen. Immer wieder werden wir diese hässlichen Gefühle spüren: sich abgelehnt fühlen, ohnmächtig vor Wut sein, unfähig, machtlos …

Erwarten Sie also nicht, dass das völlig verschwindet. Das wäre unrealistisch und Sie würden nur enttäuscht.

Sie bestimmen selbst

Löschen können Sie die unangenehmen Dinge also nicht. Sie sind Teil von Ihnen, Teil Ihrer Vergangenheit, Teil Ihres Lebens und des Lebens überhaupt. Was aber sehr wohl in Ihrer Macht steht, ist Folgendes: Wie lange und wie intensiv die alten Gefühle, die da plötzlich aufsteigen, in Ihnen wirken, das haben Sie in der Hand. Sie haben die Verantwortung für sich übernommen, die Vergangenheit akzeptiert – und jetzt ist es Ihnen auch möglich, bewusst und sinnvoll mit der Gegenwart und allem, was darin an Gutem und an Bösem auftaucht, umzugehen. S. 42

Der Umgang mit Emotionen

Zwei Modelle wende ich unter anderen in der Arbeit mit meinen Klienten erfolgreich an. Ich wähle je nach Situation und Typ des Klienten aus, welches besser für ihn umsetzbar ist. Sie sollten einfach schauen, welches der beiden Modelle, die ich für Sie hier ausgewählt habe, Sie mehr anspricht. Probieren, lernen und nutzen können und sollten Sie aber durchaus beide.

Zu einem der beiden Modelle werden Sie – im Normalfall – sehr schnell Zugang finden. Danach beginnt der Prozess des Trainings. Wie immer, wenn etwas neu ist, ist Fleiß ein entscheidender Faktor. Übung macht den Meister. Nicht mechanisch, sondern aus dem Herzen heraus, zugunsten Ihrer persönlichen Entwicklung. Ein entscheidender Satz ist dabei: »Nichts muss, alles darf …« Sie tun es für sich, und darum gibt es weder Zwang noch Versagen.

Wenn es Ihnen zu intensiv wird oder Sie sich überfordert fühlen, können Sie professionelle Hilfe in Anspruch nehmen. Das ist kein Zeichen von Schwäche, sondern zeigt, dass Sie die Verantwortung für sich übernehmen und Ihren Entwicklungsweg so gehen, wie es für Sie persönlich am besten ist.

Das Postpaket-Modell

Das erste Modell führt uns wieder zu dem Beispiel mit dem Postboten: Stellen Sie sich vor, es klingelt überraschend an der Tür – genauso überraschend kommen nämlich die negativen Emotionen. Sie waren in Gedanken, sind durch das Klingeln aufgeschreckt und laufen zur Tür.

Sie öffnen, der Postbote hält Ihnen ein Paket hin. Sie schauen auf die Adresse, ja, das sind Sie. Sie prüfen den Absender und überlegen, ob

Sie etwas bestellt haben oder ob es eine stimmige Überraschung sein kann, etwas zu erhalten. Sie denken nach, erinnern sich, finden die ganze Sache okay – und nehmen das Paket mit Ihrer Unterschrift entgegen.

So weit, so klar? Nun kommt das Entscheidende: Genau so machen Sie es mit den Emotionen. Sie spüren plötzlich, dass sie da sind. Da ist etwas in Ihnen aktiv geworden. Sie nehmen sie an, einfach, indem Sie sie wahrnehmen: Ja, es sind meine negativen Emotionen, ja, ich spüre sie. Sie akzeptieren in dem Moment, dass diese Emotionen in Ihnen wirken, und gestehen sich selbst damit eine »Schwäche« ein. Das ist gar nicht so schwer – und schon haben Sie die volle Verantwortung für den Moment, die Emotionen und den weiteren Umgang damit übernommen.

Der Postbote ist weg, Sie tragen das Paket in ein Zimmer, legen es auf den Tisch und packen es aus. So schauen Sie sich jetzt auch die Emotionen an. Irgendwie müssen Sie die bestellt haben – durch Ihre Gedanken, einen Vorfall … Aufgrund der Funktionsweise der Psyche sind die unangenehmen Gefühle wieder aufgetaucht. Sie sind irgendwann einmal entstanden, als Sie noch klein und wehrlos waren – und jetzt muss es eine Situation gegeben haben, die Ihre Psyche genau daran erinnerte: Um Sie zu schützen, hat sie die alten Gefühle wieder wachgerufen.

Machen Sie sich diesen Zusammenhang einfach bewusst. Dazu müssen Sie keinesfalls herausfinden, was damals los war. Nur, dass Sie jetzt dieses Gefühl haben, dass es Ihres ist und dass es eine alte Geschichte ist. Damit treffen Sie bewusst und klar die Entscheidung, sich nicht mehr mit diesen Emotionen zu identifizieren. Sie kommen aus der Vergangenheit, sie sind in Ihrem System gespeichert. Aber jetzt ist jetzt, Sie spüren, was da ist – aber Sie sind nicht dieses Gefühl. Sie sind frei, damit umzugehen, wie Sie es möchten. Genauso wie mit dem Inhalt der Postsendung.

Nachdem Sie das Bestellte eine Weile betrachtet und damit hantiert haben, räumen Sie es an den Ort, an den es passt oder gehört oder den Sie dafür auserkoren haben. Analog dazu: Sie haben die negativen Emotionen betrachtet. Sie wissen, dass es alte Gefühle sind. Atmen Sie ein paar Mal tief ein und aus. Sie erlauben sich, im Hier und Heute zu leben. Also bedanken Sie sich dafür, dass die alten Gefühle Sie besucht haben und dass sie Ihnen etwas deutlich gemacht haben. Sie verabschieden sich und schicken sie dorthin, wohin sie gehören: in die Tiefen der Vergangenheit.

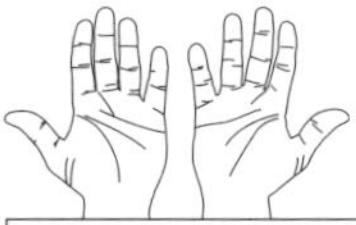

Übung

Für Ihren Werkzeugkasten: Die Postpaket-Übung

Zur Übung können Sie sich an eine typische unangenehme Emotion erinnern, die Sie häufig besucht. Für den Anfang sollte es keine so intensive sein, die Sie leicht überwältigt. Suchen Sie spontan das Gefühl aus, das jetzt passt. Gehen Sie mit ihr so um, wie eben mit der Annahme des Postpakets beschrieben:

- Spüren Sie die Emotion. Ja, es ist Ihre und sie ist jetzt da.
- Machen Sie sich bewusst, dass diese Emotion aus der Vergangenheit rührt und durch etwas Aktuelles wieder wachgerufen wurde.
- Machen Sie sich bewusst, dass Sie nicht diese Emotion sind. Lösen Sie die Identifikation damit auf.
- Jetzt können Sie das Gefühl so lange bewusst spüren, wie Sie wollen. Da Sie nicht diese Emotion sind, sondern nur Besuch von ihr empfangen haben, ist es nicht mehr so schrecklich. Trauen Sie sich, das Gefühl wirklich wahrzunehmen.
- Wenn es genug ist, verabschieden Sie das Gefühl. Machen Sie sich bewusst, dass Sie im Hier und Jetzt leben. Bedanken Sie sich bei dem Besuch aus der Vergangenheit und wünschen Sie ihm einen guten Nachhauseweg.
- Lassen Sie sich noch einen Moment Zeit, die Übung nachwirken zu lassen. Wie geht es Ihnen jetzt?

Die Doppelgänger-Methode

Stellen Sie sich vor, Sie bekommen plötzlich Angst. Sie machen sich bewusst, ob Sie gerade in einer bedrohlichen Situation sind, in der Sie sofort im Außen handeln müssen. Wenn also eine giftige Schlange auf Sie zukriecht oder Sie am Bankschalter als Beamter von einem Gangster überfallen werden, empfiehlt sich die Übung weniger. Meist aber ist keine akute, reale Bedrohung da, wenn wir modernen Menschen Angst verspüren.

Tun Sie also Folgendes: Beobachten Sie, wie Sie quasi aus sich heraustreten und wie Ihr eigener Doppelgänger neben sich stehen. Nun können Sie sich selbst von außen betrachten. Schauen Sie sich in Ruhe an, wie Sie sind, wenn Sie Angst haben, und wie Sie auf dieses Gefühl reagieren. Sie können diese Szene auch kommentieren: »Aha, so reagiere ich also, wenn ich Ängste verspüre.« Sie identifizieren sich somit nicht mehr mit der Angst.

Lassen Sie das einen Moment wirken.

Nahtlos gehen Sie nun zum nächsten Schritt über: Konzentrieren Sie sich auf Ihren Atem. Spüren Sie, wie Sie Dankbarkeit für Ihr Leben, für Ihr Sein einatmen. Spüren Sie, wie Sie die Angst ausatmen. Spüren Sie, wie sich die frische Atemluft und damit auch die Dankbarkeit für Ihr Leben oder für Ihre Freiheit in Ihrem Körper ausbreiten. Nehmen Sie wahr, wie sich die Angst über den verbrauchten Atem wieder von Ihnen verabschiedet.

Das ist die Übergangsphase. Zuerst haben Sie die Identifikation aufgehoben. Nun entsteht eine Neutralisation, quasi ein Zwischenzustand, der als Vorbereitung für die nächste Phase dient.

Wenn Sie so weit sind, schwenken Sie mit Ihrer Aufmerksamkeit auf irgendetwas, das Ihnen Freude bereitet. Stellen Sie ein Ereignis, eine

Person oder einfach die Freiheit von den Ängsten in den Fokus. Richten Sie Ihre Gedanken, Ihre Gefühle, die inneren Bilder mit Ihrer ganzen Intensität auf genau und ausschließlich dieses Angenehme und Freudige. Fühlen Sie die Freude, sehen Sie das Ereignis oder die Person vor Ihrem geistigen Auge. Genießen Sie dieses Gefühl.

Schließen Sie die Übung ab, indem Sie sich für das Gelingen dieses kleinen Rituals und für Ihre gesunde und glückliche Zukunft ganz herzlich bedanken.

Das aufrichtige Dankeschön beendet das Vorgehen.

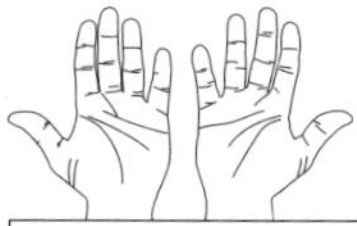

Übung

Für Ihren Werkzeugkasten: Die Doppelgänger-Methode

Rufen Sie sich ein Angstgefühl oder eine andere unangenehme Emotion ins Bewusstsein. Natürlich sollten Sie die Methode auch dann anwenden, wenn solche Emotionen im alltäglichen Leben auftauchen. Aber es ist gut, es einfach mal zu üben.

- Sie beobachten vor Ihrem inneren Auge, wie Sie aus Ihrem Körper herausschlüpfen und neben sich stehen. Nun betrachten Sie ganz genau, wie Sie in der momentanen Verfassung wirken und wie Sie mit der Emotion umgehen. Kommentieren Sie, was Sie beobachten. Erspüren Sie genauestens und in Ruhe, was da geschieht.
- Konzentrieren Sie sich auf Ihren Atem. Nehmen Sie das Ein- und Ausatmen bewusst wahr. Atmen Sie nun Dankbarkeit ein und das unangenehme Gefühl aus. Spüren Sie, wie sich die Dankbarkeit in Ihnen ausbreitet – die Dankbarkeit für diesen Moment, für Ihr Leben, für die Freiheit, bewusst mit Emotionen umzugehen. Atmen Sie Dankbarkeit ein – atmen Sie das Gefühl aus. Immer wieder, ganz in Ruhe.
- Fokussieren Sie all Ihre Sinne und Gedanken nun auf etwas, das Ihnen Freude macht. Spüren und erleben Sie es deutlich. Und genießen Sie das herrliche Gefühl.
- Bedanken Sie sich innig für die Erfahrung und für die Freiheit im Umgang mit Ihren Emotionen.

Vom Einfachen zum Schweren

Wenn wir etwas neu lernen und probieren, sollten wir es sooft wie möglich nutzen. Anfangs ganz bewusst mit einer Methode zu üben und zu trainieren, bringt große und rasche Fortschritte. Lassen Sie die Postpaket-Übung genauso wie die Doppelgänger-Methode Teil Ihres Lebens werden. Beiden gemeinsam ist das zentrale Element, dass Sie lernen, sich nicht mit Ihren Gefühlen und Ängsten zu identifizieren.

Üben Sie ganz bewusst, denn sicher kennen Sie einige Themen, die ein gewisses Unbehagen in Ihnen auslösen. Es ist hier wie im Sport: Trainieren Sie. Beginnen Sie dabei nicht gleich mit der größten Hürde. Gehen Sie nicht sofort Ihre größten Ängste an, sondern üben Sie erst einmal mit den kleinen Unsicherheiten, die Sie im Leben begleiten, mit den kleinen unschönen Gefühlen, die Sie ab und an ärgern. Steigern können Sie sich dann immer noch. Irgendwann werden Ihnen beide Methoden in Fleisch und Blut übergegangen sein. Dann brauchen Sie auch nicht immer eine große Heilsitzung draus zu machen. Sie können bald im Alltag, mitten in der Situation, den gesunden Umgang mit den Emotionen finden.

»Es gibt Dinge im Leben, nach denen du suchst, und es gibt Dinge, die dich suchen. Du hast keine Wahl, und du willst es – vielleicht – auch gar nicht, aber sie brechen über dich herein. Und hinterher wirst du nicht mehr derselbe sein wie vorher.
Jetzt hast du zwei Möglichkeiten: davor wegzulaufen oder stehen zu bleiben, um dich zu stellen. Für welche Lösung auch immer du dich entscheidest, sie wird dich verändern, und du hast jetzt die Möglichkeit zu wählen, ob zum Guten oder zum Schlechten für dich …«

Holger Fischer

Die Kehrseite der Angst

Ein wichtiger Teil beider Methoden, die Sie gerade kennengelernt haben, ist es, sich zu bedanken. Das ist nicht so dahingesagt, sondern wesentlich. Dankbarkeit ist eine große Kraft. Darauf werden wir noch zurückkommen.

Im aktuellen Zusammenhang gibt es eine verblüffende Erkenntnis: Sie wissen, dass es immer zwei Seiten einer Medaille gibt.

Und was ist die andere Seite von Angst?

Jawohl, die Dankbarkeit!

Wer aufrichtig dankt, ist gar nicht in der Lage, Angst zu empfinden. Denn er weiß, dass alles gut ist, so, wie es ist, so, wie man selbst ist.

Er ist dankbar – für das Leben, für die Erfahrung, für den Weg, den er geht.

Er ist dankbar für sein Sein.

Aus dem Vollen leben

Die meisten Menschen schlurfen mit angezogener Handbremse durchs Leben. Dabei kreieren sie sich eine seltsame Mischung aus Stress, Frust und Langeweile und haben den Eindruck, dass das Leben heute nun mal so sei. Keine Chance auf mehr. Nur in den Träumen und heimlichen Wünschen, da sind sie glücklich, reich und erfolgreich.

Träume können wahr werden. Man muss sich nur auf die richtige Weise um sich selbst und seine Träume kümmern. Und man muss in seinem Kopf und seinem Herzen die Annahme zulassen, dass ein Leben aus dem Vollen, aus der Fülle nicht nur möglich ist, sondern dass es im Grunde das ist, wofür wir geschaffen sind.

Wünsche und Träume

Es ist ein völlig eigenverantwortlicher und individueller Weg, wie man glücklich wird. Der eine braucht dazu eine Menge Geld, einem anderen sind die Freunde das Wichtigste, ein Dritter interessiert sich für nichts anderes als seine wissenschaftliche Forschung und ist damit rundum glücklich.

Man kann sagen, dass Glück das Resultat dessen ist, was jemand bislang getan hat und auch im Moment tut, während er sich daran erfreut, es auch zukünftig tun zu dürfen. Denn Glück fällt einem nicht einfach zu. Glück ist etwas, das Menschen aufgrund ihrer inneren Haltung, ihrer Gedanken, Gefühle und Aktivitäten anziehen und erleben – oder eben nicht.

Jeder nach seiner Façon

Der Gradmesser im Leben und für das Glück ist immer die persönliche Zufriedenheit. Ihr Nachbar findet, dass man nur mit einem ordentlichen Swimmingpool am Haus zufrieden sein kann? Na und? Was haben seine Vorstellungen mit Ihnen zu tun? Ihre Eltern wünschen sich, dass Sie ein erfolgreich praktizierender Schönheitschirurg werden. Na und? Wenn das nicht Ihr eigener Wunsch ist, wird es Sie nicht glücklich machen. Also lassen Sie es sein! Erforschen Sie Ihre eigenen Wünsche. Und geben Sie ihnen Raum in Ihrem Leben.

S. 46

In einem Bewusstsein der Fülle zu leben, heißt: Ich fühle mich pudelwohl in meinem Leben, in meinem So-Sein, mit meiner Umgebung. Zugleich möchte ich mich weiterentwickeln, es geht immer voran, ich verfolge freudig und aktiv meine Ziele.

Was steckt hinter Ihren Träumen?

Alle Menschen haben Wünsche, Träume und Ziele. Doch nur wenige erfüllen sie sich. Die Ursache liegt in der – oft verborgenen – Grundeinstellung zu eben dem Wunsch, Traum oder Ziel.

Es ist ein riesiger Unterschied, ob man sich etwas aus dem Gefühl des Mangels oder aus dem Gefühl der Fülle heraus wünscht. Träumen Sie von einer großen Villa? So einem richtig schicken Häuschen, großzügig, mit Garten und Terrasse und mehreren Balkonen, still am Waldrand oder in bester City-Lage?

Okay. Dann wäre der erste wichtige Schritt, zu prüfen, ob Sie das aus einem Gefühl des Mangels heraus tun. Die meisten Wünsche kommen nämlich daher, dass wir das Gewünschte eben nicht haben. Und das ist ein innerer Mangelzustand.

Vom Glücklichsein

Du hast ein Bild im Kopf, wie dein Leben sein müsste, damit es ein glückliches Leben ist. Du hegst und pflegst dieses Bild liebevoll, Jahr für Jahr, Monat für Monat, Tag für Tag, Stunde um Stunde.
Kein Mensch kann dir reinreden, kein Mensch ist so mächtig, dir dieses Bild zu zerstören. Dieses Bild macht dich süchtig, und du sehnst dich nach genau dieser Erfüllung wie ein Drogenabhängiger nach dem nächsten Schuss.
Dieses Bild vom Glücklichsein, dieses in deinem Geist erschaffene Ideal macht dich zunehmend sehnsüchtig und lässt dich immer mehr vergessen, das wahrzunehmen, was du hast und wer du bist, in diesem, deinem Leben.
Diese Sehnsucht hält dich scheinbar lebendig und nährt doch zugleich dein Unglücklichsein, ebenfalls Jahr für Jahr, Monat für Monat, Tag für Tag, Stunde um Stunde. Und je größer die Sehnsucht nach deinem Idealbild des Glücklichseins wird, desto größer wird auch dein Unglücklichsein über das Nicht-Erleben, die Nicht-Erfüllung deiner eigenen, selbst entworfenen Sehnsucht.
In diesem inneren, künstlich erzeugten Ungleichgewicht zwischen Sehnsucht und Wirklichkeit gedeihen deine körperlichen und seelischen Gebrechen. Es ist der Nährboden für Krankheiten. Es sind die Samenkörner der Selbstzerstörung, des Sterbens. Deinen eigenen Selbstwert torpedierst und zerstörst du, Stück für Stück, bis es endlich gebrochen am Boden liegt. Du kämpfst einen aussichtslosen Kampf gegen dich selbst, den du niemals gesund gewinnen kannst. Du gewinnst möglicherweise einmal eine Schlacht, aber niemals den ganzen Krieg.

Und wofür?
Hast du dein bisheriges Leben schon einmal nach glücklichen Erlebnissen durchforstet?
Hast du im Hier und im Jetzt schon einmal genauso intensiv und voller Inbrunst wie nach deinen Sehnsüchten nach den dich glücklich machenden Umständen in deinem Leben gesucht?
Kannst du denn die glücklichen Momente deines So-Seins im Hier und im Jetzt überhaupt genießen?
Hast du, wenn du wirklich ehrlich zu dir bist, dieses Bild von deinem Leben, von dem du denkst, dass es dich glücklich macht, schon jemals selbst erlebt und durchlebt?
Nein?
Woher willst du dann wissen, dass dich dieses konstruierte Bild deines Lebens auch wirklich glücklich machen kann?
Wie soll das funktionieren, wenn du im Hier und im Jetzt dein Glück schon nicht fühlen kannst?
Lerne, den Moment zu genießen und dich glücklich zu fühlen, diesen Moment erleben zu dürfen.
Wenn du bereit bist, in deinem Leben nach dem Glück zu suchen, wirst du es nicht zwangsläufig auch finden. Du wirst es nur dann finden, wenn du so weit bist, dieses Glück auch zuzulassen, zu leben und zu fühlen.

Holger Fischer

Vom Mangelbewusstsein zur Fülle

Das Mangelbewusstsein ist weitverbreitet. Wer es in sich verankert hat, geht davon aus, dass ihm nicht besonders viel zusteht, dass er immer so am unteren Ende oder in der Mitte herumkrebsen wird, dass er viel arbeiten muss, ohne viel dafür zu ernten. Er ist sich selbst nicht viel wert. Sein Selbstwert ist nur gering ausgeprägt. Das überträgt sich nicht nur auf mangelnden materiellen Reichtum und beruflichen Erfolg, es erfasst auch die Gesundheit, die Beziehungen, das gesamte Lebensgefühl.

Wer glaubt, nicht viel vom großen Glückskuchen abbekommen zu dürfen, der bekommt auch nicht viel ab. Und dann hat er nicht viel – und wünscht sich viel. So ersehnen sich die Menschen für die Zukunft normalerweise das, was sie im Moment nicht haben oder noch nie hatten. Der Klassiker: Geld. Menschen mit wenig Vermögen, Geld oder Gehalt wünschen sich mehr Geld, am liebsten so richtig viel Geld.

Und was geschieht? Nichts. Sie bleiben bei ihrem geringen Vermögen, dem halb leeren Konto und dem geringen Einkommen. Da helfen auch Affirmationen und Programmierungen nur sehr eingeschränkt bis gar nicht. Und das hat seine Gründe: Wer in der Bewusstseinsform des Mangels lebt, hat keine positiven, »reichen« Gedanken und Gefühle, weder für sich selbst noch für das Geld an sich.

Ebenso im Bereich der Arbeitssuche: Jeder, der einen Job haben will, bekommt auch einen, davon bin ich überzeugt. Diese Aussage stimmt selbst in Zeiten der hohen Arbeitslosigkeit. Es ist eine Frage der inneren Einstellung. Fast immer fragen die Leute, die auf Jobsuche oder arbeitslos sind: »Wer nimmt mich? Wer will mich denn noch? Wie soll ich auf dem Arbeitsmarkt noch etwas finden?« Dabei lauten die konstruktiven Fragen vielmehr: »Welche Firma hat mich verdient? Wo möchte ich meine Energie, meine Erfahrung, mein Können einbringen?«

Sabotage von innen heraus

Ein Mensch im Mangelbewusstsein sagt: »Ab dem nächsten Monat verdiene ich 20 Prozent mehr.« Er sagt sich das immer wieder, weil es seinem Wunsch entspricht und weil er es leid ist, immer so knapp bei Kasse zu sein. Er sagt es im Brustton der Überzeugung, immer wieder, bis er richtig daran glaubt. Innerlich, sehr leise, unbewusst, wenn er aber hinhören würde, durchaus vernehmbar, gibt es eine weitere Stimme. Und die sagt: »Wahrscheinlich wird das nichts. Ich habe bei den letzten Gehaltsverhandlungen auch nichts bekommen. Sind ja auch schwere Zeiten grade. Ich gehe wieder leer aus. Aber so ist das immer bei mir. Ich bin eben nicht der Typ, der viel Geld hat ...« Mangelbewusstsein pur. Und Mangel zieht immer Mangel an. Oder glauben Sie, dieser Mensch wird ab dem nächsten Monat auch nur einen Euro mehr mit nach Hause nehmen?

Fülle fühlt sich anders an

Das Leben wäre ziemlich trostlos, wenn es nicht noch etwas anderes zu bieten hätte als das Mangelbewusstsein.

Und das hat es natürlich: das Füllebewusstsein.

Wer mit diesem Bewusstsein lebt, lebt sehr gut.

Wer bewusst auf seine Ziele zugeht, der erreicht sie. Und er weiß es von vornherein. Denn er ist es sich wert. Er spürt die innere Größe, die sich im Außen manifestiert. Er fühlt sich einfach innerlich wertvoll. Er spürt das innere Wachstum, das dann auch im Außen immer wieder größere Früchte hervorbringt.

So ist es kein Zufall, dass die Reichen im Normalfall immer reicher werden, denn Geld zu vermehren, macht ihnen einfach Spaß und unglaubliche Freude. Geborene Glückspilze sind immer glücklich, ihnen gelingt einfach alles und das Leben schenkt großzügig immer noch etwas dazu.

Mangel oder Fülle? Testen Sie sich

Sie können Ihr Bewusstsein leicht überprüfen, wenn Sie ehrlich mit dem eigenen Gefühl umgehen. Im Mangelbewusstsein spüren Sie dieses Fehlen, die Lücke und vor allem die Sehnsucht. Sie wünschen sich etwas, weil Sie es nicht haben, nicht besitzen. Alles, was Sie sich aus diesem Mangel, aus diesem Fehlen, aus dieser Sehnsucht heraus wünschen und eventuell auch programmieren, endet genau da, wo Sie sich jetzt befinden: nämlich im Mangel.

Ich gebe Ihnen noch ein weiteres Beispiel: Jeder von uns war einmal Single. Nahezu jeder, der allein war, hat sich eines Abends auf die Suche nach einem Partner oder einer Partnerin gemacht. Und wie viel glückliche Paare, glücklich anhaltende Beziehungen sind wohl daraus entstanden?

Nahezu keine! Fast immer ist es so, dass man den Partner »zufälligerweise« kennenlernt, meistens zu einer Zeit und an einem Ort, wo man nicht unbedingt damit rechnet.

Je öfter wir Menschen die Erfahrung machen, dass nahezu alles, was wir uns sehnlichst wünschen, nicht eintrifft, desto tiefer sinkt natürlich im Umkehrschluss der Selbstwert, das Selbstbewusstsein. Entsprechend nimmt natürlich wieder die Sehnsucht zu, die wieder zu neuem Druck im Inneren führt. Eine sich immer enger drehende Spirale kommt in Gang, und es ist nur eine Frage der Zeit, wann sich der Körper mit irgendwelchen Symptomen meldet und der Selbstwert komplett am Boden liegt.

Im Füllebewusstsein hingegen spüren Sie etwas sehr Kraftvolles, die Gewissheit, dass das Gewünschte zu Ihnen gehört, dass Sie es sich wert sind. Sie sind glücklich im jetzigen Moment und betrachten das von Ihnen Gewünschte als willkommenen Bonus, den Sie sich verdient haben.

Sie wissen, Sie spüren es, dass sich das von Ihnen Gewünschte nur noch in der Außenwelt zeigen muss, aber eigentlich gehört es schon zu Ihnen. Das fühlt sich anders an als das verzagte Sehnen, oder? Da ist keine Sehnsucht mehr, die Information ist da, die Energie ist da. Nur im Außen müssen und werden sich die letzten Schritte noch vollziehen.

Wie steht es um Ihre Villa?

Wenn Sie nun merken, dass Ihre Traumvilla einer Sehnsucht entspringt, wenn Sie spüren, dass sie in Ihrem Innenleben noch gar keine Form angenommen hat, dass Sie sie aus einem Mangel wünschen, was dann? Keine Sorge, Sie sind in guter Gesellschaft. Das geht den meisten Menschen – leider – erst einmal so.

Machen Sie sich also noch einmal klar und bewusst, dass alles, was Sie sich aus dem Zustand des Mangels wünschen, immer im Mangel endet.

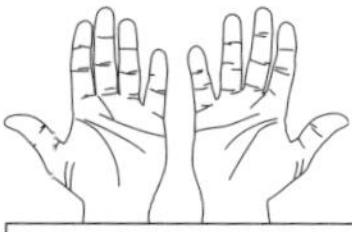

Übung

Für Ihren Werkzeugkasten: Als Wünsche wahr wurden …

Riskieren Sie noch einmal einen Blick in Ihre Vergangenheit.

Erinnern Sie sich an Momente, als Ihre Wünsche wahr wurden?

Wie fühlten Sie sich in Bezug auf diese Wünsche?

Und wie war es, wenn Sie Dinge nicht erreicht, nicht bekommen haben?

Spüren Sie ganz bewusst dem nach, was Sie in diesen beiden Fällen gefühlt haben.

Wie fühlt sich Mangel an?

Wie fühlt sich Fülle an?

Was haben diese Gefühle in Ihrem Leben an Ereignissen und Erfolgen oder Misserfolgen hervorgebracht?

»Sie bekommen immer das, was Sie sich wert sind.«

Holger Fischer

Wenn Sie sich nichts wert sind, bekommen Sie auch nichts

Sie bekommen, was Sie sich wert sind. Doch was ist, wenn es Ihnen an Selbstwert fehlt? Sie wünschen sich ein angenehmes, kreatives und lustiges Arbeitsumfeld. Sie geraten aber immer wieder in Abteilungen, in denen Neid und Mobbing die Atmosphäre vergiften. Was Sie auch versuchen – innerhalb der Kollegenschaft oder an neuen Arbeitsplätzen –, es bleibt unangenehm. Ihr Unterbewusstsein sagt: »So war es immer, so wird es auch bleiben. Ich verdiene wohl nichts Besseres. Es wäre ja auch zu schön, wenn die Arbeit Freude machen würde. Es ist halt Arbeit …«

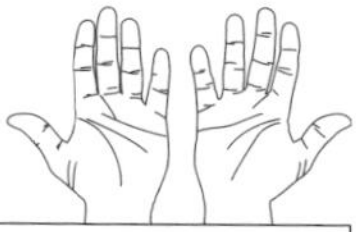

Übung

Für Ihren Werkzeugkasten: Die Wertschätzung für Sie selbst

Wenn Sie morgens in den Spiegel schauen, tun Sie das mal sehr bewusst. Was sehen Sie? Kein Topmodel? Augenringe, Falten, schlaffe Haut? Manche solcher Details sind ab einem bestimmten Alter oder in fordernden Lebensphasen eine Tatsache. Aber nicht die einzige. Sie könnten auch einen schönen Mund, ein Gesicht, aus dem die Reife gelebter Jahre spricht, oder Augen sehen, die leuchten, weil Sie gern leben. Sie entscheiden, worauf Sie Ihren Fokus richten.

Genau die Gefühle, die Sie haben, wenn Sie sich da morgens im Spiegel sehen – ja, vor dem Schminken – repräsentieren Ihren Selbstwert. Schauen Sie immer wieder hin und spielen Sie mit dem Fokus.

Entdecken Sie Ihre eigene, ganz unnachahmliche Schönheit, die nichts mit dem einheitlichen Glanz der Klatschspalten zu tun haben muss.

Es ist Ihre eigene Natur, die Sie ausmacht.

Mit diesem unterentwickelten Selbstwertgefühl können Sie wenig Erfreuliches erwarten. Wenn Ihr Selbstwertgefühl aber aktuell nun mal so ist, nützt es auch nichts, wenn Sie sich mit inneren Bildern in den Traumzustand der harmonischen Bürogemeinschaft hineinversetzen. Akzeptieren und spüren Sie besser das Ist-Gefühl. Und arbeiten Sie an Ihrem Selbstwertgefühl, beispielsweise mit der Spiegel-Übung.

Leben heißt nicht Bescheidenheit

Über die Ausprägung der Fülle entscheidet jeder selbst. Der Gradmesser ist die Zufriedenheit. Jeder trägt auch, was er sich wert ist. Beim einen ist das der Jutesack, beim anderen Armani. Und beides ist okay. Solange beide zufrieden mit sich und der Welt sind. Im Fall Jutesack – etwas übertrieben, zugegeben – sollten keine Gewissensnöte dahinterstecken: »Das Geld ist schuld an dem Elend in der Welt. Ich zeige offen, dass ich gegen Geld bin. Man darf nicht viel haben, solange andere in Armut leben.« Im Fall Armani sollte es auch aus dem Gefühl der Fülle kommen, und nicht, weil man das tragen muss, weil man auf diese Weise etwas darstellt. Wer in seinen eigenen Augen nichts darstellt, wird auch in einem Armani-Anzug nichts darstellen, weder für sich selbst noch für andere, die er damit beeindrucken will.

Eine Frage der Entscheidung – und der Wachheit

Wenn jemand auf der Landstraße vor Ihnen bummelt, können Sie sich aufregen. Dadurch wird der andere aber nicht schneller fahren. Er bummelt – das ist eine Tatsache. Sie entscheiden, ob Sie ruhig bleiben und besonnen schauen, wann Sie an ihm vorbeikommen können, oder ob Sie sich aufregen und sich die Laune verderben lassen.

Genauso ist es auch mit den größeren Dingen des Lebens. Sie entscheiden, wie Sie leben wollen. In jedem Moment eines jeden Tages erschaffen Sie Ihre Realität. Jetzt in diesem Augenblick erschaffen Sie mit dem, was Sie denken und fühlen und von sich selbst halten, Ihre Zukunft!

Es lohnt also nichts mehr, als sich der inneren Grundhaltung zuzuwenden. Wenn Sie schlecht drauf sind, sollen Sie nicht künstlich vor sich hin grinsen. (Obwohl auch das die Laune bereits verbessern kann.) Ich zeige Ihnen, wie Sie sich in den Zustand der Fülle bewegen können: mit dem Programmieren.

Das Programmieren

Mit dem Programmieren geben Sie Ihrem Unterbewusstsein Botschaften ein, und zwar endlich solche Botschaften, die Sie wirklich glücklich und erfolgreich machen. Das funktioniert nicht, wenn es von einem momentanen Ist-Zustand zu einem Soll-Zustand hin versucht wird. Dann nämlich würden Sie sich in einem Mangel befinden. Dieser Ist-Zustand wäre der nicht so schöne, der Soll-Zustand der ersehnte.

Ganz einfach – und es funktioniert

Das Programmieren geht von einem tatsächlichen Ist-Zustand, dem, was jetzt ist, und von einem potenziellen Ist-Zustand aus. Wenn sich jemand ein tolles Auto wünscht, dann wird er das mit dieser Art zu programmieren schnell erreichen, wenn er das Potenzial, dieses Auto zu besitzen, im anfänglichen Ist-Zustand bereits besitzt, und vor allem, wenn er es sich auch wert ist. Wenn es im Anfangszustand potenziell nur zu einem Uralt-VW reicht, setzt er auf der Gefühlsebene an. Er schaut sich sein Mangelempfinden an. Er spürt die aktuell vorhandenen Gefühle in Bezug auf das Auto. Er nimmt das wertfrei wahr, beobachtet dabei auch den Wandel, den die Gefühle der Fülle nach und nach durchmachen. Und eines Tages steht möglicherweise der Porsche vor seiner Tür, wenn es dann noch ein Porsche sein soll.

Wachstum – auf natürliche Weise und in seiner Zeit

Jegliches »will« und »muss« ist beim Programmieren fehl am Platz und kontraproduktiv. Das Ganze ist ein Prozess. Ein Baum wächst auch nicht an einem Tag. Im Samenkorn ist das Potenzial der riesigen Eiche angelegt. Nur deshalb kann sie ganz entspannt wachsen und ihr Potenzial erfüllen. Wenn der Mensch eine solche Eiche wachsen lassen will, dann sollte er sie hegen und pflegen. Wenn er in die junge Pflanze einen Nagel rammt, ist es mit dem Wachstum vorbei. So torpedieren negative Gefühle das ganze Vorhaben. Wenn sie aber da sind, sind sie da. Und das ist okay.

Wahrnehmen, spüren, akzeptieren. Es wandelt sich schon damit. Denn Sie lösen die Identifikation auf und nehmen den Gefühlen damit die Macht, über Ihr Leben zu bestimmen.

Programmieren heißt auch, mit den eigenen Gefühlen umgehen zu lernen. Da wir Menschen in unserer Kultur stark kopfgesteuert sind, ist es sinnvoll, das auch anfangs weitgehend über den Kopf laufen zu lassen. Das heißt aber nicht, es nicht zu fühlen. Das ist und bleibt das Wesentliche. Das Programmieren muss den Kopf einbeziehen, aber über den Verstand hinausgehen, sonst funktioniert es nicht.

Bei all dem lasse ich jetzt der Einfachheit halber spirituelle Aspekte der Reinkarnation oder besondere Lernaufgaben, die sich die Seele vorgenommen hat, außen vor.

Sie wollen die Villa also unbedingt?

Bleiben Sie bei der Wahrnehmung dessen, was in Ihnen selbst los ist. Es ist Ihnen jetzt schon klarer geworden, was Mangel und was Fülle für Sie bedeuten. Untersuchen Sie das immer weiter – spüren Sie in den Mangel hinein, wenn er denn da ist. Erspüren Sie das Gefühl der Fülle, wenn es sich auch nur ansatzweise zeigen will. Dabei merken Sie, dass sich die Gefühle zu Ihrem Wunsch verändern.

Fragen Sie sich dabei immer wieder: Was bin ich mir wert?

Je wertvoller Sie für sich selbst sind, je glücklicher Sie mit Ihrem So-Sein im Moment sind, desto mehr sind Sie im Füllebewusstsein und desto mehr Fülle werden Sie in Ihr Leben ziehen.

Ich werde sehr häufig gefragt, ob es denn wirklich so einfach ist. Ja, es ist wirklich so einfach!

Wir Menschen dürfen, je nach Wunsch, nur lernen, dass zwischen Impuls und Wunscherfüllung eine gewisse Zeit liegen kann, in der immer und immer wieder aus der Fülle heraus die Wünsche »programmiert« werden.

Wir neigen dazu, alles zu verkomplizieren und ungeduldig zu werden. Wir tun uns schwer zu glauben und zu vertrauen, dass es auch einfach und ohne Mühe, Arbeit, Druck und Stress geht. Doch es geht.

Während sich Ihr Wunsch allmählich der Erfüllung nähert, vergeht Zeit. In dieser Zeit kann sich ebenfalls viel tun. Vielleicht verändert sich auch der ursprüngliche Wunsch. Sie merken, dass Sie dieses herrliche Wohnhaus nur wollen, weil Ihr Chef, der Sie gern piesackt, auch eine Villa hat. Falsche Wünsche, einmal entlarvt, fallen einfach von Ihnen ab. Lassen Sie sie ziehen.

Bald tauchen in Ihnen ganz andere Wünsche auf, die besser zu Ihnen passen. Und wieder spüren Sie, ob diese Ziele aus der Fülle oder aus einem Mangel heraus in Ihnen aktiv sind.

Das Ziel ist weit weg

Sie müssen sich gar nicht um Ihr Ziel am Horizont kümmern. Wichtig ist nur der Augenblick, das, was jetzt passiert. Mit Ihren Gefühlen, Ihren Gedanken, mit Ihrer Energie des jetzigen Moments erschaffen Sie Ihre Zukunft. Kümmern Sie sich um das Jetzt, genießen Sie das Jetzt, genießen Sie sich selbst jetzt in diesem Moment, alles Weitere passiert dann auf der Basis genau davon.

Auch das Gesetz der Wiederholung hilft Ihnen: Gehen Sie das hier Beschriebene immer wieder in sich durch.

Untersuchen Sie Ihre Wünsche stets aufs Neue im Hinblick auf Mangel und Fülle.

Fragen Sie sich zudem immer wieder, was Sie sich wert sind.

Fragen Sie sich, warum Sie es sich wert sind, dass sich Ihr Wunsch erfüllt.

Schritt für Schritt ans Ziel

»Achte auf deine Gedanken,
denn sie werden zu Worten.

Achte auf deine Worte,
denn sie werden zu Handlungen.

Achte auf deine Handlungen,
denn sie werden zu Gewohnheiten.

Achte auf deine Gewohnheiten,
denn sie werden dein Charakter.

Achte auf deinen Charakter,
denn er wird dein Schicksal.«

Aus dem Talmud

Das Programmieren ist eine der besten Methoden, die volle Verantwortung für die eigene schöne, glückliche, gesunde und erfolgreiche Zukunft zu übernehmen. Sie werden damit zum Gärtner Ihres Lebensgartens. Bis Sie ernten dürfen, vergeht eine gewisse Zeit, und es ist Arbeit nötig. Das gehört zur Natur der Dinge. Außerdem kann es bis zur Ernte immer wieder zu Einflüssen kommen, die Sie nicht oder nur sehr wenig beeinflussen können: Unwetter beispielsweise können die Ernte zerstören. Aber es gibt auch äußere Einflüsse, mit denen Sie nicht rechnen konnten, die Ihre Ernte noch weiter vermehren.

Ich gebe Ihnen noch ein Übungsbeispiel und weitere praktische Hinweise, damit Sie konkret lernen können, wie das Programmieren funktioniert.

Der momentane Zustand – jeden Tag neu

Sie haben ein Ziel. Achten Sie nun auf Ihre Gedanken, die inneren Bilder und das dazugehörige Gefühl. Dieses Gefühl ist wichtig. Wenn Sie Ja sagen und Nein fühlen, dann heißt das für Ihre Zukunft: Nein.

Das Programmieren geht von der Gegenwart aus, dem Hier und Jetzt. Empfinden Sie also das, was hier und jetzt da ist. Zum Beispiel den Wunsch nach einer größeren Wohnung (nein, wir üben es jetzt nicht gleich mit der Villa) und das Gefühl, sich die aber nicht leisten zu können. Das ist der Ist-Zustand. Nun tasten Sie sich langsam an das Gefühl heran, in einer größeren Wohnung zu leben. Wie fühlt es sich an, wenn Sie sagen: »Ich lebe glücklich in einer Vier-Zimmer-Wohnung?«

Unterdrücken Sie die Gegenstimmen nicht. Sie werden sich melden und sagen: »Aber so viel verdienst du doch gar nicht.« Okay, das ist die aktuelle Tatsache. Ihr aktueller Selbstwert passt nicht zur größeren Wohnung. Nehmen Sie wahr, was Sie empfinden, und spielen Sie mit den Möglichkeiten. Was fühlt sich wie an? Wie verändert es sich über die Zeit, von Tag zu Tag?

Bilder und Worte haben Kraft

Das Unterbewusstsein »denkt« in Bildern, wie Sie bereits wissen. Wenn Sie sich auf etwas programmieren, wird dem Unterbewusstsein aktiv ein Inhalt vermittelt – und der sollte so gestaltet sein, dass Sie sozusagen ein Bild davon malen könnten. Wir sind es aber nicht gewohnt, uns klar auszudrücken. Wir eiern immer um den heißen Brei herum: vielleicht, eventuell, möglicherweise, unter Umständen, könnte, würde und so weiter. Das führt natürlich auch nicht zu deutlichen Ergebnissen.

Man kann sich das so vorstellen, als hätte jeder von uns neben sich eine Art Flaschengeist. Der ist immer in unserer Nähe, kennt all unsere Gedanken und setzt sie im Leben um. Da dieser Geist unserem schwammigen Gerede oftmals gar nicht entnehmen kann, was wir wollen, testet er uns. Er stellt uns vor eine Situation mit der Frage: »Hast du es so gemeint?« Dann tauchen beispielsweise Umstände auf, die wir kennen und wirklich nicht mehr wollen. Aber so ganz sicher sind wir uns damit noch nicht. Der Geist präsentiert uns die Situation noch einmal, wir ärgern uns ordentlich, bis wir merken, dass hier Klarheit gefordert ist. »Nein, so habe ich es nicht gemeint. Ich drücke mich ab sofort klar aus.«

Sprachliche Feinheiten – sie wirken!

Es ist wichtig und überdies nicht schwer, sich klar auszudrücken – vor allem beim Programmieren. Die Gedanken oder Sätze, die Ihr Ziel betreffen, müssen

- in der Gegenwartsform formuliert sein (oder können Sie sich ein Bild vorstellen zum Thema: »Gestern hat es geregnet«, »Übermorgen bin ich reich«?),
- positiv formuliert sein (oder können Sie ein Bild malen zur Aussage: »Heute scheint die Sonne nicht«, »Ich will nicht arm sein«?),
- konkret formuliert sein (oder können Sie sich ein Bild ausmalen zu dem Satz: »Eigentlich ist es heute schön«, »Vielleicht könnte ich ja Erfolg haben«?).

Außerdem sollten Sie unbedingt Worte und Phrasen wie die folgenden vermeiden, auch wenn sie heute sehr gängig sind. Beim Programmieren haben sie nichts zu suchen:

- »versuchen« (Es beinhaltet schon ein eventuelles Versagen),
- »werden« (Es lässt offen, wann es losgeht und bezieht sich somit auf irgendeine Zukunft, nie auf das Jetzt),
- »können« (lässt immer irgendwelche Optionen offen),
- »wollen« (erzeugt Druck),
- »müssen« (erzeugt noch mehr Druck und beinhaltet zumeist etwas Unfreiwilliges, weil Fremdbestimmtes),
- sämtliche Konjunktive wie »sollte«, »könnte«, »würde«,
- das Unwort des Jahrzehntes »eigentlich« und
- sämtliche Formen von Worten, die von vornherein die Möglichkeit offenlassen, ob das, was wir tun, auch wirklich klappt.

Diese Regeln der Sprache gelten nicht nur für das Programmieren, also für Ihre Gespräche mit dem Unterbewusstsein, sondern auch in der allgemeinen Kommunikation. Je deutlicher nachvollziehbar etwas formuliert wird, desto höher ist die Wahrscheinlichkeit, dass es richtig verstanden und gegebenenfalls auch umgesetzt wird.

Worte sind der von innen nach außen getragene Prozess Ihrer in Gedanken produzierten Bilder und Gefühle. Klingt kompliziert, ist es aber nicht. Wenn Sie sich immer wieder sagen: »Eigentlich würde ich ja schon gern irgendwann in der größeren Wohnung leben, ich möchte nicht mehr in dieser kleinen Bude sein« – dann passiert nichts. Unkonkret, in der Zukunftsform und noch dazu verneinend – was soll Ihr Unterbewusstsein davon halten? Es versteht so viel wie: »Größere Wohnung passt nicht zu mir, zurzeit jedenfalls nicht. Kleine Wohnung, okay. Also lassen wir alles beim Alten.«

Ganz anders ist es, wenn Sie sich so ausdrücken: »Ich lebe glücklich in einer schönen, hellen Vier-Zimmer-Wohnung.« Sie beschreiben es so: Alles ist schon da. Sie sehen die Bilder der lichtdurchfluteten Räume vor sich und haben ein deutliches Bild davon, wie Sie auf Ihrem Sofa mitten im großzügigen Wohnzimmer sitzen. Das Unterbewusstsein sagt: »Aha, das ist unser Leben. Okay. Dann mal los!«

Tests und alte Geschichten

Das heißt an diesem Punkt nicht, dass gleich ein Makler bei Ihnen klingelt und sagt: »Sie wünschen sich eine größere Wohnung? Ich habe da eine und gebe sie Ihnen zum Preis Ihrer alten ...« Vielmehr werden Sie Besuch von alten Bekannten bekommen: den Ängsten und den Mangelgefühlen. Keine Sorge, das ist normal. Denn Sie sind ja nicht plötzlich ein völlig anderer Mensch geworden, nur weil Sie begonnen haben, Ihren Wunsch anders zu formulieren. Aber ein ziemlich anderer Mensch sind Sie als Leserin oder Leser dieses Buchs bereits geworden: Denn Sie haben an Ihrem Selbstwert gearbeitet und einen schon gut gefüllten Werkzeugkasten für die Wechselfälle des Lebens bei sich.

Ihre Aufgabe ist es nun, sich mit diesen alten Gefühlen und Ängsten zu befassen. Beispielsweise mithilfe der Postpaket-Übung oder der Doppelgänger-Methode (Seiten 100 bis 104). Tun Sie's, erspüren Sie weiter, was los ist. Was trauen Sie sich zu? Was sind Sie sich wert? Üben Sie, nutzen Sie Ihren Satz und Ihren Werkzeugkasten. Beobachten Sie die Veränderungen in Ihrer Gedanken- und Gefühlswelt.

Das Außen folgt dem Innen

Das Innere bestimmt das Äußere. Sie verändern etwas in Ihrem Inneren – und das Außen formt sich entsprechend. Je öfter Sie die förderlichen Gedanken, Bilder und Gefühle in sich spüren, umso deutlicher merken Sie, dass Sie anders handeln, anders auftreten und andere Dinge erleben. Ihr neues und weiter wachsendes Selbstwertgefühl strahlt weiterhin nach außen und ist für Sie schon selbstverständlich geworden.

Die Ängste melden sich noch regelmäßig, aber Sie bemerken immer schneller, was da gespielt wird, und begegnen diesen alten Gefühlen mit den entsprechenden Techniken aus Ihrem Werkzeugkasten. Die Wirkdauer des Alten wird immer weiter verringert. Und bald ist Erntezeit.

Vom Leichten zum Schweren

Sich selbst so wachsen zu sehen, was gibt es Schöneres? Es ist ein Weg, der Bewusstheit erfordert – und vor allem Spaß macht. Am besten üben Sie zuerst mit einfachen Dingen: Programmieren Sie sich einen Parkplatz genau da, wo sie sich ihn wünschen, wenn Sie das nächste Mal in die Innenstadt fahren. Sie werden sehen, es funktioniert. Im schlimmsten Fall müssen Sie vielleicht noch einmal um den Block fahren.

Wenn kleine Dinge klappen, gewinnen Sie das Vertrauen in Ihre enormen Möglichkeiten. Sie wagen sich an immer größere Träume und Ziele. S. 49

Ein praktisches Beispiel für erfolgreiches Programmieren

Ein Fußballprofi kam zu mir, ein sehr schneller, dribbelstarker, noch sehr junger Spieler. Aufgrund bestimmter Erlebnisse mit diversen Trainern war er mit der großen Angst behaftet, Zweikämpfe zu verlieren. Das ließ ihn unangenehm auffallen, er blieb bei den Spielen unter seinem möglichen Leistungsniveau.

Zuerst arbeiteten wir die Muster heraus, wie es zu diesen Ängsten gekommen war. Auch den konkreten Verursacher konnten wir dabei ermitteln. In den Meetings legten wir die nötigen Strategien zur Überwindung dieser Ängste und für einen leistungsfördernden Umgang mit dem Verursacher fest. Der Klient hat sie dann in die tägliche Praxis integriert. Zusätzlich haben wir gemeinsam die Inhalte für die Programmierung des Unterbewusstseins besprochen und geplant.

In ruhiger, entspannter Atmosphäre haben wir anschließend die Programmierung eingeleitet und durchgeführt. Dabei sind wir ganzheitlich vorgegangen und nicht nach einer so stringenten Unterteilung, wie Sie es in den nachfolgenden Erläuterungen dargestellt finden. Ich möchte Ihnen Schritt für Schritt näherbringen, was geschah.

Die bildhafte und emotionale Programmierung

Da das Unterbewusstsein in Bildern arbeitet, ist es wichtig, sich die richtigen Bilder vorzustellen. Hier kommen die Sichtebenen ins Spiel, die wir bereits kurz angesprochen haben. Wir können nach links und nach rechts schauen, genauso wie nach oben und nach unten. Wenn wir mit bestimmten Themen konfrontiert werden, schauen wir in der Regel unbewusst in eine bestimmte Richtung. Folglich hat jede Blickrichtung, in die sich unsere Augen bewegen, eine tiefere Bedeutung.

Die linke Seite repräsentiert alles, was in der Vergangenheit geschehen ist, die rechte Seite hat immer etwas mit der Zukunft oder bildhaften Vorstellungen bestimmter Dinge oder Situationen zu tun.

Wenn ich Sie jetzt frage, wie die Geburtstagstorte an Ihrem sechsten Geburtstag ausgesehen hat, werden Ihre Augen automatisch in waagrechter Höhe nach links blicken, bis Sie die entsprechenden Bilder aus Ihrem Gedächtnis hervorgekramt haben. Parallel dazu spüren Sie normalerweise mehr oder weniger intensiv Ihre damalige emotionale Befindlichkeit, als Sie die Geburtstagstorte das erste Mal gesehen haben.

Wenn ich Sie jetzt auffordere, sich vorzustellen, wie ein rosaroter Löwe aussieht, werden sich Ihre Augen waagrecht auf die rechte Seite bewegen. Wenn wir traurig oder emotional berührt sind, schauen wir automatisch nach unten.

Die erste Aufgabe für den Jungprofi bestand nun darin, sich die spektakulärsten und wichtigsten gewonnenen Zweikämpfe seiner Karriere in Erinnerung zu rufen, quasi die Highlights. Seine Blickrichtung ging automatisch nach links oben. Er konnte diese Highlights sehr schnell aus seinem Gedächtnis hervorkramen, genauso wie die dazugehörigen, für ihn »geilen« Gefühle.

Die nächste Aufgabe bestand darin, diese Highlights mitsamt den dazugehörigen Gefühlen – mit der Blickrichtung nach rechts oben – auf das kommende Spiel zu projizieren, das Trikot der Gegenspieler aus der Vergangenheit sozusagen gedanklich umzutauschen in das Trikot des kommenden Gegners.

Nach mehreren Versuchen konnte er die Situationen und die dazugehörigen Gefühle eins zu eins von der Vergangenheit in die Zukunft switchen und so verinnerlichen, dass die Bilder und die dazugehörigen Gefühle jederzeit abrufbar waren.

Auch hier trifft das Gesetz der Wiederholung zu: je häufiger, desto besser. Wichtig ist, beim Nachlassen der intensiven Gefühle, die die bildhaften Vorstellungen begleiten, neue Bilder zu aktivieren, welche die starken Gefühle wieder hervorrufen. Denn, wie Sie bereits wissen, das Unterbewusstsein braucht immer wieder neues Futter.

Die körperliche Programmierung

Fleißarbeit für den Jungprofi war es nun, die virtuell erzeugten Bilder von gewonnenen Zweikämpfen auf dem Platz eins zu eins umzusetzen, nach dem Prinzip: vom Einfachen zum Schweren. Er musste also zuerst für sich allein auf dem Platz stehen, möglichst in dem Stadion, wo das nächste Spiel stattfinden würde, und die Zweikämpfe ohne Gegenspieler durchüben. Und zwar in den Regionen und Positionen, die für diese Zweikämpfe in der Regel auch die realen sind.

Danach ging es an die Umsetzung der Zweikämpfe – zuerst mit einem Markierungshütchen als virtuellem Gegenspieler, anschließend mit einem passiven Gegenspieler, der einfach nur regungslos dastand und keinerlei Abwehrversuche unternahm. Als nächster Schritt folgte der Angriff mit dem Ball am Fuß auf einen Gegenspieler, der aktiv verteidigte. Der vorletzte Schritt war dann die Integration dieser zuvor erfolgreich durchgespielten Situationen in das normale Mannschaftstraining. Und im letzten Schritt ging es an die erfolgreiche Umsetzung im nächsten Spiel.

Die ständigen Wiederholungen dieser Schritte sind entscheidend. Extrem wichtig ist zudem, dass diese Abläufe immer auch im körperlich ausgelaugten Zustand trainiert werden. Einerseits als Willensschulung und andererseits, um den Spieler darauf vorzubereiten, dass er auch in der Nachspielzeit oder in einer eventuellen Verlängerung die programmierten Inhalte erfolgreich umsetzen kann, wenn er zwangsläufig schon mehr oder weniger auf dem »Zahnfleisch kriecht«.

Die körperliche Programmierung ist im Übrigen nur dann notwendig und sinnvoll, wenn die Körperbewegungen wesentlicher Bestandteil des Gesamterfolgs sind.

Die gedankliche und verbale Programmierung

Parallel zur bildhaften, emotionalen Programmierung verlief die gedankliche und verbale Programmierung, auf die hier im Buch großen Wert gelegt wird. Die entsprechenden Zweikämpfe wurden zuerst gesondert zwischen mir und dem Fußballer besprochen und anschließend nochmals von ihm sowohl verbal als auch in Gedanken wiederholt. So programmierte er sich auch auf dieser Ebene.

Sie können dieses Beispiel auf alle Ebenen des Lebens übertragen. Ich habe es in dieser Ausführlichkeit hier aufgenommen, um Ihnen deutlich zu machen, dass eine solche Programmierung nicht mit einem Fingerschnippen getan ist, auch wenn das manche Bücher oder Lehrgänge glauben machen wollen. Es ist wirklich viel Arbeit.

Das Beispiel stammt natürlich aus dem Bereich des harten Profisports, daher waren in diesem Fall auch besonders intensive Maßnahmen nötig. Zudem ist es dabei wichtig, dass es schnell geht: Die Spieler müssen möglichst sofort wieder geheilt und leistungsfähig auf dem Platz stehen, wenn sie verletzt oder in einer leistungsschwachen Phase sind.

Nicht in der Beschreibung enthalten ist meine Energie, die die Prozesse der Klienten ungemein beschleunigt – das ist im Bereich des Profisports natürlich von unschätzbarer Bedeutung.

Auch wenn Ihnen das Fallbeispiel vielleicht zunächst sehr aufwendig und kompliziert erscheint: Sie können an Ihre Themen in Ihrem Tempo und Ihrer Intensität herangehen. Das lohnt sich in jedem Fall. Der damals junge Nachwuchsprofi spielt heute in der Nationalmannschaft.

Erwartungen und Ziele – ein großer Unterschied

Noch einmal ist ein Unterschied in der Wortwahl entscheidend. Erwartungen sind nämlich etwas ganz anderes als Ziele. Eine Erwartung erzeugt Druck. Sie ist immer mit starken, intensiven Gefühlen verbunden. Darum treffen uns die Enttäuschungen auch mit voller Wucht, wenn die Erwartungen nicht erfüllt werden. Eine Erwartung lässt keinen Spielraum dafür, dass sich die Dinge auch anders entwickeln können, denn eine Art Betriebsblindheit verhindert das. Je mehr Erwartungen nicht erfüllt werden, desto größer und tiefer sind natürlich die Enttäuschungen. Und je mehr Enttäuschungen man im Leben erlebt, desto schwerer wird es, sich erneut oder immer wieder zu neuen Taten aufzuraffen.

Ein Ziel auf der anderen Seite ist etwas, das weit weg ist. Man weiß, dass man selbst an Punkt A steht, das Ziel ist an Punkt B, dazwischen liegt eine Strecke, die man zurücklegen muss. Wenn man das klar im Kopf hat, weiß man, dass mehrere Schritte bis zum Ziel nötig sind und dass unter Umständen etwas dazwischenkommen kann, auf das man keinerlei Einfluss hat. Man wird sich den Weg zudem in kleine oder größere Abschnitte einteilen. Man geht voran und ist offen für alles, was kommt.

Noch ein Blick zurück

Als Kinder waren wir mit der Erwartungshaltung von Eltern, Lehrern und anderen konfrontiert. Wir hatten keine Chance, uns diesen Erwartungen zu entziehen. Schon damals haben wir Erwartungen als absolut und festgelegt erlebt. Es ist ganz normal, als Kind von seinem Umfeld geprägt zu werden.

Entwicklung beginnt dann, wenn man anfängt, sich von allen Abhängigkeiten zu lösen, selbst herauszufinden, wer man ist. Man prägt sich nun selbst oder besser: Man ent-prägt sich. Wer bin ich? Wo will ich hin?

Zuvor wird man geprägt. Man lernt, wenn man dann älter wird, dass es mit den angelernten Mustern nicht funktioniert, dass bestimmte Dinge, die einem eingepflanzt wurden, nicht glücklich machen. Dann beginnt man zu lernen und zu erfühlen, wie es besser geht.

Es gibt keine perfekte Erziehung. Das ist gar nicht möglich. Eltern haben zum einen ihre unbewussten Prägungen, die sie weitergeben, ohne es zu merken. Das ist nicht gut, aber eine Tatsache. Zum anderen können Eltern, wenn sie ein Baby im Arm halten, nicht wissen, welche Eigenschaften dieses Wesen wirklich hat. Das muss der erwachsen gewordene Mensch dann selbst herausfinden.

Zielabgleich – immer wieder

Auf dem Weg verändert sich das Ziel vielleicht. Man merkt, dass es gar nicht das richtige Ziel ist. Dann kann man sich auf ein anderes, geeigneteres Ziel einstellen. Das gute Gefühl, zum Richtigen unterwegs zu sein, verstärkt sich dadurch. Diese Haltung der Offenheit lässt auch zu, dass es noch besser wird. Man gibt dem Höheren, dem sogenannten Zufälligen mehr Raum. Man hat sich einen neuen VW gewünscht – und plötzlich ist es ein Porsche, der vor der Tür steht.

Wichtig in diesem Zusammenhang ist auch ein Abgleichen Ihrer Ziele mit denen Ihres unmittelbaren Umfelds. Gerade in Partnerschaften und im Berufsleben erlebe ich es sehr häufig, dass es keine gemeinsamen Ziele und oft nicht mal einen Austausch über Zielvorstellungen gibt. Das Resultat ist, dass jeder beim anderen etwas voraussetzt, ohne dass dieser davon weiß. Was das bedeutet, können Sie sich ausmalen: Streit, Stress und Unzufriedenheit.

S. 54

Stellen Sie also unbedingt in Ihrem unmittelbaren Umfeld klar, welche Ziele Sie haben. Bitten Sie die anderen, ihre Ziele ebenfalls immer mal wieder mit Ihnen zu besprechen. Sie werden sehen, Sie ersparen sich auf diese Weise viele Enttäuschungen, viel Frust und eine Menge Ärger.

Testen Sie sich erneut!

Es ist wichtig, zwischen Erwartungen und Zielen bewusst zu unterscheiden. Die meisten Menschen reden von Zielen, meinen aber in Wirklichkeit Erwartungen. Das erzeugt den beschriebenen Druck. Wenn zur Erwartungshaltung dann auch noch die Mangelgedanken kommen, geht gar nichts mehr. Wenn man erwartet, viel Geld zu verdienen, innerlich aber einen Mangel und wenig Selbstwert hat, ist das Projekt zum Scheitern verurteilt. Frust ist vorprogrammiert, und der lähmt das weitere Vorangehen im Leben. Mit einem 1500-Euro-Netto-Unterbewusstsein kann man nun mal keine 10 000 Euro netto verdienen.

Geben und Nehmen – das A und O der Fülle

Es ist das Ziel vieler Menschen, ein Leben im Überfluss zu genießen. Das Wort »Überfluss« legt nahe, dass man nicht alles festhalten kann, sondern auch etwas wegfließen lassen muss. Nichts ist statisch, nichts bleibt gleich. Unser Körper unterliegt genauso wie das gesamte Universum einem dynamischen und fortwährenden Austausch. In dem Moment, in dem dieser Kreislauf des Austauschs unterbrochen wird, ist Leben nicht mehr möglich. Denn Leben ist Fließen, Leben ist Überfluss.

Ständig fließt uns etwas zu und stets fließt etwas von uns weg. Wir nehmen Geld ein und wir geben Geld aus. Etwas muss sterben, damit etwas Neues wachsen und gedeihen kann. Geben und Nehmen ist ein zentrales Thema unseres Lebens.

Der Fluss der Energien

Jegliche Materie besteht auch aus Energie. Wir müssen die Energie fließen lassen, um zu leben. Eigentlich sind Geben und Nehmen ein und dasselbe, sie bilden lediglich die zwei Aspekte des Energieflusses im Universum. Wer den Fluss unterbricht, indem er zum Beispiel spart und kaum noch Geld ausgibt, verhindert auch den Überfluss. Von wem nichts wegfließt, zu dem fließt auch nichts mehr hin.

Jede Beziehung besteht ebenfalls aus einem ständigen Geben und Nehmen. Je mehr wir geben, desto mehr empfangen wir automatisch. Die Gesetzmäßigkeit des Gebens ist ganz einfach:

- Wenn Sie Freude haben möchten: Schenken Sie anderen Freude!
- Wenn Sie Liebe empfangen möchten: Lernen Sie, Liebe zu geben!
- Wenn Sie Aufmerksamkeit erhalten möchten: Geben Sie anderen Aufmerksamkeit!
- Wenn Sie materiellen Überfluss erzielen möchten: Unterstützen Sie andere, zu Wohlstand zu gelangen! Der leichteste Weg, reich zu werden, ist, andere dabei zu unterstützen, das zu bekommen, was sie sich wünschen.
- Wenn Sie mit den guten Dingen des Lebens gesegnet werden möchten: Lernen Sie, andere still zu segnen. Die Idee des Segnens scheint altmodisch. Aber sie ist sehr sinnvoll.

Zum Wohle aller

Alles gehört zusammen. Länder, Firmen, Menschen, Lebewesen, Materie, nichts und niemand existiert ohne alles andere. Daher ist es auch sehr kurzsichtig – und nebenbei bemerkt langfristig auch nicht möglich –, nur an die eigenen Ziele zu denken und nur für sich zu handeln. Die Finanzkrise macht deutlich, wohin übertriebene persönliche Gier führen kann.

Kraft bekommt der eigene Weg dann, wenn sich die persönlichen Ziele am Wohl des Ganzen ausrichten. Interessanterweise wird der Wunsch, allem zu dienen und mit dem eigenen Handeln anderen Menschen Freude zu bringen, immer stärker, je weiter Sie sich auf Ihrem persönlichen Weg entwickelt haben.

Achtung: Es könnte auch mal wehtun!

Sie sind jetzt gut unterwegs auf Ihrem persönlichen Entwicklungsweg. Darum ist der folgende Hinweis wichtig: Der Weg zum eigenen Selbst beinhaltet auch gewisse Hürden. Wenn Sie sich entwickeln, dann muss sich Ihr Umfeld anpassen. Manchmal verändert es sich ganz sanft und leicht. Manchmal aber kracht es, Beziehungen gehen auseinander, Streit flammt auf, Sie müssen eine Firma verlassen, weil sie nicht mehr zu Ihnen passt. Oftmals müssen wir auf unserem Weg Türen schließen, damit neue aufgehen.

Entwicklung heißt nicht, dass immer alles rosarot ist und wunderbar verläuft. Auch die schönste Pflanze muss heftige Unwetter überstehen. Wenn Ihnen das bewusst ist, entsteht eine große Kraft: Sie wissen, dass es gut sein kann, für sich zu kämpfen, zu streiten, Altes loszulassen.

All das zeigt Ihnen, dass Sie sich entwickeln, dass Sie sich verändern: Es wird etwas Neues in Ihr Leben kommen, das besser zu Ihnen passt. Wenn es da ist, haben Sie neues Vertrauen für die nächsten Schritte gewonnen. Dann wissen Sie, wie sehr es sich lohnt, den eigenen Zielen zu folgen.

Erfolg ist für jeden möglich

Egal, in welchem Bereich, ob privat, beruflich, körperlich oder geistig: Erfolg hat, wer das Beste aus sich macht, wer seine Fähigkeiten ausschöpft, erweitert, ausbaut und so richtig zum Blühen bringt.

Sie können mehr!

Nicht nur in unserem Gehirn warten rund 85 Prozent der Kapazität darauf, endlich produktiv genutzt zu werden. Jeder Mensch kann deutlich mehr leisten, als er es tut. Was ihn daran hindert, sein Potenzial voll auszuschöpfen, das sind alle möglichen Ideen, Vorstellungen, Glaubenssätze, verbunden mit den entsprechenden Gefühlen. All das lagert meist seit der frühen Kindheit in einem, wurde nie hinterfragt und ist einem meist nicht einmal bewusst.

100 Spiele pro Saison – kein Thema!

»Im Rahmen meiner Zusammenarbeit mit Holger Fischer konnte ich oftmals beobachten, dass Sportler, bei denen schon ›alles‹ gemacht wurde, trotzdem ihre Leistung steigern und ihre Verletzung meistens sogar wesentlich schneller als ursprünglich prognostiziert überwinden konnten.«

Dr. Thorsten Rarreck, Orthopäde und ehemaliger Mannschaftsarzt von Schalke 04

Ein guter Fußballer kann, was den Körper angeht, ohne Probleme 100 Spiele in einer Saison bestreiten. In der heutigen Realität kann er das jedoch eher nicht, unter anderem deshalb, weil er durch seine zumeist gläserne Präsenz von den Medien und durch den großen Druck, dem er ausgesetzt ist, in seiner Leistungsfähigkeit eingeschränkt ist. Aber rein körperlich betrachtet wäre es überhaupt kein Problem.

Und ganz ähnlich geht es jedem Alltagsmenschen. Wenn Sie sich all das anschauen, was an Widerständen und energieraubenden Ideen in Ihnen wirksam ist, dann wird Ihnen zunächst einmal eine ganze Menge bewusst. Und sicher ist das erst einmal nicht nur angenehm, so genau wollten Sie es vielleicht gar nicht wissen. Aber wenn Sie sich damit auseinandersetzen, wird der Weg frei für die Entfaltung Ihres Potenzials.

Sie sitzen am Drücker!

Die Frage lautet immer: Wie gehe ich mit den Umständen um? Was tue ich, wenn ich beispielsweise mit hohen Erwartungen konfrontiert bin? Es ist immer möglich, dem Chef zu sagen, dass diese Erwartungen unrealistisch sind und dass man gemeinsam neue Ziele stecken muss. Hat man sich in ein Umfeld begeben, in dem dafür überhaupt kein Verständnis herrscht, dann wird man früher oder später darüber nachdenken müssen, was man in dieser Umgebung zu suchen hat. Es liegt immer in der eigenen Verantwortung, sich für sich selbst und das eigene Wohl und damit auch den eigenen Erfolg zu entscheiden – oder dafür, Knecht oder Magd ungesunder Umstände zu bleiben.

Es ist noch niemand dafür bestraft worden, ehrlich seinen Weg zu gehen. Sicher kennt das jeder, dass er vor allem in der Kindheit ehrlich war und dafür eins draufbekommen hat. Aber wir sind keine Kinder mehr!

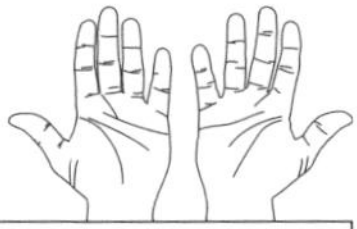

Übung

Für Ihren Werkzeugkasten: Auf dem eigenen Weg wartet nur Gutes

Schaffen Sie sich eine bewusste Erfahrung dafür, dass Sie immer nur Gutes ernten, wenn Sie Ihrem eigenen Weg folgen.

Sobald Sie das nächste Mal etwas stört oder Sie vor einer Entscheidung stehen, fragen Sie sich bewusst:

- Was ist mein persönlicher Weg?
- Was sagt mein Herz?
- Welcher nächste Schritt ist notwendig?
- Welches Gespräch, welche Worte sind jetzt wichtig?
- Welche Handlung?

Setzen Sie um, was sich richtig anfühlt. Spüren Sie bewusst, wie sich das anfühlt. Und beobachten Sie, was passiert. Was geschieht kurzfristig? Was ereignet sich mittelfristig? Was ist der Schluss, den Sie langfristig aus der Sache ziehen können?

Mit dieser Übung erschaffen Sie in sich das Vertrauen, dass es sich auszahlt, dem eigenen Weg zu folgen.

Es ist ein Gesetz des Lebens, dass ein Mensch auf seine ganz individuelle Weise erfolgreich sein *muss*, wenn er seinen eigenen Weg geht, authentisch und ehrlich. Er lässt seine Energie leben, strahlt das aus, was ihm entspricht – und zieht Entsprechendes an.

Das ist keine Esoterik, das bestätigt im übertragenen Sinne auch die Quantenphysik. Vor allem aber lehrt es die Erfahrung. Und die kann jeder ziemlich schnell für sich selbst machen, indem er auf diese Weise lebt. Es lässt sich ja an ganz kleinen Dingen des Alltags erst einmal ausprobieren.

Mangelware Vertrauen

Vertrauen ins Leben ist nicht etwas, das heute generell bei jedem Menschen vorhanden ist. Jeder hat aber eine Erfahrung dazu. Es lohnt sich, in der Vergangenheit nachzuschauen, wann Sie erlebt haben, dass das Leben Ihnen immer nur das Beste will. Menschen haben Sie verlassen – und es kamen neue in Ihr Leben, mit denen sich die Beziehungen viel besser anfühlten. Sie waren krank, wurden wieder gesund – und wussten plötzlich das Leben und jeden neuen Tag erst richtig zu schätzen.

Sie haben den Job verloren – und Sie fanden einen besseren, lukrativeren, einen, bei dem Sie mehr Wertschätzung erfahren und sich mehr einbringen können.

Was auch immer es ist, jeder Mensch hat solche Beispiele, wenn er seine Erinnerung befragt. Besinnen Sie sich auf Ihre eigene Erfahrung, dass das Leben Ihnen immer das gibt, was gut für Sie ist. In jeder Krise steckt schließlich eine große Chance.

Rufen Sie keine Horrorereignisse hervor

Wir leben in herausfordernden Zeiten. Es gibt immer mehr Umweltkatastrophen, Wirtschaftskrisen, Sparzwänge und so weiter. Wenn sich nun alle Menschen auf die Hiobsbotschaften stürzen, dann verstärken sich natürlich auch die unangenehmen Dinge im Leben von uns allen.

Wenn irgendwo ein Flugzeug abstürzt oder ein Tunnel brennt, beschwören die Medien Horrorszenarien herauf und berichten im Detail über diese Vorgänge. Da wird regelrecht Angst geschürt. Und alle, die auf diesen Zug aufspringen, verstärken diese Art von Energie. Die Menschen sind voller Angst vor solchen Ereignissen – und meist stürzt »zufällig« kurz darauf wieder irgendwo ein Flugzeug ab, es brennt erneut irgendwo ein Tunnel.

Wenn die Menschen ständig in Panik vor einer katastrophalen Zukunft leben, dann beschwören sie genau diese herauf. Auch kollektiv geschieht exakt das, worauf wir unsere Aufmerksamkeit richten, genau das, was wir uns wert sind.

Ganz anders wäre es, wenn jeder seinen eigenen Weg ginge, im Vertrauen auf das Leben und darauf, dass jede Krise die Chance für mehr Entwicklung ist. Dann wäre die Welt ein ganz anderer Ort.

Sie haben bereits erfahren, dass es nach einer Krise gut weitergeht, dass es besser weitergeht. Warum sollte das ab sofort anders sein? Und warum sollte es auf der kollektiven Ebene anders sein? Damit ist auch klar, dass jeder, der sich um sein Wohlbefinden kümmert, der für sich selbst sorgt, der in eigener Verantwortung seinen eigenen Weg geht, die ganze Welt mit verändert. Er sorgt für sich und hat damit einen Einfluss auf sein engeres Umfeld, auf seine Beziehungen, seine Familie, seine Arbeitsumgebung. Somit strahlt er etwas aus, was andere und letztlich die ganze Welt beeinflusst.

Besser als in irgendwelchen großen Foren herumzudiskutieren und für irgendetwas zu kämpfen, ist es daher, vor allem bei den ersten Schritten, Eigenverantwortung zu lernen und das eigene Leben so zu gestalten, dass es zu seiner höchsten Blüte kommt.

Kümmern Sie sich um sich selbst!

Wenn Sie Ihren Weg gehen, bedeutet das auch, andere Menschen ihren Weg gehen zu lassen. Der Fokus liegt auf dem eigenen, und das fühlt sich für einen selbst richtig an. Deswegen sind aber die Wege oder Lebensweisen der anderen nicht weniger richtig.

Wer mit sich selbst im Reinen ist, bewertet andere nicht mehr.

Und das unabhängig davon, ob einen diese anderen verstehen und ob sie gutheißen, was man tut.

Egomanie und Neid, Deutschlands Volkskrankheiten – ein Exkurs

In den letzten 30 bis 40 Jahren haben sich in Deutschland nach meiner Beobachtung völlig neue Krankheiten wie Seuchen ausgebreitet: Egomanie und Neid. Was ist unter Egomanie zu verstehen? Ich definiere diesen Begriff als die gesteigerte, ungesunde Form von Egoismus. Gesteigert deshalb, weil es absolut zentral geworden ist, sich selbst, seine Bedürfnisse, seine Rechte, seine Meinungen, seine Verhaltensweisen, seine Wünsche rücksichtslos und zuweilen respektlos gegenüber den Mitmenschen in den Mittelpunkt zu stellen, danach zu denken und handeln.

Mit den folgenden Zeilen möchte ich bestimmte Verhaltens- und Denkweisen von uns Menschen in Deutschland einmal überaus deutlich, teilweise sogar sehr drastisch, darstellen. Natürlich denken und handeln nicht alle hierzulande so. Es sollen auch keine Vorwürfe sein, sondern einfach nur eine Beschreibung der Situation, wie ich und vielleicht auch Sie selbst sie Tag für Tag immer wieder erleben.

Jeder ist sich selbst der Nächste

Der Respekt und das Interesse am Mitmenschen sind dramatisch zurückgegangen (»Was geht mich der an?!«). Die Bedürfnisse und Wünsche anderer werden zunehmend ignoriert (»Es kümmert sich ja auch keiner um mich!«). Für das Wohlergehen unserer Mitmenschen haben wir so gut wie gar kein Interesse mehr (»Ich habe genug zu kämpfen, dass es mir selber gut geht.«). Genauso achtlos gehen wir mit den Besitztümern anderer um (»Der soll halt auf seine Sachen selbst aufpassen!«).

Dafür stellen wir uns selbst oftmals in unserer offensichtlichen als auch in unserer heimlichen Sucht nach Anerkennung immer mehr in den Mittelpunkt. »Nach mir die Sinnflut!« »Hauptsache, mir geht es gut.«

Immer rücksichtsloser wird unser Verhalten den anderen gegenüber, egal, ob auf der Autobahn, in Geschäften, auf der Straße oder in den Medien.

Immer mehr und immer heftiger wird über andere Menschen getratscht und gelästert, vor allem und gerade dann, wenn sie nicht anwesend sind.

Systematisch werden Details gesucht und gefunden, oftmals auch erfunden, um anderen eins auszuwischen, um sie bloßzustellen, um sich über sie lustig zu machen. Oder um ganz einfach sich selbst in ein besseres Licht zu stellen und, wenn man sich schon selbst nicht viel wert ist, sich dadurch wichtigzumachen.

Jeder versucht, sich zu produzieren, um anerkannt zu werden als einer, der viel weiß, jeden kennt und viel zu berichten hat.

Ach, wir Armen!

Gleichzeitig jammern wir, wie schlecht es uns doch geht. Wie wenig wir verdienen, wie ungerecht wir behandelt werden, wie machtlos wir den Politikern ausgeliefert sind, wie drastisch die Preise steigen, wie schlecht es doch in der Beziehung, dabei vor allem im Bett, läuft.

Oder falls man Single ist, wie schön es doch wäre, einen passenden Partner zu haben, der uns alle Wünsche erfüllt, der immer und überall für uns da ist und alles völlig selbstlos und selbstverständlich für uns macht, uns keinerlei Probleme bereitet, uns am besten niemals widerspricht und uns auf allen Ebenen die Friede-Freude-Eierkuchen-Mentalität präsentiert.

Warum haben wir denn in Deutschland, vor allem in den Großstädten, immer mehr und mehr Singles?

Wir wünschen uns eine Welt ohne Komplikationen, ohne Streitigkeiten und voller Fülle, natürlich ohne dass wir sonderlich viel dafür tun müssten.

Verehrte Leser, in was für einer Traumwelt befinden wir uns eigentlich manchmal?

Der Fokus wird immer nur darauf gelegt, was uns fehlt und wo wir welche Probleme haben. Wir halten uns an den Dingen fest, die wir nicht haben. Und beneiden diejenigen darum, die sich ihre Wünsche erfüllen (können). Wir neiden unserem Chef sein neues Auto, sehen uns dagegen selbst unterbezahlt. Dabei könnten wir uns ja auch für unseren Chef freuen. Denn wenn der sich ein neues Auto leisten kann, geht es dem Unternehmen wohl gut, und der eigene Arbeitsplatz ist dadurch deutlich sicherer.

Der fade Traum von der Macht

Jeder will gern Chef oder Führungskraft sein, am besten eine große Firma besitzen. Zumindest wird davon geträumt: Macht zu haben, viel Kohle zu verdienen, Angestellte herumzukommandieren und zur Sau zu machen, in der Weltgeschichte herumzufliegen, teure Urlaube zu genießen, im Luxus und im Geld zu schwimmen.

Die wenigsten ahnen jedoch, in welchem Gefängnis hohe Manager und Unternehmer sich oftmals eigentlich befinden. Teure Villen, Learjet und Luxus als Ersatz für teilweise 20 Stunden harte Arbeit pro Tag, vollgepackt mit Terminen, gleichzeitig mit zwei Apparaten oder mehr telefonierend, die Angestellten so ganz nebenbei führend, die Massen an E-Mails im Vorbeigehen abrufend.

Betäubt von schönen Frauen, Alkohol, Drogen und Tabletten, um diese Belastung dauerhaft zu bewältigen und zu ertragen. Fast alle Menschen mit diesem Pensum landen irgendwann einmal in der Reanimation für Infarktpatienten, ohne zu wissen, wie sie dahin geraten sind. Und sie fragen sich, warum es ihnen mit ihrer ganzen Macht und ihrem ganzen Geld nicht gelingen konnte, sich noch ein bisschen Zeit und Gesundheit zu kaufen.

Wollen Sie wirklich tauschen?

Und dann der Neid! Was glauben Sie, wie viele Selbstständige sich in der Nähe des eigenen Wohnsitzes in umliegenden Dörfern und Städten Garagen mieten, um dort ihren Porsche unterzustellen, damit nur ja keiner sieht, dass sie sich so ein Fahrzeug leisten können. Umsatzeinbrüche werden dadurch verhindert, weil die Kunden sonst denken könnten, sie würden durch ihre Aufträge diesen Luxus mitfinanzieren. Unglaublich, mit welchen Gedanken wir uns manchmal beschäftigen ... Mangelbewusstsein durch und durch.

Prominent sein: der größte Traum

Wir haben es immer wieder geschafft, viele Deutsche als internationale Aushängeschilder ins Ausland zu vertreiben: Schauspieler, Models, Unternehmer, Sportler.

Doch wir sind neidisch auf ihren Ruhm, ihr Vermögen, ihr Ansehen, ihren Einfluss. Wir kaufen wie die Wilden irgendwelche Revolverblätter, wenn es scheinbar spektakuläre Enthüllungen über irgendeinen Prominenten gibt. Wir geilen uns quasi daran auf, wie dieser in der Zeitung auseinandergenommen und durch den Dreck gezogen wird. Mit Spott und Schadenfreude warten wir auf jeden scheinbaren Fehltritt. Jegliche Form von Luxus verurteilen wir. Wir scheinen zerfressen von Neid.

Wer macht sich schon Gedanken darüber, was es heißt, prominent zu sein? Fast alle träumen davon, würden das Vermögen gern besitzen, möchten aber von den Begleitumständen möglichst nichts wissen. Nirgendwo hingehen zu können, ohne angegafft oder angesprochen zu werden, auf der Restauranttoilette beim Pinkeln um ein Autogramm gebeten zu werden, am besten noch mit Widmung. Auf Tritt und Schritt von Paparazzis verfolgt zu werden, ständig in der Angst um die eigene Gesundheit oder um die Gesundheit der eigenen Kinder lebend, weil es genug Verrückte auf dieser Welt gibt, die für Geld leider Gottes alles tun.

Jeder will etwas von einem, will sich mit im Ruhm sonnen. Und dabei muss man immer nett und höflich zu allen und zu jedem Anlass sein.

Ungestörtes Privatleben? Fehlanzeige! Der ganze Reichtum wird zum Schmerzensgeld, zum Schmerzensgeld für die entgangene und nicht gelebte private Freiheit.

Wollen Sie wirklich tauschen?

»Wie du mir …«

Wir erwarten von jedem, dass er uns respektvoll und mit Würde behandelt, und beschweren uns, wenn dem nicht so ist. Wir erwarten, dass jeder ganz automatisch weiß, was wir wollen und wie es uns geht. Dass jeder weiß, wie wir denken, und mit uns und unserem Handeln wie selbstverständlich einverstanden ist. Kritik können wir gar nicht gebrauchen, denn die anderen haben sowieso keine Ahnung und überhaupt: »Was fällt denen ein, mich dumm von der Seite anzumachen!«

Einem anderen, wildfremden Menschen eine Tür aufzuhalten oder einfach nur so ein freundliches Lächeln zu schenken, auf solche Ideen kommen wir gar nicht mehr. Wir leben immer in der Erwartung, dass die anderen den ersten Schritt machen, dass sie nett und freundlich sind. Und dann beschweren wir uns immer und überall über die »Servicewüste Deutschland«.

Wir merken selbst gar nicht mehr, wie einsam wir geworden sind. Wir träumen von Liebe, Zuneigung, Freundschaft und Anerkennung, tun aber herzlich wenig dafür. Wir stellen uns auf das höchste Podest und die anderen darunter. Wir erkaufen uns, wenn wir dazu mit bewegenden Bildern aufgerufen werden, unser gutes Gewissen mit Spenden für bedürftige Menschen in aller Welt. Wir bringen es aber nicht fertig, einer alten, behinderten Dame über die Straße oder einem Rollstuhlfahrer eine Treppe hinaufzuhelfen.

Lieber Leser, liebe Leserin, lassen Sie diesen Exkurs auf sich wirken. Ich wünsche mir, dass Sie die Konsequenz daraus ziehen, um das, was wir uns gemeinsam erarbeitet haben, besser zu verstehen. Dass Sie Ihre Motivation darauf lenken, sich zuallererst um Ihre Entwicklung zu kümmern. Lassen Sie sich bitte nicht anstecken, bleiben Sie bei sich und genießen Sie das Hier und Jetzt.

Wer seinen Neid kultiviert, lebt im Mangel und wird dort auch bleiben. Wer andere angreift, bestärkt die Unzufriedenheit mit dem eigenen Leben. Wie viel sinnvoller ist es, sich um sich selbst zu kümmern und darum, dass es einem gut geht, man seinen Weg geht und die eigenen Erfolge ins Visier nimmt. Dann wird man auch die anderen in seinem Umfeld in ihren Bedürfnissen bemerken. Man ist ein zufriedener Mensch, der diese Zufriedenheit ausstrahlt – und vielleicht sogar in dieser Hinsicht ansteckend wirkt.

Denken Sie immer daran, andere Menschen so zu behandeln, wie Sie selbst gern behandelt werden möchten. Sprechen Sie über andere Menschen so, wie Sie es gern hätten, dass über Sie gesprochen wird. Gönnen Sie anderen Menschen alles, was Sie sich selbst gönnen wollen. Bewerten Sie andere Menschen erst gar nicht, wenn auch Sie nicht bewertet werden wollen.

Leisten Sie sich Leistungsfähigkeit!

Leistung definiert sich als Arbeit pro Zeiteinheit. Die Anforderungen an die Menschen werden immer größer, das wird kaum jemand bestreiten. Immer weniger Menschen müssen immer mehr leisten – auf diese einfache Formel kommt man, wenn man sich die Alterspyramide oder auch die Arbeitslosenzahlen anschaut. Für den Leistenden gibt es eine weitere einfache Grundformel: Je gesünder und freier ich bin, je besser meine körperlichen, geistigen und emotionalen

Grundvoraussetzungen zum Einsatz kommen können, umso mehr kann ich leisten.

Ihr Maßstab sind Sie

Wir leben in einer Leistungsgesellschaft, in der derjenige erfolgreich ist, der sehr viel leisten kann. Viele meckern dann darüber, dass sie zu einer Lebensweise, zu Geschwindigkeit, zu langen Arbeitszeiten und enormem Druck gezwungen sind, was sie selbst als unnatürlich empfinden. Selbstverständlich wird jemand, der gegen seine inneren Anlagen handelt, niemals so leistungsfähig sein wie jemand, der genau das in genau dem Maße tut, was ihm liegt und was für ihn passt.

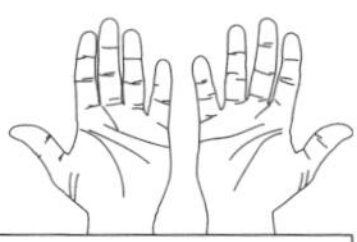

Übung

Für Ihren Werkzeugkasten: Erfolgstagebuch

Es ist ein probates Mittel, sich selbst immer wieder bewusst zu machen, welche positiven Dinge an diesem Tag geschehen sind. Führen Sie in der nächsten Zeit ein Erfolgstagebuch. Tragen Sie alles in dieses Buch ein, was Sie an diesem Tag Positives erlebt haben, und schreiben Sie auch auf, warum es jeweils positiv für Sie war.

Notieren Sie alles, bis Sie einige Tage hintereinander konstant auf über 20 Einträge pro Tag kommen. Keine Sorge, das ist überhaupt nicht viel! Trennen Sie dann für eine Zeit zwischen beruflichen und privaten Aspekten und machen Sie die Eintragungen wieder so lange, bis Sie mit beiden Aspekten zusammen auf mindestens 30 Einträge täglich kommen.

Die Übung wäre damit beendet – aber wahrscheinlich haben Sie Gefallen daran gefunden und schreiben einfach täglich weiter …

Deswegen ist es wichtig und nur zu empfehlen, herauszufinden, was die eigenen Stärken sind, auf welchen Feldern die eigenen Fähigkeiten liegen. Wer das lebt, was zu ihm passt, lebt natürlich mit viel mehr Kraft. Und das wiederum führt zum Erfolg. Auch hier gilt zuallererst: Eigenverantwortung übernehmen!

Motivation – bringt nichts!

Im Begriff »Motivation« steckt: »sich bewegen«. Die vielen berühmten Motivationstrainer und Animateure tun also nichts anderes, als die Leute dazu zu bringen, den Hintern hochzukriegen. Sie sind die perfekten Entertainer, die mit dem Mangelbewusstsein des Menschen spielen.

Ich tue das nicht. Denn wenn ich jemanden motivieren muss, dann ist eh schon alles zu spät. Wenn ich einen Fußballprofi erst dazu bringen muss, dass er siegen möchte, dann ist bei ihm Hopfen und Malz verloren. Für mich ist Motivationstraining eher eine Unterhaltungsform. Dort werden die Energien hochgepusht. Es entsteht eine mitreißende Gruppendynamik. Alle Teilnehmer gehen motiviert und als Superstars aus dem Saal. Und zwei Tage später fallen sie zumeist wieder in sich zusammen. Sie rutschen auf das Niveau zurück, das ihnen im Inneren wirklich entspricht. Das hat für mich keinen Sinn.

Jeder muss selbst entscheiden, ob er sich bewegen will. Wenn jemand unmotiviert ist, dann fehlen ihm die Ziele. Die Fragen lauten dann: Was will ich wirklich? Warum möchte ich mich bewegen?

Auf und ab – das ist normal

Es geht im Leben niemals immer nur bergauf. Es gibt Phasen, in denen sich das Innere umstrukturiert. Es ist wichtig, solche Phasen einzuhalten. Dann will man vielleicht eher seine Ruhe haben und keine neuen Themen angehen. Man verarbeitet noch das, was sich in letzter Zeit getan hat. Man ruht sich sozusagen auf einem Plateau aus, bevor es wieder bergauf geht.

Und natürlich geht es manchmal auch bergab, Dinge werden losgelassen, bevor sich etwas Neues, der nächste Berg zeigt. Auch in diesen Phasen ist es wichtig, ohne Bewertungen zu überlegen und zu prüfen, was man will.

Unmotivierte Menschen sind meist solche, die es gewohnt sind, sich von außen motivieren zu lassen. Dahinter steht das berühmte Zuckerbrot-und-Peitsche-Prinzip. Wer da drinsteckt, gerät nicht selten in ein Burnout. Dann schafft man all die Aufgaben nicht mehr und kann den Erwartungen nicht mehr gerecht werden. Dabei kann es sich um die Erwartungen der anderen handeln oder um die eigenen. Solche Menschen sehen die Arbeit meist als Last.

Statt ihre eigenen Ziele zu definieren und zu verfolgen, beugen sie sich den Erwartungen von Chefs oder Auftraggebern und lechzen nach dem Lob anderer. Sie fühlen sich als Opfer, statt ihr Leben in die Hand zu nehmen.

Aus diesen Zuständen führen auch Fragen, die sich aber kaum jemand in dieser Lage stellt:

Warum schaffe ich die Arbeit?

Warum bin ich erfolgreich bei meiner Arbeit?

Warum geht mir meine Arbeit locker von der Hand?

Das sind keine Zielfragen, das sind Fragen der Gegenwart. Stecken Sie fest und schaffen nichts mehr? Fragen Sie sich: Warum schaffe ich meine Arbeit? Diese Frage wandelt sofort etwas in Ihnen um.

»Es gibt nichts Leichtes und es gibt nichts Schweres auf unserem Lebensweg. Erst unsere Gedanken, Gefühle und Ängste machen es dazu.«

Holger Fischer

Zwei Motivationsprinzipien

Es gibt nur zwei Gründe, die uns motivieren, überhaupt irgendetwas zu tun, etwas erreichen oder auch verhindern zu wollen. Es ist unglaublich, aber wahr. Wir handeln, um Schmerzen, Fehler, Ängste oder Leid zu vermeiden – hier grüßt die Psyche. Oder wir handeln aus Liebe, Freude, Fülle und Spaß am Tun und am Erleben – hier nutzen wir unser Unterbewusstsein.

Beim Vermeidungsverhalten arbeitet die Psyche auf Hochtouren. Alte Erfahrungen schlummern in uns und sind stets bereit, in einer verwandten Situation – und sei sie nur ausgedacht – zu erwachen, um in uns eins dieser scheußlichen Gefühle zu erzeugen.

Es ist gut, das zu bemerken und bei sich selbst immer wieder zu kontrollieren, ob man sich vorrangig mit dem Gefühl von Angst und Sorge antreibt. Tut man das nämlich, befindet man sich in einem unangenehmen Dauerstress, dem Befürchteten zu entkommen: dem Versagen, dem Verhungern, dem Belächeltwerden oder was auch immer es ist. Das ist ein Leben im Minusbereich. Von dauerhaftem Erfolg keine Spur.

Freude, Liebe, Spaß als Triebfedern

Nicht nur Künstler, Schauspieler oder Profisportler können mit voller Leidenschaft erfolgreich sein. Auch Sie sind dazu fähig. Ganz gleich, welchen Beruf Sie ausüben oder wie Ihre Lebensweise aussieht. Wer tut, was ihm liegt, was ihm Spaß macht, was »seins« ist – der kann seine ganze Freude und Leidenschaft hineingeben. Dann ist der

Motor ein Gefühl der Fülle. Und es wird gut laufen! Es kann gar nicht anders.

Das Unterbewusstsein speichert die »guten« Gefühle nicht so intensiv und langfristig ab wie diese unangenehmen Prägungen der ersten Jahre. Dadurch verlieren wir immer mehr diese positiven Gefühle, bis sie schließlich ganz weg sind. Das hat zur Konsequenz, dass Sie sich selbst immer wieder neu die Impulse für Glücksgefühle geben müssen.

Stellen Sie sich vor, Sie haben sich Ihren größten Traum verwirklicht. Zum Beispiel haben Sie sich einen Ferrari gekauft. Sie stehen jetzt im Autohaus, um Ihren Traumwagen abzuholen. Sie umkreisen ihn, berühren ihn, behandeln ihn wie ein rohes Ei. Sie genießen es, den Motor zu starten, und fahren ehrfurchtsvoll die ersten Kilometer. Zwei Wochen später spüren Sie immer noch das tolle Gefühl, in dem Auto zu sitzen, aber dadurch, dass Sie jetzt jeden Tag die Möglichkeit haben, diesen Wagen zu fahren, hat die erste freudige Erregung nachgelassen.

Weitere sechs Monate später ist der Ferrari für Sie immer noch ein tolles Auto, aber zur Gewohnheit geworden. Es wird immer mehr zur Normalität, dieses Auto zu besitzen und zu fahren. Und irgendwann steigen Sie in Ihren Ferrari ein, als ob es sich um Ihr altes Auto handeln würde.

Die Psyche wird mit einem schmerzhaften Erlebnis für ein ganzes Leben geprägt, mitsamt all den dahinterstehenden Emotionen. Bei den schönen Erlebnissen hingegen verlieren sich nach einer gewissen Zeit die angenehmen Gefühle, die damit verbunden sind. Was im Prinzip nichts anderes bedeutet, als dass wir Menschen, die wir immer unsere Harmonie-, Glücks- und Liebesbedürfnisse erfüllt haben wollen, selbst dafür sorgen dürfen und müssen.

Wenn Sie das tun, übernehmen Sie wieder einmal für sich selbst die volle Verantwortung: für Ihr Glück, Ihre Freude, Ihren Erfolg. Diesen Prozess kann Ihnen niemand, kein Arzt, kein Therapeut, kein Holger Fischer abnehmen. Dafür sind ausschließlich Sie selbst zuständig.

S. 59

Apropos Ferrari: Auch Autos sind durch Energie Materie gewordene Informationen. Sollten Sie Ihr Auto hauptsächlich selbst fahren und es geht sehr häufig etwas kaputt, kann es an Ihrem Fahrstil liegen, aber auch an Ihnen selbst, an Problemen, die in Ihnen sehr stark präsent sind. Das klingt jetzt zwar etwas abgefahren, aber meine Erfahrungen zeigen, dass selbst bei einem eher konservativen Menschen wie mir bestimmte Zusammenhänge nicht zufällig auftauchen.

Tauziehen zwischen Alt und Neu

Noch einmal auf den Punkt gebracht: Das alles bedeutet nicht, dass Sie sich einmal vornehmen, sich von der Freude am Tun motivieren zu lassen – und dann läuft das so für den Rest Ihres Lebens. Leider ist es nicht so einfach. Es ist ein Prozess. Das heißt, dass Sie sich die Hintergründe für Ihr Tun immer wieder bewusst machen müssen und sich stets aufs Neue entscheiden müssen, was Sie wollen.

Arbeiten Sie über das Programmieren bewusst mit Ihrem Unterbewusstsein, damit es Ihnen als unermesslicher Pool der Freude unentwegt aktiv zur Seite steht. Mit der Zeit werden Sie so viele Erfahrungen mit dem Motivationsprinzip der Fülle gemacht haben, dass Sie nicht mehr in das Muster der Vermeidungshaltung zurückfallen.

Leistungshemmer, Bremsen, Klötzer am Bein

Auf dem Weg zum Erfolg ist es extrem wichtig, sich auch die Widerstände gegen das Vorankommen anzusehen. Ob das alte Muster sind, eine verquere Haltung zum Arbeiten an sich, eine unbewusste Ablehnung des Geldes, überkommene Werte, die Bescheidenheit preisen: Die Widerstände gegen den Erfolg sind variantenreich. Solange Sie sie nicht finden und lösen, bleiben Sie im Misserfolg oder im Mittelmaß stecken.

Versagen

Ich träume von einer Karriere,
ich fürchte aber, das wird nichts.
Ich träume von Ruhm und Ehre,
wird es nicht wahr, stehe ich vor dem Nichts.

Versagen, Versagen,
nur nicht verzagen.
Versagen, Versagen,
das liegt mir schwer im Magen.

Ich mach mir einen Kopf,
wie soll das nur werden?
Der Druck steigt in mir,
verbunden mit meiner Gier.

Versagen, Versagen,
nur nicht verzagen.
Versagen, Versagen,
das liegt mir schwer im Magen.

Was mach ich nur, um nicht zu verzagen?
Die Zweifel in mir schüren die Angst vorm Versagen.
Die Rettung naht, sie ist nicht sehr fern.
Das Vertrauen in mich spüre ich sehr gern.
Das Vertrauen in mich rettet vor dem Versagen
und ist das Futter, um nicht zu verzagen.

Versagen, Versagen,
nur nicht verzagen,
Versagen, Versagen,
die Angst davor ist nicht mehr in meinem Magen.
Versagen, Versagen,
du kriegst mich nicht mehr.

Und wann endet deine Angst vor dem Versagen?

Holger Fischer

Beispiel Burnout

Wenn Menschen im Extremfall von einem Burnout betroffen sind, dann machen sie und ihr Umfeld gern die Umstände verantwortlich dafür: zu viel Arbeit, zu viel Stress, so wenig Zeit, so hohe Anforderungen. Burnout, eine der häufigsten »Modekrankheiten« der letzten Jahre, ist das starke und anhaltende Gefühl, dass einem alles über den Kopf wächst, dass man die Anforderungen einfach nicht mehr erfüllen kann und sie dennoch erfüllen muss.

Was aber steckt wirklich dahinter? Wie in so vielen Fällen ein ganzes Bündel von Konstrukten. Wer stellt denn die Anforderungen? Haben sie alle eine Berechtigung? Wird zu viel nach dem Prinzip der »Fehlervermeidung« oder aus »Anerkennungssucht«, die nicht erfüllt wird, gearbeitet? Ist der Betreffende selbst nur ein Opfer, das diese Umstände so hinnehmen und darüber sogar krank werden muss?

Oft werden unrealistische Erwartungen von anderen übernommen, um des lieben Friedens willen oder um der eigenen Sucht nach Anerkennung zu genügen. Dann gibt es natürlich auch die Menschen, die an sich selbst so extrem hohe Erwartungen stellen, die sich meterlange To-do-Listen schreiben – und wenn sie ehrlich wären, wüssten, dass sie das niemals abarbeiten können und im tiefsten Inneren auch nicht wollen. Aber sie schreiben diese Listen täglich neu und stöhnen darüber, wie schwer sie es haben. Wer so lebt, gerät natürlich irgendwann zwischen die Mühlräder, und der Körper sagt über kurz oder lang deutlich Stopp.

Betroffene tun daher gut daran, zunächst die volle Verantwortung für sich und die Situation zu übernehmen. Sie sollten sich damit auseinandersetzen, wie sie mit Anforderungen von außen umgehen und welche Ziele sie sich selbst auferlegen. Hilfreiche Fragen sind hier:

- Welche Art zu leben bin ich mir wert?
- Wie viel echte Anerkennung gebe ich mir selbst?
- Wie viel Anerkennung von außen bin ich mir wert?
- Warum schaffe ich meine Arbeit?
- Warum arbeite ich effizient und intensiv und bin dabei entspannt?
- Arbeite ich, um Spaß und Freude daran zu haben?
- Arbeite ich mit der Einstellung, Fehler oder Bestrafungen vermeiden zu wollen?

Erst wenn jemand die Eigenverantwortung übernommen hat und aus Freude an der Arbeit seinen ureigenen Weg geht, ist wirklicher Erfolg möglich. Denn wahrer Erfolg hat nichts damit zu tun, sich abzurackern und sein Pensum abzuarbeiten.

Bitte versäumen Sie aber nicht, im Falle eines Burn-outs professionelle Hilfe in Anspruch zu nehmen.

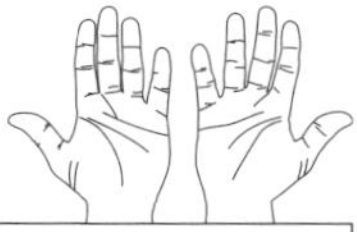

Übung

Für Ihren Werkzeugkasten: Was bremst Ihren Erfolg?

Beobachten Sie sich eine Zeit lang selbst: Immer wenn Sie keine Lust oder keine Kraft haben, eine Aufgabe zu erfüllen, fragen Sie sich, was hier los ist. Kommen Sie sich auf die Schliche: Was steckt hinter der Unlust? Oder sogar hinter einer immer wieder auftauchenden Erkältung oder Migräne, die Sie nicht arbeiten lässt? Erkennen Sie Ihre Muster. Das ist schon der halbe Weg dahin, sich von ihnen zu verabschieden.

Jammern gilt nicht!

Jeder Mensch hat mit einer Menge Faktoren zu kämpfen, die seine Lebensqualität einschränken. Das ist ganz natürlich. Machen Sie sich diese Dinge bewusst. Statt verzweifelt zu fragen: »Warum schaffe ich das jetzt nicht? Warum fühle ich mich so ausgepowert bei dieser Anforderung?«, sollte es heißen: »Warum geht es mir locker von der Hand? Warum schaffe ich es entspannt?«

Übung

Für Ihren Werkzeugkasten: Unangenehmes einfach erledigen

So simpel wie wirksam: Schieben Sie nichts mehr vor sich her. Besonders nicht die unangenehmen Dinge, denn selbst wenn wir sie nach hinten schieben, müssen wir sie doch irgendwann erledigen. Und glauben Sie mir eins: Auch wenn Sie die Dinge nach hinten schieben, vergessen Sie sie nicht. Das schlechte Gewissen, der innere Druck oder die innere Ablehnung der Aufgabe wirkt immer in Ihnen und wird auf keinen Fall kleiner, sondern eher größer. Die Ablehnung wirkt, sie wirkt in Ihnen und bindet unnötige Energien, die Ihnen an anderer Stelle fehlen. Zudem löst Sie negative Emotionen aus. Erledigen Sie also einfach kurz und schmerzlos, was zu tun ist. Die Bügelwäsche steht herum und Sie haben keine Lust darauf? Bügeln Sie! Drei Anrufe wollen erledigt sein? Telefonieren Sie! Sie wollen den Chef um eine Gehaltserhöhung bitten? Tun Sie es heute!

Schaffen Sie sich die Erfahrung, dass die eigentliche Erledigung gar nicht wehtut – nur das Hinauszögern ist es, was so nervt. Erleben Sie bewusst, wie erleichternd es ist, wenn die Dinge getan worden sind. Dann haben Sie neuen Freiraum. Und beim nächsten Mal zögern Sie gar nicht erst so lange.

Ihre Werte – Bremsen oder Stützen?

Zahlreiche Karrieren stagnieren oder scheitern aufgrund von Werten, die von den Eltern und/oder anderen Autoritätspersonen übernommen wurden. Zahlreiche Menschen schuften erfolglos bis zum Umfallen, erkranken oder sind frustriert, weil anerzogene Werte sie daran hindern, so zu leben, wie sie es sich eigentlich wünschen.

Niemals überprüfte Idealvorstellungen sind Programmierungen, die fest in einem Menschen installiert sind. Sie wirken, aber es sind nicht die eigenen. Sie können dem, was der Mensch wirklich denkt und fühlt und will, im ungünstigsten Fall sogar komplett widersprechen.

Immer schön brav bleiben

Als Kinder hatten wir keine Wahl: Wir haben die Werte unserer Eltern und später die der Schule vorgelebt bekommen und aus Mangel an Alternativen übernommen. Als wir alt genug waren, aufzubegehren, wurde unsere Meinung meist schnell im Keim erstickt, da die Bezugspersonen ihre Werte sonst hätten infrage stellen müssen. Das aber tun die meisten Erwachsenen nicht gern. Daher setzen sie die Werte als das – wenn auch ungeprüft – Richtige durch.

Wenn Sie zum Beispiel dazu erzogen worden sind, »nicht aufzufallen« oder »den Ball flach zu halten«, ist es nahezu unmöglich, dass Sie beruflich dauerhaft ganz nach oben und damit ins Rampenlicht gelangen und dabei gesund bleiben. Wenn Sie nämlich über Ihre Leistungen an die Spitze kämen, müssten Sie zwangsläufig auffallen. Das aber lassen die in Ihnen installierten Wertvorstellungen keinesfalls zu. Da können Sie noch so gut ausgebildet und motiviert sein.

Im Sport lässt sich beobachten, dass Profis immer dann viele Verletzungen oder unerklärliche Formschwankungen haben, wenn sie auf ihrer Karriereleiter Stufen überklettern, die ihren Werten widersprechen. In Unternehmen machen sich in solchen Fällen Fehlentscheidungen bemerkbar, die im Nachhinein nicht erklärbar sind. Ich habe zahlreiche Klienten darin unterstützt, sich von Werten zu verabschieden, die mit ihrer aktuellen Lebenseinstellung nichts mehr zu tun hatten. Diese Klienten konnten anschließend ihr wahres Potenzial ausleben, und zwar gesund und erfolgreich.

Denn vergessen Sie eins nicht, das sind Erfahrungen aus meiner täglichen Arbeit: Hochkaräter, die aufgrund von Wertvorstellungen nicht ständig im Rampenlicht stehen wollen, stagnieren in ihrer Leistung. Sie wissen ja, die Programmierungen laufen auch in die verkehrte, in die negative Richtung. Unerklärliche Formeinbrüche oder wiederkehrende Verletzungen verhindern dann das Vorankommen.

S. 64

Das Tragische daran ist, dass diese Hochkaräter trotzdem ins Rampenlicht gelangen, und zwar eben auf negative Art und Weise. Warum? Dadurch, dass das enorme wahre Potenzial das eine oder andere Mal schon aufgeblitzt ist, wird eine entsprechende Hochleistung immer und immer wieder erwartet. Und was passiert, wenn dieses enorme Potenzial nicht oder nur sehr unzureichend abgerufen wird? Kritik, Häme, Spott in der Öffentlichkeit, vom Trainer und den Verantwortlichen sind die Folgen, und dann oftmals körperliche Verletzungen, von den seelischen einmal ganz zu schweigen.

Grundlegende Gesetze des Lebens

Sein

Gelebt in einer anderen Welt,
wichtig waren nur die anderen.
Sein – habe ich nicht gelernt.
Sein – habe ich nie gefühlt.

Funktionieren wie eine Maschine,
für andere da sein war meine Devise,
sich zurücknehmen, sich nicht sehen,
im Außen gelebt, im Außen gewesen.

Sein – habe ich verlernt.
Sein – habe ich verloren.

Erkannt, ich habe mich verloren,
in der Welt der anderen,
sich glücklich gefühlt für die anderen,
Gelitten, gedrückt, gehemmt und verkannt,
das war ich, ich habe es erkannt.

Sein – ich kann es jetzt fühlen.
Sein – ich darf es jetzt leben.

»Ich bin« – mein Motto jetzt.
»Ich bin« lebendig und freudig.
»Ich bin« wichtig für mich.
»Ich bin«, das fühle ich jetzt.

Ich lebe meine Talente.
Ich lebe meine Gefühle.
Ich lebe meine Berufung.
Ich lebe mich jetzt.

Sein – darauf achte ich.
Sein – das schätze ich jetzt.

Voller Energie im Leben,
Liebe und Gefühle,
Leidenschaft und Disziplin
ist geboren in mir.

Ich bin wichtig und es geht mir gut
und damit auch den anderen.
Ich lebe jetzt für mich
und danach erst für die anderen.

Sein – ich bin im Jetzt und Hier.
Sein – ich lebe im Hier und im Jetzt.
Sein – ich fühle mich jetzt im Hier.
Sein – in voller Liebe und Fülle.

Sein – ich bin.
Sein – ich lebe.
Sein – ich fühle.
Ich bin.
Ich bin es gerne.
Ich bin für mich der wichtigste Mensch auf dieser Welt.

Ja, ich bin jetzt für mich der wichtigste Mensch auf dieser Welt.

Holger Fischer

Oft haben Sie hier schon gelesen: Sie bekommen das, was Sie sich wert sind. Warum ist das so? Einige Erklärungen kennen Sie schon, aber es gibt noch einige mehr.

Alles im Leben unterliegt dem Gesetz der Anziehung. So zieht ein Mensch immer genau das an, was er in sich hat – in Partnerschaften, im Beruf, allgemein im Leben. Wer innerlich einen großen Mangel empfindet und sich selbst als unwert ansieht, der wird im äußeren Leben ebenfalls einen Mangel leiden. Wer sich innerlich reich fühlt, wird ein zufriedenes Leben führen. Das heißt nicht, dass Reiche immer glückliche Menschen sind. Keineswegs. Viele sind emotional unglücklich, weil sie dieses Gefühl aus einer inneren Disharmonie heraus anziehen.

Das Gesetz von Ursache und Wirkung gilt in jeder Situation Ihres Lebens: Denn jetzt setzen Sie die Samen für das, was Sie morgen ernten und erleben. Ihr vergangenes Denken, Fühlen und Handeln ist die Ursache für das, was Sie heute leben.

Gleich und Gleich gesellt sich gern

In einer Partnerschaft ziehen sich immer zwei Menschen mit den gleichen Mustern an. Liebe auf den ersten Blick? Das gibt es nicht! Wenn es sich so anfühlt, stimmen einfach nur die Muster und Projektionen überein. Eine Frau sucht sich immer einen Mann, der ihrem Vater ähnelt. Das muss nicht äußerlich sein, das muss nicht einmal auffällig im Charakter so sein. Aber die grundlegenden Überzeugungen und Muster sind die gleichen. Bei einem Mann gilt das für die Muster der Mutter. Diese Art der Anziehung betrifft zum einen das Positive: Der Partner hat die gleichen Werte und Stärken wie das gegengeschlechtliche Elternteil. Aber auch die eher negativen Seiten, selbst wenn sie den Betreffenden sogar hemmen und schwächen, werden mit einbezogen.

Wen man anzieht, das ändert sich mit der Zeit, vor allem bei Menschen, die an sich arbeiten und danach streben, bewusster zu werden, sie selbst zu werden. Sie ziehen immer andersartige Partner in ihr Leben, an denen sie weiter wachsen und lernen.

Das Bekannte lockt – bis zum Untergang

Man lässt sich auf Partner ein, deren Muster bekannt sind. Der andere ist damit eine Bestätigung für all das, was man selbst glaubt. »So sehe ich die Welt, bitte bestätige mir diese Sichtweise.« Diese Forderung kann nur jemand mit den gleichen Grundmustern erfüllen.

Als Kinder haben wir die Ansichten der Eltern übernommen, sie sind zu unseren eigenen geworden. Dieses Weltbild, das sind wir selbst. Ein völlig anders tickender Partner würde das eigene Selbst infrage stellen – und das wollen wir niemals erleben.

Das führt bis hin zu diesen bekannten und scheinbar unverständlichen Fällen von Frauen, die immer wieder in Beziehungen geraten, in denen sie misshandelt werden. Wenn ein Vater (oder eine andere Bezugsperson) seine Tochter körperlich oder psychisch misshandelt und verletzt, prägt sich das ins Selbstbild dieser Frau ein. Sie kennt es nicht anders und wird mit großer Wahrscheinlichkeit einen Mann suchen und finden, der das genauso tut. Natürlich nicht von Anfang an, aber irgendwann ist der Punkt erreicht, wo sie von ihm zu spüren bekommt, wie wenig sie ihm wert ist. Und das spiegelt ihr eigenes Selbstwertgefühl wider. Das ist keine Entschuldigung für den Mann, er hat mit seinen eigenen Mustern zu kämpfen. Die Bewusstwerdung muss aber bei der Frau passieren, wenn sie aus diesen Mustern und damit aus der Abhängigkeit herauskommen will.

Oftmals ist es aber so, dass die Frau für den Mann, der sie schlägt, die absurdesten Entschuldigungen findet. Und sich selbst beschuldigt sie: »Ich habe doch auch meinen Anteil daran. Wenn ich nicht dies und das gemacht hätte, dann hätte er auch nicht so reagieren müssen …«

Halb blind gehen wir durch die Welt

Das Gesetz der Anziehung besagt auch, dass wir die Dinge nur selektiv wahrnehmen. Wir sehen nur das, was wir kennen und was in unser Selbstbild passt. Ob es um Bekanntschaften und Freundschaften oder um Arbeitsverhältnisse geht: Jeder nimmt genau das wahr und zieht genau das an, was er aussendet. Deswegen stimmt auch dieser Satz: »Zeig mir deine Freunde, und ich sage dir, wer du bist.«

Oftmals zieht man etwas an, das einem zunächst größer erscheint als alles Bekannte. Man hat das Gefühl, da erst hineinwachsen zu müssen. Innerlich aber ist man bereits an diesem Punkt. Und da Leben Entwicklung ist, bekommt man die nächste Stufe präsentiert, um sich mit ihr auseinanderzusetzen. Außerdem gibt es die tröstliche Wahrheit: Wir bekommen nie mehr an Aufgaben im Leben aufgetragen, als wir bewältigen können.

Viele Menschen meckern unentwegt über andere: »Mein Chef nervt, mein Freund benimmt sich unmöglich, meine Freundin hintergeht mich, die Nachbarn sind blöd« und so weiter. Bei solchen Leuten lauern zwei Dinge im Hintergrund: Zum einen leben sie in einem Mangel und ziehen deshalb immer wieder Mangel an. Sie fühlen sich nicht besonders wertvoll und ziehen Dinge und Menschen in ihr Leben, die ihnen ihren (scheinbaren) Unwert bestätigen.

Immer wieder treffen sie auf ein Gegenüber, das ihnen zeigt, dass sie nicht viel wert sind. Zum anderen suchen und finden solche Leute überall einen Sündenbock. Dieser nimmt ihnen die Verantwortung ab, für sich selbst zu sorgen. Von Wachstum keine Spur!

Ursache und Wirkung – ein weiteres Lebensgesetz

Wir Menschen doktern an Auswirkungen herum und versuchen, dort etwas zu ändern. Effektiv und einzig wirksam, zumindest auf längere Sicht, ist es allerdings, bei den wahren Ursachen anzusetzen.

Ein Beispiel: Präsenz

Nehmen wir den Begriff »Präsenz«, wie er im Fußball gebraucht wird. Ich habe etliche Spieler, Trainer, Manager und Spielerberater nach der Definition von Präsenz gefragt. »Den Ball fordern, stets anspielbar sein, Verantwortung auf dem Platz übernehmen«, so und ähnlich lauteten die Antworten. Das sind aber alles Auswirkungen, wenn ein Spieler tatsächlich präsent ist. Es sind nicht die Ursachen!

Wie soll man von einem Fußballer auf dem Platz Präsenz erwarten, einfordern und anmahnen, wenn er nicht weiß, was es mit dem Begriff überhaupt auf sich hat? Weil dieses Wort immer falsch gebraucht wird! Präsenz wird vom Duden mit »Anwesenheit« definiert. Der Spieler ist doch anwesend! Er befindet sich offensichtlich auf dem Platz.

Wenn wir nun das Wort »Anwesenheit« im Kern zu verstehen versuchen und frei übersetzen mit »sein Wesen annehmen«, wird es klarer. Das Wesen annehmen heißt: sich seiner selbst bewusst sein, sich seines Wertes bewusst sein und dies dann auch nach außen hin dokumentieren.

Wenn der Spieler zwar auf dem Platz, aber nicht in dieser Weise präsent ist, wenn er sich seiner selbst und seines eigenen Werts nicht bewusst ist – dann kann er keine Bälle fordern und nicht anspielbar sein. Im Gegenteil, dadurch, dass er den Anforderungen des Trainers nicht gerecht wird, ja, gar nicht gerecht werden kann, weil er nicht weiß, wie und was er genau machen soll, sinkt natürlich auch sein Selbstbewusstsein. Also muss der Spieler zuerst einmal dazu angeregt werden, überhaupt präsent werden zu können, um dann anschließend Bälle zu fordern, stets anspielbar zu sein, die Verantwortung zu übernehmen.

Sie sehen an diesem simplen Beispiel, welche Folgen es hat, wenn man lediglich an den Auswirkungen herummanipuliert. Beschäftigen Sie sich bei belastenden Themen zuerst mit der Ursachenforschung. Dann wissen Sie auch schnell, wie Sie mit den Auswirkungen umgehen sollten. Das Leben präsentiert Ihnen stets genau das, was zu Ihnen passt und Sie zum weiteren Wachstum anregt. Ob Sie es Zufall nennen oder nicht.

Zufall – das gibt es nicht!

Das Gesetz von Ursache und Wirkung belegt, dass es keinen Zufall gibt. Für alles, was in Ihrem Leben geschieht, haben Sie oder auch jemand anderes irgendwann zuvor die Ursache gesetzt.

Und für alles, was Ihnen in Zukunft widerfahren wird, setzen Sie die Ursache jetzt. Sie haben immer die Wahl, ob Sie das alte Muster weiterleben oder ein neues probieren wollen. Sie können sich aufregen und meckern, wenn Ihnen etwas nicht gefällt. Sie können es aber auch als Erfahrung sehen, daraus lernen und Ihre Einstellung dazu mental und emotional verändern.

Größer denken!

Auch bei schwierigen Themen gibt es immer zwei Betrachtungsweisen. Die erste: Das Schlimme ist einfach schlimm. Die zweite: Das Schlimme ist schlimm, es steckt aber zudem etwas Gutes darin.

Schnell argumentieren Leute hier mit Beispielen wie diesem: Was soll Gutes daran sein, wenn ein Vater seine Tochter missbraucht? Auf der alltäglichen Ebene ist daran nichts Gutes, im Gegenteil. Spirituell gesehen zeigt sich die Aufgabe der Tochter darin, als Erwachsene über die tiefe Verletzung hinauszuwachsen.

Wenn sie das geschafft hat, wenn sie diesem prägenden Muster entkommen ist, wenn sie so viel Selbstwert entwickelt hat, dass die Wunden heilen können, dann hat sie einen riesigen Entwicklungsschritt gemacht.

Die Kindheit war so, wie sie eben war. Die Frau beginnt ihr eigenes Leben, wenn sie aus dem Alten entflieht. Diesen Schritt nicht zu gehen, hieße, das Schreckliche der Kindheit das ganze weitere Leben bestimmend sein zu lassen.

Ebenso ist es auch mit Kriegen: Nur wer den Krieg erlebt hat, schätzt den Frieden. Das ist ein alter Spruch, der viel Wahrheit enthält. Solche Themen auf diese Weise zu betrachten, das ist nicht üblich und auch nicht sehr bequem. Dennoch ist es die hohe Kunst der Wertfreiheit. Darin steckt keine Entschuldigung für die Täter. Sie sind für das, was sie tun, verantwortlich und setzen damit auch die Impulse für die eigene Zukunft. Von einer höheren Ebene aus betrachtet kann man aber nichts anderes sagen als: Es ist ein Teil des Ganzen, mit dem man sich auseinandersetzen darf und muss.

Glauben – hilfreich oder nicht?

Den Glauben sehen viele Menschen als Stütze an, gerade in Anbetracht bedrohlicher oder katastrophaler Umstände. Aber wer glaubt, weiß nicht.

Er sucht Sicherheit in einem System, weil er in seinem Inneren keine findet. Meist sind in den religiösen Systemen, vor allem in den monotheistischen, Bedingungen daran geknüpft, vom jeweiligen Gott anerkannt und geliebt zu werden. Das ist wie in der Kindheit: »Ich hab dich nur lieb, wenn du lieb bist und machst, was ich sage.«

Die Lebens- und Liebensberechtigung wird ausschließlich gegen eine Leistung gewährt. Damit wird der Ist-Zustand des Kindes/des Gläubigen immer infrage gestellt, was sich natürlich tief einprägt und später aktiv und bewusst wieder gelöst werden muss.

Der Weg, sich selbst zu erforschen und zu wandeln, wird einem also auch von Religionen nicht abgenommen.

Trauen Sie sich etwas zu!

Je mehr Sie sich zutrauen, umso mehr traut Ihnen auch das Leben zu – die Aufgaben werden größer, die Herausforderungen wachsen. Und damit auch die Erfolgserlebnisse. Denn wenn Sie sich die Aufgabe zutrauen, wenn Sie innerlich spüren, dass Sie es schaffen können, dann schaffen Sie es.

Mit dem eigenen Prozess bewegen Sie auch das Ganze. Sie verändern Ihre Ausstrahlung und ziehen andere Menschen, Dinge und Situationen in Ihr Leben. Ihre Partner, Kollegen, Umstände – alles ändert sich.

So ziehen Ihre inneren Veränderungen immer weitere Kreise im Außen. Die eigene Entwicklung ist somit stets ein Teil der Entwicklung des Ganzen. Dann gibt es kein Jammern mehr über die »schlechte Welt«. Dann sind Sie bewusst Teil davon und gestalten sie aktiv mit.

Beziehungen – Teil eines erfolgreichen Lebens

Den stärksten Einfluss in Ihrem Leben üben die Menschen in Ihrem unmittelbaren Umfeld auf Sie aus. Das mag übertrieben klingen, und doch ist es so: Die Partner, Freunde, Familienangehörigen, aber auch Kollegen, die Sie unentwegt um sich haben, beeinflussen Ihr Denken, Ihr Fühlen, Ihr Handeln – Ihr gesamtes Leben.

Es liegt ganz allein an Ihnen, mit wem Sie sich umgeben. Kein Mensch kann über einen längeren Zeitraum hinweg überdurchschnittliche Leistungen vollbringen oder einfach nur glücklich sein, wenn sein Lebenspartner oder enge Freunde nicht richtig mitziehen oder sogar kontraproduktiv handeln.

Es beginnt immer bei Ihnen selbst

Für Beziehungen gilt ebenfalls das Gesetz der Anziehung. Sie rufen die Menschen in Ihr Leben, die zu Ihnen passen. Ob es Ihnen nun recht ist oder nicht, wenn Sie an einen zänkischen Nachbarn oder Ihre launische Chefin denken. Bleiben wir zunächst bei denen, die

Sie sich ausgesucht haben. »Zeig mir deine Freunde, und ich sage dir, wer du bist.«

Wie in vielen Sprüchen steckt auch in diesem eine Menge Wahrheit. Es geht dabei weniger um Äußerlichkeiten, sondern vielmehr um die innere Lebenshaltung, die Werte, die Art, sich im Leben zu positionieren.

Auch der Mensch unterliegt dem Gesetz der Resonanz. Ist eine Person aggressiv und hasserfüllt, ist sie für Liebe nicht empfänglich und auch nicht für liebevolle Menschen. Jeder kann nur die Wirklichkeit wahrnehmen und ausleben, mit der er in Resonanz ist. Ein Mensch, der ständig über alles und jeden nörgelt, wird immer etwas finden, worüber er nörgeln kann. Er wird auch immer jemanden finden, der mit ihm gemeinsam nörgelt.

Wenn Sie andere Menschen interessant und schön finden, bleibt dem Leben nichts anderes übrig, als Ihnen nette Menschen zu präsentieren. Betrachten Sie Ihr Umfeld. Finden Sie Gefallen daran und fühlen Sie sich mit den Menschen um sich herum wohl? Wunderbar. Wenn nicht, überprüfen Sie sich selbst. Fangen Sie an, sich in die Richtung zu entwickeln, die Sie bei den Menschen in Ihrer Umgebung erleben möchten.

Ihr Umfeld wird sich ändern oder Sie werden merken, dass Sie sich ein neues, nun wieder besser zu Ihnen passendes Umfeld suchen wollen. Frei nach dem Motto: »Love it, change it or leave it!«

Wer mit wem?

Ein anderer Spruch lautet: »Gegensätze ziehen sich an.« Nach meiner Erfahrung stimmt diese Aussage auf Beziehungen bezogen nur höchst oberflächlich. Stellen Sie sich eine Fußballmannschaft vor.

Wer hängt da mit wem am meisten zusammen? Die Unzufriedenen finden sich scheinbar zufällig, genauso wie die Führungsspieler, die jungen Spieler oder die ausländischen Spieler mit gleicher oder ähnlicher Sprache. Soll das ein Zufall sein?

Natürlich ist eine Fußballmannschaft eine Zweckgemeinschaft, die von einem Manager und einem Trainer zusammengestellt wurde. Aber für Ihr(e) Partner(in), Ihren engsten Freundeskreis, Ihr unmittelbares soziales Umfeld, dafür sind ausschließlich Sie selbst verantwortlich. Sie haben diese Menschen angezogen, weil sie sehr ähnliche oder sogar die gleichen Muster in sich tragen wie Sie, weil sie ähnliche Fähigkeiten oder eine ähnliche Lebenseinstellung haben.

S. 70

Das Umfeld wächst mit Ihnen

Wenn Sie sich weiterentwickeln, sind die Menschen in Ihrem Umfeld gezwungen, dies auch zu tun, da sie sonst nicht mehr zu Ihnen passen. Leider klappt das Zusammensein dann oft nicht mehr. Es ist ein natürlicher Prozess, dass sich Einzelne aus Ihrem Leben verabschieden und neue Menschen zu Ihnen finden.

Manche werden auch versuchen, Sie an den sprichwörtlichen Hosenträgern oder Rockzipfeln zurückzuhalten und Ihre Entwicklung zu stoppen. Das sind Menschen, die wollen, dass alles so bleibt, wie es ist. Nur ganz wenige freuen sich uneingeschränkt über Ihre Entwicklung. Noch weniger lassen sich anstecken und machen sich selbst ebenso auf in eine bessere, glücklichere Zukunft.

Es kann also durchaus sein, dass sich im Lauf Ihrer Entwicklung Ihr Umfeld ein bisschen oder sogar völlig umstrukturiert. Auch wenn das zeitweise traurig ist, ist es doch ein untrügliches Zeichen Ihrer Entwicklung, ein Zeichen, dass sich in Ihnen und um Sie herum vieles verändert.

Schwimmen Sie sich frei!

Die Beziehungen zu anderen Menschen sind ein wesentlicher Teil unseres Lebens. Das ist ganz klar. Dennoch ist es wichtig, ja, notwendig, sich die innere Eigenständigkeit zu bewahren.

Das gilt auch dann, wenn Sie Ihrer großen Liebe begegnen oder mit ihr zusammenleben. Selbst wenn Sie Bündnisse eingehen oder aufrechterhalten: Auf Ihrem Lebensweg sind Sie letztlich eine Einzelperson, die ganz allein die Verantwortung für sich selbst trägt. Alle Beziehungen können wieder auseinandergehen. Die Beziehung zu sich selbst, die haben Sie Ihr ganzes Leben lang.

Mit einer gewissen Eigenständigkeit ist es auch leichter, sich nicht von den Urteilen anderer abhängig zu machen. Denn wie es so schön heißt: »Was Peter über Paul sagt, sagt mehr über Peter als über Paul.« Es ist unsinnig, allen Menschen gefallen zu wollen. Erreichen können Sie dieses Ziel zumindest nie. Warum ist das so?

Jeder Fünfte mag Sie nicht

Stellen Sie sich Folgendes vor: Sie gehen in einen Raum, setzen sich auf einen Stuhl gegenüber von 20 Menschen, die bereits da sind. Niemand kennt Sie. Diese 20 Menschen haben die Aufgabe, spontan ein Urteil oder eine Einschätzung über Sie abzugeben.

Was wird geschehen? Werden Sie allen gefallen? Sicher nicht. Ich kenne Sie nicht, aber ich kann sagen: Von diesen 20 Menschen haben im Durchschnitt vier ein Problem mit Ihnen. Und das, obwohl Sie überhaupt nichts tun, sondern einfach nur ruhig auf Ihrem Stuhl sitzen. Vier andere finden Sie auf Anhieb sympathisch und toll. Und das, obwohl Sie immer noch nichts anderes tun als ruhig dazusitzen. Die restlichen zwölf können und wollen erst einmal keine Einschätzung abgeben, sie sind also vorerst scheinbar neutral. Sie warten ab.

Das ist das erste Urteil. Was tun Sie nun? Um welche Fraktion kümmern Sie sich ganz automatisch? Wem schenken Sie Ihre Aufmerksamkeit? Vom Kopf her würde man meinen: Na, denen, die mir wohlgesonnen sind. Das ist aber statistisch gesehen selten der Fall.

Sie versuchen vielmehr, die Ihnen gegenüber negativ eingestellten Menschen davon zu überzeugen, dass Sie eine tolle Persönlichkeit sind und wunderbare Vorzüge besitzen. Sie versuchen alles, um die Vorbehalte und Kritikpunkte dieser Menschen zu entkräften. Viele gehen sogar so weit, dass sie anfangen, sich zu verbiegen und zu verstellen. Sie führen ein mehr oder weniger durchschaubares Schauspiel auf – nur um von irgendwelchen Fremden nicht negativ beurteilt zu werden. Leider besteht vorerst kaum eine Chance, das ursprüngliche Verhältnis großartig zu verändern. Möglicherweise führen die Versuche, zu gefallen, sogar dazu, dass man einen der Sympathisanten verliert oder die Neutralen gegen sich aufbringt.

Die Quintessenz daraus: Seien Sie am besten immer und überall so authentisch, ehrlich und offen wie möglich. So finden Sie automatisch die Menschen, die Ihnen wohlgesonnen sind und Sie einfach so mögen, wie Sie sind. Zudem bleiben Sie sich auf diese Weise selbst treu.

Gut begründete Vorurteile

Es ist also ganz normal, dass es Menschen gibt, die ein Problem mit Ihnen haben. Umgekehrt mögen Sie ja auch nicht gleich jeden, den Sie treffen – und manchmal merken Sie später, dass es doch ein netter Kerl ist.

Schnell können Aussehen, Kleidungsstil, Religion oder Hautfarbe Vorurteile wachrufen, sogar die Körperhaltung, die Art zu sprechen oder was auch immer. Neid kann eine Ursache dafür sein. Vielleicht spiegeln Sie jemandem etwas, das er an sich selbst nicht mag und gut verdrängt hat.

Das ist meist schade. Denn man verschließt sich oft wichtige Türen, indem man bestimmte Menschen von vornherein ablehnt. Das Gehirn konstruiert dann zwar scheinbar nachvollziehbare Begründungen: »So ein arroganter Kerl! Mit dem möchte ich nichts zu tun haben!«, aber für die persönliche Entwicklung kann dies zu einem Hemmschuh werden. Wir sperren Erfahrungen aus, lehnen Kontakte ab und schränken unseren Aktionsradius enorm ein.

Jeder, wie er will

Das Beste, was Sie für sich und Ihre Entwicklung tun können: Lernen Sie, alle Menschen so sein zu lassen, wie sie sind. Es ist nicht Ihre Aufgabe, jemanden zu verändern, zu beeinflussen, abhängig zu machen oder gar zu manipulieren. Das tun schon viel zu viele Menschen bewusst oder unbewusst.

Wie du mir, so ich dir

Wenn Sie frei und unabhängig Ihren Weg gehen wollen, müssen Sie das auch anderen zugestehen. Dazu gehört es, sich von Wertungen und Vorurteilen zu befreien.

Jeder Mensch hat, wie Sie selbst auch, seine Historie, seinen Lebenslauf und seine Eigenheiten. Jeder hat seine Prägungen empfangen, mit denen er mehr oder weniger bewusst umgeht. In jeden haben sich auch negative Erlebnisse eingeprägt.

Übung

Für Ihren Werkzeugkasten: Der nervt! Die zickt!

Wenn Sie jemand nervt oder stört oder auf die Palme bringt, können Sie sich von ihm fernhalten. So weit das eben möglich ist. Vor allem aber können Sie sich fragen:

- Was ärgert mich an ihm?
- Was hat das mit mir zu tun?
- Was spiegelt er mir?
- Könnte es sein, dass derjenige irgendetwas an sich hat, womit ich bei mir selbst nicht umgehen kann?
- Was hat der andere, was ich gern hätte? (Nicht nur Materielles, auch Verhaltensweisen etc. sind hierbei gemeint.)
- Inwieweit verhält sich der andere so, wie ich es mich selbst nicht traue oder mir nicht zutraue?

Sicher, das ist nicht die leichteste Übung. Wenn Sie der andere emotional richtiggehend aufwühlt, ist es umso wichtiger, die Gründe dafür zu finden. Beginnen Sie mit der Postpaket- oder der Doppelgänger-Übung (Seite 100 und 103), um Ihre Gefühle klar zu sehen. Und dann ran ans Eingemachte!

Diese Übung ist unglaublich lohnend! Sie lernen sich selbst besser kennen und akzeptieren sich zunehmend so, wie Sie sind. Sie befreien sich außerdem von Vorurteilen gegenüber anderen Menschen, was Ihnen die interessantesten Begegnungen beschert.

Fast jeder Mensch ist – leider – in seinen alten Mustern gefangen, genauso, wie Sie es vielleicht bis vor kurzer Zeit noch waren. Jeder tut auf seine Weise das, was er eben kann und will. Akzeptieren Sie das und kümmern Sie sich um Ihren Weg.

Behandeln Sie dabei alle Menschen so, wie Sie gern behandelt werden wollen. Je besser Ihnen das gelingt, umso schöner, freier und leichter wird Ihr Weg.

S. 77

Glückliche Partnerschaften

Die meisten Menschen sind nur glücklich und zufrieden, wenn es in ihrer Beziehung funktioniert. Was ist nicht schon alles über das Thema Mann und Frau geschrieben worden! Dutzende Bestseller und jede Menge Wahrheiten. Und doch wird nahezu jede zweite Ehe geschieden. Singleplattformen schießen wie Pilze aus dem Boden und finden immer mehr eifrige Mitglieder.

Mars und Venus – nicht kompatibel

Mann und Frau sind nun einmal unterschiedliche Wesen, und leider haben sie Probleme in der Kommunikation miteinander. Nicht nur, dass Frauen aus evolutionsbiologischer Sicht heraus mehr Worte am Tag sprechen, viel wichtiger ist in diesem Zusammenhang, dass eine Frau aufgrund der anatomischen Voraussetzungen ihres Gehirns vernetzt (emotional *und* rational) denkt und spricht, der Mann dagegen nur eindimensional, also emotional *oder* rational.

Ein Beispiel: Wenn man eine Frau fragt, wie weit es von Stuttgart nach Köln ist, wird sie im Normalfall darauf antworten, dass es ungefähr drei Stunden sind. Drei Stunden deshalb, weil sie die Wegstrecke schon mit der Dauer der Fahrt dorthin verbunden hat. Ein Mann hingegen würde eine ungefähre Kilometerangabe machen, also sagen, dass es etwa 350 Kilometer sind. Beide reden also vom gleichen und doch nicht vom selben.

Idealer Tummelplatz für alte Muster

Die emotionale Nähe und das alltägliche Miteinander in einer Partnerschaft bedingen, dass sich die Psyche frei austoben kann. Alte Emotionen aus der Vergangenheit machen sich in der verliebten, verlobten oder verheirateten Zweisamkeit überdurchschnittlich oft bemerkbar. Wir sind einfach sehr empfindlich, wenn es um unsere zarten Regungen dem anderen Geschlecht gegenüber geht. Wie schnell fühlen wir uns da zurückgesetzt, ausgenutzt, nicht wahrgenommen! So entstehen oftmals emotionale Kleinkriege mit dem Menschen, den man doch eigentlich liebt.

Um alte negative Emotionen nicht mehr spüren zu müssen, haben wir vielfältige Formen von Vermeidungsverhalten zur Auswahl: Wir kontrollieren oder manipulieren den anderen, verstellen uns, stellen uns blind und taub, wenn es kriselt, wir fliehen oder klammern, beschuldigen oder zerfleischen uns selbst mit Schuldgefühlen. Das ist nicht unbedingt gesund.

Grundvoraussetzung für eine funktionierende Partnerschaft ist die Bereitschaft, in den Spiegel zu schauen und bei sich selbst mit der Ursachenforschung anzufangen. Wenn beide bereit sind, sich zu entwickeln, sich selbst zu vertrauen, zu lernen, mit den eigenen Ängsten aus der Vergangenheit umzugehen, dann hat das Miteinander eine reale Chance. Dann kann auch die folgende, wunderbar treffende Definition des Zustands »Liebe« gelebt werden, wie sie Prof. Ulrich-Jürgen Heinz, Philosoph und Begründer der Clustermedizin, formulierte:

> ***»Liebe ist die aus der Selbstgewissheit und der völligen Annahme der eigenen Person herauswachsende Eigenschaft der wunschlosen und zwanglosen Duldung eines anderen Wesens, die Zuneigung zu ihm, die Sorge um sein Dasein und die Wehmut um sein Leid; die vollkommene Liebe müht sich, das angenommene Wesen von den eigenen Wünschen freizusetzen und freizugeben.«***
>
> **Ulrich-Jürgen Heinz**

Erwartungen – und Enttäuschungen

Oft erwarten wir etwas vom anderen – er erfüllt es nicht und wir sind enttäuscht, fühlen uns zurückgesetzt und verletzt. Hat denn dann

S. 80

aber wirklich der andere die Schuld? Geht es überhaupt um Schuld? Oder vielmehr darum, ein sinnvolles und erfüllendes Miteinander zu finden?

Wenn Sie sich von Ihrem Partner etwas wünschen, sollten Sie es offen und dabei freundlich ansprechen. Setzen Sie niemals voraus, dass der andere schon irgendwie wissen muss und merken wird, was Sie wollen.

Es ist Ihre Aufgabe, Ihre Wünsche und Bedürfnisse zu äußern. Lassen Sie dem anderen außerdem die Wahl, ob er sie erfüllen möchte. Umgekehrt gilt das Gleiche, und das wird Ihnen sicher auch recht sein.

Gewöhnen Sie sich an, immer offen, freundlich, direkt und konkret zu kommunizieren, was Sie möchten und was Sie nicht möchten. Für die Reaktion Ihres Gegenübers sind Sie dann nicht verantwortlich.

Sie sind ausschließlich für sich selbst und Ihr Wohlbefinden zuständig. Wenn der andere das für sich auch annimmt, geht es beiden gut und die partnerschaftliche Begegnung hat eine starke Basis.

Auch Eifersucht ist ein spezielles Thema. Eifersucht entsteht, wenn jemand mit Eifer sucht. Wichtig in jeder Partnerschaft ist es, den anderen loslassen zu können, ihm seine Freiheit lassen zu können. Wer übertrieben eifersüchtig ist, hat ein geringes Selbstwertgefühl. Denn er hat Angst, etwas zu verlieren, weil er sich über das, was er verlieren könnte, definiert – er ist abhängig. Das liest sich brutal? Es ist aber so. Die richtige Einstellung zur Eifersucht wäre: Wenn mein Partner/meine Partnerin fremdgeht oder mich gar wegen eines/einer anderen verlässt, dann hat er/sie mich einfach nicht verdient, hat es nicht verdient, mit mir meine kostbare Zeit zu verbringen, hat es nicht verdient, meine wertvollen Gefühle zu erhalten, hat es nicht verdient, mit einem Menschen wie mir zusammen zu sein.

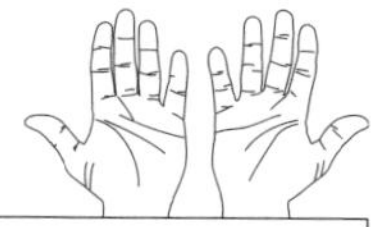

Übung

Für Ihren Werkzeugkasten: Nichts voraussetzen, nichts erwarten

Nutzen Sie einen Abend oder ein Wochenende alleine oder mit Ihrem Partner für diese Übung. Überprüfen Sie, welche Erwartungen Sie an den anderen und die gemeinsame Zeit haben. Was setzen Sie beim anderen und in Ihrer gemeinsamen Zeit einfach voraus, ohne einzukalkulieren, dass es viele andere Möglichkeiten gibt? Legen Sie den Fokus für diese begrenzte Zeitspanne genau darauf: Was erwarte ich von meinem Partner/meiner Partnerin? Werden Sie aufmerksam, wenn eine Erwartung auftaucht. Lassen Sie sie ziehen. Genießen Sie eine überraschende Zeit! (Erwarten Sie bitte nicht, dass Ihr Partner diese Übung mitmachen möchte, das wäre zwar schön, ist aber nicht nötig.)

Gekonntes Miteinander – mit Freunden, Kollegen, Fremden

Die Menschen, mit denen Sie tagein, tagaus zu tun haben, können Ihnen Kraft rauben oder Kraft schenken. Umgekehrt gilt das Gleiche. Wenn Sie nun immer mehr über sich selbst in Erfahrung bringen und sich immer besser kennenlernen, dann wandelt sich auch Ihr Beziehungsverhalten. Es lohnt sehr, sich diesen Bereich bewusst anzusehen und auch das eine oder andere daran zu verändern. Zuerst natürlich wieder bei sich selbst.

Ein paar Grundregeln

Die folgenden Grundsätze erleichtern Ihnen das Leben enorm. Sie lassen sich völlig unkompliziert im Alltag umsetzen. Gehen Sie in die Testphase: am Arbeitsplatz, beim Treffen mit Freunden, mit Fremden beim Einkaufen, mit den Nachbarn, mit allen Menschen, die Ihnen begegnen.

- Machen Sie sich bewusst: Sie selbst bestimmen das Klima im Miteinander entscheidend mit. Ein Lächeln, ein Kompliment oder ein Lob, ein einfaches »Danke«, all das bringt eine angenehme Stimmung ins Gemeinsame und schafft nicht zuletzt auch für Sie selbst ein gutes Gefühl.
- Behandeln Sie andere stets so, wie Sie selbst gern behandelt werden möchten.
- Reden Sie über andere stets so, wie Sie es sich wünschen, dass über Sie geredet wird.
- Vermeiden Sie Getratsche und Hintenherumgerede. Wenn Sie mit jemandem ein Problem haben, sprechen Sie das emotional neutral, direkt und konkret und so frühzeitig wie möglich an. Warten Sie nicht, bis sich zu viel angesammelt hat und die Emotionen bereits kochen.
- Glauben Sie niemals die Dinge, die angeblich jemand über Sie gesagt hat. Oftmals werden einem solche Botschaften zugetragen: Vorsicht! Kein Mensch kann eine Bewertung oder ein Gespräch wort- und sinngemäß mit den richtigen Zwischen- und Untertönen wiedergeben. Jeder wird zwangsläufig seine eigenen Interpretationen und Projektionen hineinmischen. Und nur zu häufig wollen sich irgendwelche Menschen mit solchem Gerede wichtig machen oder andere für ihre Intrigen benutzen.
- Zeigen Sie Stärke und tun Sie den ersten Schritt, wenn etwas zu klären ist. Verfahren Sie nicht nach dem Motto: »Ich tue erst etwas, wenn der andere etwas tut, er ist dran!«
- Geben Sie Fehler vorbehaltlos zu und übernehmen Sie die volle Verantwortung für Ihr Tun. Entschuldigen Sie sich, aber nehmen Sie nicht mehr auf sich, als wirklich auf Ihre Kappe gehört.
- Gehen Sie immer und überall mit dem besten Beispiel voran. Das zeigt anderen, aber auch Ihnen selbst, wie selbstbewusst und eigenverantwortlich Sie Ihr Leben anpacken. Sie sind der Gestalter Ihrer eigenen Lebensumstände!
- Zum Abschluss ein altes Sprichwort, das in jeder Form von Beziehung Gold wert ist: »Ehrlich währt am längsten.«

»Alles Gute!« – für jeden

Beherzigen Sie auch die folgenden Regeln – und Ihre Beziehungen, ja, Ihr gesamtes Leben entwickelt sich in die richtige Richtung: Wünschen Sie allen Menschen, denen Sie begegnen, einfach nur das Beste. Wünschen Sie ihnen still Freude, Glück, Wohlstand und Gesundheit. Wünschen Sie ihnen viele fröhliche Stunden und Tage.

Sie werden sehen, dass Sie mit Ihrer positiven Energie tatsächlich Einfluss nehmen und etwas zum Besseren verändern können. Man wird Ihre Gegenwart mehr schätzen und sich in Ihrer Nähe wohler fühlen.

Die anderen werden spüren, dass Sie es vom Herzen her gut mit ihnen meinen. Deshalb werden sie Ihnen immer mehr Gefühle des Wohlwollens und des Glücks zurückgeben.

Natürlich müssen diese Wünsche ehrlich gemeint sein. Mit den Werkzeugen zur Klärung Ihrer Gefühle können Sie immer wieder untersuchen, wie es diesbezüglich in Ihnen aussieht. Denn vorgetäuschte Freundlichkeit ist etwas höchst Unangenehmes – und keinesfalls wirksam. Im Gegenteil: Die Falschheit käme zu Ihnen zurück.

Sind Ihre Freunde Ihre Freunde?

Unterstützen Ihre Freunde Ihre Vorhaben, Ihre Ziele? Nehmen sie Rücksicht darauf und sind sogar bereit, ab und zu auf etwas von Ihnen zu verzichten? Oder untergraben sie heimlich, still und leise das, was Ihnen wichtig ist?

Wie sieht es umgekehrt aus? Unterstützen Sie Ihre Freunde? Stehen Sie hinter ihnen? Oder haben Sie bei dem einen oder anderen das Gefühl, dass Sie seine Vorstellungen und Vorhaben einfach nicht gutheißen wollen und können? Dass Sie sich innerlich irgendwie zurückziehen? Oder dass Sie vielleicht auch ein wenig neidisch auf das Leben sind, das der andere führt? Das ist alles möglich. Scheuen Sie sich nicht, es vor sich selbst zuzugeben. Holen Sie Ihren Werkzeugkasten hervor und schauen Sie sich Ihre Gefühle an. Wenn in Ihnen selbst alles klar ist, dann werden Sie auch wissen, was im Umgang mit den betreffenden Freunden oder Bekannten zu tun ist. Vielleicht erreichen Sie gemeinsam eine neue Ebene der Freundschaft. Vielleicht aber ist Ihre gemeinsame Zeit auch zu Ende.

Sich verabschieden können

Ganz enge Freunde hat man nur sehr wenige im Leben. Sie bleiben einem meist auch dann treu, wenn man sich verändert, in eine andere Gegend zieht oder andere Lebensumstände kreiert. Losere Freundschaften entstehen und vergehen wieder.

Viele Menschen begleiten Sie ein Stückchen des Weges und dann ist die gemeinsame Zeit wieder vorbei. Das ist ein ganz normaler Prozess im Leben. Wir verändern uns im Lauf unseres Lebens, der eine mehr, der andere weniger, der eine schnell, der andere langsamer. Mal passen wir zusammen, haben uns viel zu geben, schwingen auf der gleichen Frequenz und lernen voneinander. Und ein andermal merken wir, dass wir so unterschiedlich geworden sind, dass der Austausch fade und bemüht wirkt. Meist geht es dann von allein auseinander, ohne dass wir viel tun müssen.

Verabschieden Sie allerdings die Menschen bewusst aus Ihrem Leben, die Sie bremsen, Ihnen Energie rauben, Sie für ihre eigenen Zwecke einspannen wollen und so zu manipulieren versuchen. Tun

Sie es möglichst nicht im Streit, sondern respektvoll und der Lage angemessen.

Freundschaften, die diesen Namen verdienen

Freunde können einander ehrlich sagen, was sie vom jeweils anderen halten. Da ist auch konstruktive Kritik möglich oder der Hinweis auf einen schwierigen Aspekt bei einem Projekt des anderen: »Hast du es schon mal so gesehen, das finde ich bedenklich …«

Freunde kann man um ein Feedback bitten, wenn man ein Vorhaben plant oder eine Hürde in der Partnerschaft nehmen will. Man weiß zugleich, dass man es auch ihnen sagen könnte, wenn einem etwas Ungutes an ihnen auffällt. Es wird keinen Knatsch geben, sondern eine ehrliche Aussprache in dem dankbaren Wissen, dass es beiden weiterhilft, sich auszutauschen.

Wenn Sie sich mal im Höhenrausch befinden, holen echte Freunde Sie so sanft wie möglich wieder auf den Boden zurück, bevor es andere oder die Umstände mit brachialer Gewalt tun.

Freunde sind ungemein wertvoll für die persönliche Entwicklung, selbst wenn sie einen völlig anderen Weg gehen als Sie selbst.

Die lieben Kollegen

Nicht immer mögen wir diese Tatsache: Aber einen großen Teil unserer Zeit verbringen wir mit den Kollegen, Vorgesetzten, Auftraggebern oder Kunden. Nicht alle diese Menschen lieben wir. Mit nicht allen von ihnen wollen wir befreundet sein. Aber: Jeden Einzelnen von ihnen können und sollten wir respektieren und so sein lassen, wie er eben ist.

Wenn der Umgang der Kollegen untereinander angenehm, fair, eben kollegial und vielleicht sogar heiter und unbeschwert ist, was glauben Sie, was dann mit der Leistungsfähigkeit passiert? Sie und all die anderen werden mehr leisten. Ohne jeden Zweifel. Auch von dieser Seite her lohnt es sich, die oben genannten Regeln im Umgang mit dem Arbeitsumfeld umzusetzen.

Neid, Tratsch, Schuldzuweisungen, Mobbing? Machen Sie da niemals mit! Steigen Sie aus! Räumen Sie auf! Klären Sie Ihre eigenen Empfindungen – und schaffen Sie für Ihren Teil die besten Voraussetzungen für ein super Miteinander! Ihr Werkzeugkasten ist mittlerweile gut bestückt, sodass Sie sich vor keiner Auseinandersetzung mit sich selbst scheuen müssen.

Auch hier kann es heißen: Und tschüss

Sie sind – auch im Berufsleben – für sich selbst verantwortlich. Sie können eine Menge tun, um die gegenwärtige Situation zu verbessern. Wenn der Karren allerdings so tief im Dreck steckt, dass nichts mehr zu retten ist – weil einige unbedingt am schlechten Klima festhalten wollen, die Grundstimmung im Unternehmen Energie raubt und die Effizienz blockiert, Ihr Chef seine unerledigten Emotionen an den Mitarbeitern auslässt – dann sollten Sie einen Schlussstrich ziehen. Und zwar so fair und so sauber wie möglich.

Jedes Umfeld ist für eine bestimmte Erfahrung gut. Sie haben sich diese berufliche Situation ins Leben gezogen, also hat sie etwas mit Ihnen zu tun. Wenn Sie Ihre Bewusstseinsaufgabe erledigt haben, können Sie sich neuen Ufern zuwenden. Ihr Leben ist Ihr persönlicher Entwicklungsweg, und Sie allein tragen dafür die Verantwortung. Und wie Sie ja schon wissen: Wer seinem eigenen Weg folgt, wird stets vom Leben belohnt.

Sie haben alles im Griff – glauben Sie

Beziehungen bedeuten ab und zu Arbeit. Vor allem muss man immer wieder an sich selbst arbeiten, schauen, wo man mit den anderen steht und was wieder stimmig gemacht werden sollte. Das ist völlig natürlich. Ein Mensch allein ist schon extrem vielschichtig. Wie soll es dann erst sein, wenn zwei solche Wesen aufeinandertreffen?

Nicht immer haben wir Lust auf diese Auseinandersetzung mit uns selbst und unseren Gefühlen. Es ruft Schmerzen und alte Geschichten hervor, wir müssen in unbewusste Tiefen tauchen, die wir vielleicht lieber gar nicht kennenlernen wollen. Wir müssen uns dem hingeben, was da ist. Lohnend, okay, aber nicht immer verlockend.

Viel leichter erscheint es da, die Kontrolle über das Ganze an sich zu reißen. So versuchen wir, unsere Gefühle und gern auch andere Menschen zu kontrollieren, zu manipulieren und abhängig zu machen. Denn wenn alles so läuft, wie wir es gern hätten, dann wird uns ja auch nichts wehtun können. Dann müssen wir keine Angst haben, keine alten Wunden spüren, keine Rückschläge einstecken.

Klingt logisch. Klappt aber nicht. Zumindest niemals langfristig.

Das Leben beweist uns immer wieder, dass unsere Gefühle und Ängste viel stärker sind als unsere Kontrollmöglichkeiten. Die Alarmbereitschaft unserer Psyche wird von unserem System als lebensnotwendig eingeschätzt. Deshalb schreit die Psyche, sobald sie das für richtig hält.

Je beherrschter Sie versuchen durchs Leben zu kommen, umso verhärteter werden Sie. Gefühlsausbrüche oder körperliche Symptome werden dann entsprechende unvermeidliche Mittel sein, zu denen Ihre Psyche greift.

Die Kontrolle aufgeben

Die Kunst für uns Menschen liegt darin, dieses Kontrollverhalten aufzugeben, all die Emotionen zu spüren, die Ereignisse wirken zu lassen und es zuzulassen, dass der eigene Weg sich entfaltet – das macht uns lebendig.

Eine alte Verletzung wird bemerkbar, weil Ihr Partner im Gespräch an eine empfindliche Stelle kam? Ja, herrlich! Was sich zeigt, kann genau betrachtet und gelöst werden. Das Werkzeug dafür haben Sie doch zur Hand!

Wer das Unangenehme nicht spüren und erfahren will, der kann auch das Schöne nicht in seiner wahren Tiefe erleben.

Es lohnt sich unsagbar, all die schönen Emotionen wirklich und tief in sich zu empfinden. Es ist das Schönste, den größten Preis, die Liebe und Anerkennung anderer Menschen, nicht nur zu erhalten und zu genießen, sondern diese Gefühle von ganzem Herzen anzunehmen und auch zurückzugeben. Erst dann leben Sie vorbehaltlos im Jetzt und im Hier.

Die Angst, dass morgen alles wieder vorbei sein könnte, hat sich verabschiedet. Denn morgen werden neue Gefühle da sein, genauso schöne, nicht so schöne oder noch schönere als die von gestern.

Die Mauern müssen weg!

Zu den eigenen Gefühlen zu stehen und das eigene So-Sein zuzulassen, das ist in der heutigen Gesellschaft nicht so einfach. Viele Menschen bauen gerade deshalb Kontrollmechanismen auf. Doch diese wirken wie eine dichte Wand zwischen ihnen und dem Leben. Es gibt eine mehr oder weniger große Öffnung darin, einen Filter, der ein bisschen was hinein- und noch weniger hinauslässt: Man zeigt nicht, wie man sich wirklich fühlt. Man nimmt es meist nicht einmal selbst wahr. Die Gefühlswelt bleibt unter Verschluss, vor allem deshalb, weil sie unberechenbar ist und eine große Verletzbarkeit offenbart.

Sich und sein Umfeld zu kontrollieren, vermittelt den Anschein, alles im Griff zu haben: den Alltag, das Leben, die Mitmenschen, sich selbst. Das ist aber eine Illusion, schon allein deshalb, weil gerade ein derart dicht verschlossener Mensch gar nicht alle Gegebenheiten um sich her wahrnehmen kann. Er filtert ja alles, was da ist. Zum anderen verhindert dieses Verhalten jegliche Entwicklung, weil immer nur das zugelassen wird, was bekannt ist und ins eigene Weltbild, in die eigenen Muster passt. Alles andere wird mit großem Kraftaufwand abgewehrt. Dass daraus kein zufriedenes, kraftvolles Leben entsteht, liegt auf der Hand. Also hilft nur eins: die Mauern einreißen!

S. 84

Genießen Sie den Fluss des Lebens!

Wer die Kontrolle loslässt, lässt den Fluss des Lebens zu. Dieser Fluss ist eine sehr starke Kraft, die sich ihren Weg sucht. Wenn ein Bach oder Fluss künstlich gestaut wird, sammelt sich das Wasser hinter der Staumauer. Es sucht sich jede Ritze, jede Öffnung, um seinen Weg weiterverfolgen zu können. Und wenn es nichts findet, bricht es mit seiner Urgewalt durch die Mauer hindurch.

Wenn ein Mensch seine Gefühle, seine Lebenskräfte weder wahrnimmt noch ausdrückt, stauen sie sich auf, bis das System sie nicht mehr halten kann. Alles bricht hervor, der Mensch bekommt Probleme, Symptome, Krankheiten. Wasser will fließen, es fließt und es wird fließen. Also lassen Sie es seinen Weg suchen!

Wer offen und frei von Mauern ist, lebt in dem Vertrauen, dass die Dinge so laufen werden, wie es für den eigenen Lebensweg am besten ist – auch wenn es manchmal wehtut.

Das sind die Erfahrungen, die jeder Mensch in unterschiedlicher Weise einfach machen muss. Wer seine Gefühle zulässt, zeigt sich. Wer seine Kontrollmechanismen aufgibt, gibt sich die Chance, in die Tiefe zu kommen. Tiefe ist mit Kontrolle nicht möglich. Tiefe erreicht man nur, indem man sich einlässt, indem man das zulässt, was da ist und sich zeigen möchte.

Brauchen Sie wirklich noch ein weiteres Argument? Hier ist es: Während man sich, die eigenen Gefühle, das Leben kontrolliert – oder das zumindest versucht –, lebt man in dem Gefühl, dass so vieles in einem selbst nicht stimmt. Sonst müsste man ja nichts unter dem Deckel halten. Mit dem Selbstwert ist es da nicht weit her. Lässt man sich aber auf sich selbst ein, dann schaut man sich das an, was in der eigenen Tiefe liegt. In dieser Tiefe muss man vielleicht ein bisschen aufräumen, aber man findet die eigene Substanz, die Schätze sozusagen, die einem das bestmögliche Leben bescheren.

Aus der Tiefe wachsen all die Fähigkeiten eines Menschen heran, seine wahre Größe kommt zum Vorschein. Und nur in eben dieser Tiefe kommt man zu dem Gefühl für den eigenen Wert. Man erfährt Wertschätzung für sich selbst. Und was man sich selbst wert ist, wird man auch vom Leben, von der Umgebung gespiegelt und präsentiert bekommen. Wer im Bewusstsein der Fülle lebt, der kann nur glücklich und erfolgreich sein.

Das Rundumwohlgefühl als Mensch

Glück, Erfolg, Gesundheit, das Ausleben der eigenen Fähigkeiten, erfüllte Beziehungen und ein stärkender Freundeskreis, das vertrauensvolle Ruhen in der eigenen Tiefe und der Spaß am Schwimmen im Fluss des Lebens – das klingt doch gut, oder? Und es ist erlebbar, für Sie! Wenn Sie mit dem Buch bis hierhin vorgedrungen sind, dann spüren Sie es bereits.

Glück heißt Rundumzufriedenheit. Glück ist ein Gefühl des Moments, Glück hat nur der, der sich glücklich fühlt, Glück hat nur der, der es anzieht. Glück hat nur der, der das Glück im Glücklichsein programmiert.

Glück ist völlig individuell und will erarbeitet sowie zugelassen sein. Doch diese Arbeit macht auch schon wieder richtig Freude. In diesem Kapitel ergänzen Sie Ihren bereits gut gefüllten Werkzeugkasten um ein paar weitere, höchst angenehme Hilfsmittel.

»Während meiner gesamten Profikarriere hatte ich Rückenprobleme. Zwei Jahre nach meiner aktiven Zeit habe ich Holger kennengelernt und er hat die Arbeit der Mediziner in der Form unterstützt, dass ich heute keine Beschwerden mehr habe.« Er erzählt, dass ihn neben den körperlichen Rückenbeschwerden auch ganz alltägliche Dinge beschäftigt haben: »Dinge, mit denen alle anderen Menschen auch zu tun haben. Stress, Druck, Unzufriedenheit, privates Umfeld – das alles wirkt sich schließlich auf das gesamte Wohlbefinden aus. Bei mir schlug es eben auf die Bandscheibe … Man liegt da, entspannt sich und er arbeitet sehr gezielt. Nach und nach lösen sich spürbar die einzelnen Blockaden, wenn beispielsweise die belastenden Themen aufgegriffen werden und Fischer sie mit einem durchgeht.«

Thomas Strunz, ehemaliger Fußball-Nationalspieler

Sie sind für Ihre Gesundheit verantwortlich

Sich gesund und wohlzufühlen, ist das A und O für die grundlegende Zufriedenheit. Dazu kann auch gehören, sich mit bestehenden Einschränkungen so zu arrangieren, dass sie das Glück überhaupt nicht beeinträchtigen.

Bleiben Sie wach und kritisch

Es kann überlebensnotwendig sein, sich im Krankheitsfall nicht von den Meinungen, also den Be-Wertungen anderer abhängig zu machen. Wenn Sie zehn Ärzte um Rat fragen, hören Sie oftmals acht verschiedene Meinungen. Die Fehldiagnose wird heute hinter vorgehaltener Hand sogar als die häufigste (inoffizielle) Todesursache bezeichnet. Das ist möglicherweise übertrieben, doch in den Fällen, wo es vorkommt, bitter genug. Aus der falschen Diagnose folgen falsche Behandlungsmethoden und oftmals auch ungünstige Wirkungen auf die Psyche des Kranken.

Die Mediziner tun, was sie gelernt haben. Sie gehen von dem aus, was man wissenschaftlich so und so festgestellt hat, das ist ihre Form der Sicherheit. Dabei klammern sie aber meist aus, dass es unendlich viele Ursachen gibt, die das betreffende Individuum in den aktuellen Zustand gebracht haben können. Allmählich öffnet sich die Schulmedizin glücklicherweise auch in diesem Bereich und lässt eine verstärkt ganzheitliche Betrachtungsweise zu.

Auf jeden Fall ist auch hier die Eigenverantwortung gefragt. Natürlich wissen Sie nicht vom bloßen Spüren und Erleben, wie Ihre Blutwerte sind und welches Organ wie wovon betroffen ist. Das müssen Sie auch nicht. Dafür sind die schulmedizinischen Methoden gut. Aber Sie wissen – oder können herausfinden –, wie Sie zu sich selbst stehen, ob oder inwiefern Sie sich mit dem betreffenden Symptom identifizieren.

Sie können sich bewusst machen, wie Sie leben und wie Sie leben wollen. Sie können Ihre Geschicke in die Hand nehmen und damit auch einen entscheidenden Einfluss auf Ihren Körper nehmen.

Befragen Sie sich selbst!

Unsere Gesundheit hat so viele Facetten, darüber könnte ich ein eigenes Buch schreiben. Doch die Grundregeln, die Sie in diesem Buch bereits kennengelernt haben, gelten natürlich auch hier. Und damit unter anderem auch die Fragen:

- Was sind Sie sich wert?
- Für wie wertvoll erachten Sie sich?
- Wie wohl fühlen Sie sich mit sich selbst, in Ihrem Leben?
- In welchem Bereich leben Sie etwas, das Sie gar nicht wollen?
- Wo sagen Sie etwas nicht, was Sie aber dringend sagen wollen?
- Wobei sagen Sie Ja, obwohl Sie Nein meinen?
- Wobei sagen Sie Nein, obwohl Sie Ja meinen?

Das sind Fragen, mit denen Sie der Ursache eines gesundheitlichen Problems auf die Schliche kommen können. Denn Krankheitssymptome sind immer die Folge eines inneren Ungleichgewichts. Wie Sie auf der Suche nach dem entscheidenden Punkt Ihre Symptome selbst befragen können, haben Sie bereits erfahren (siehe Seite 83).

Spannung und Entspannung

Die zwei Seiten der Medaille bleiben uns treu. Wenn es um das Rundumwohlgefühl geht, dann tauchen sie vor allem im Team Spannung/Entspannung auf. In der heutigen Zeit sind wir alle überwiegend aktiv, gespannt, angespannt. Wir leisten, tun und machen. Die andere Seite, die Entspannung, das Relaxen, wird vernachlässigt. Aber nur wenn beide Seiten in einem sinnvollen Ausgleich gelebt werden, können Glück und Erfolg nachhaltig wachsen.

Einen Ausgleich finden – körperlich

Egal, welchem Beruf Sie nachgehen, suchen Sie sich einen körperlichen Ausgleich. Wer ständig im Büro oder im Auto sitzt, sollte sich in der freien Zeit bewegen. Wer sich im Beruf intensiv bewegt, sollte sich im Alltag bewusst körperlich entspannen oder eine sanfte Bewegungsform finden, die einen Ausgleich zum beruflichen Alltag darstellt. So geben Sie Ihrem Körper beides: Aktivität und Entspannung. Das weckt und erhält die Lebensgeister, macht Sie leistungsfähig und gibt Ihnen Spaß am Leben.

Einen Ausgleich finden – auch geistig und seelisch

Selbst wenn Sie mehr oder weniger den ganzen Tag über im Beruf geistig aktiv sind, wird diese Beanspruchung schnell zur Routine und damit in gewisser Weise auch langweilig. Außerdem ist sie meist recht einseitig.

Auch der Geist braucht also einen Ausgleich – damit meine ich nicht das allabendliche Abhängen vor der Glotze. Erweitern Sie das Angebot für Ihren Geist: Ausgehen, Theater, Kino, Ausstellungen, Vorträge, Gespräche mit Freunden, eine Schachpartie, ein Buch, ein Kurs, jeden Monat eine Zeitschrift, die Sie nie zuvor gekauft haben – es gibt unendlich viele Möglichkeiten. Den Profifußballern empfehle ich oft, eine Fremdsprache zu lernen. Das ist ein Ausgleich für den Kopf und außerdem sehr nützlich, denn sie wissen ja nie, wo sie in drei oder fünf Jahren spielen werden.

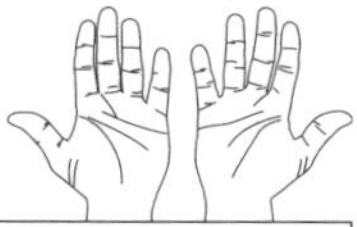

Übung

Für Ihren Werkzeugkasten: Körperlicher Ausgleich

Suchen Sie sich eine Sport- oder Bewegungsart, die Ihnen Spaß macht. Wenn es sich nicht gerade um technisch oder organisatorisch aufwendige Sportarten handelt, können Sie sich einen ganzen Pool an Möglichkeiten zusammenstellen. Daraus wählen Sie dann immer das, was gerade passt. Beachten Sie folgende Stichpunkte: Der körperliche Ausgleich sollte

- Ihnen helfen, abzuschalten, Druck abzubauen, Stress loszuwerden,
- Ihnen Kraft und Energie geben,
- Sie keinesfalls an oder gar über die Grenzen Ihrer körperlichen Leistungsfähigkeit hinausführen,
- ohne jedes »Müssen« und ohne Leistungszwang ausgeübt werden,
- Ihnen jedoch Gefühle der Anerkennung (vielleicht im Mannschaftssport) und der Bestätigung geben (und sei es einfach das gute Gefühl, dass Sie etwas für sich tun),
- Ihre Lebensqualität und Lebensfreude steigern,
- Ihren Teamgeist fördern, gerade wenn Sie beruflich ein Einzelkämpfer sind,
- immer mit Phasen der körperlichen Entspannung und Regeneration verbunden werden,
- möglichst zwei oder drei Mal pro Woche für eine halbe Stunde in Ihrem Terminplan stehen.

Auch die Seele braucht ihren Raum. All die Aktivitäten, die wir verfolgen, lassen ihr kaum Platz. Wir nehmen sie dann einfach nicht wahr. Haben Sie schon einmal das gespürt, was Sie Ihre Seele nennen würden? Probieren Sie alles aus, was Ihnen einfällt, um dieses Empfinden wieder oder ganz neu zu erfahren. Lassen Sie sich zu Hause an einem ruhigen Abend vollkommen fallen. Tun Sie immer wieder bewusst gar nichts oder erlernen Sie eine Meditationsmethode. Freunden Sie sich mit Ihrem bloßen So-Sein an und genießen Sie es!

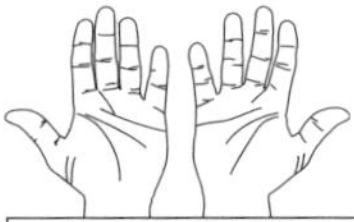

Übung

Für Ihren Werkzeugkasten: Seelischer Ausgleich

Ihre Seele fängt schon an zu jubilieren, wenn Sie es einmal schaffen, Ihren Gedankenstrom zu stoppen.

Probieren Sie es aus: Sorgen Sie für Ruhe im Raum und setzen Sie sich aufrecht auf einen Stuhl. Schließen Sie die Augen und beobachten Sie das Ein- und Ausatmen. Spüren Sie bewusst Ihren Körper. Was nehmen Sie wahr? Welche Empfindungen sind in Ihnen aktiv? Beobachten Sie ruhig alles, was geschieht. Auch Ihre Gedanken. Lassen Sie sie ziehen. Sie brauchen nicht gegen sie anzukämpfen, Sie brauchen sie aber auch nicht zu verfolgen. Die Gedanken kommen und gehen – und Sie beobachten das. Wenn Sie sich dann selbst fragen, was Sie gerade denken, werden Sie feststellen, dass Sie in diesem Moment nichts denken. Welch wohltuende Abwechslung für Ihr Gehirn …

Optimal wäre es, diese Übung täglich zehn Minuten oder eine Viertelstunde lang zu machen. Seien Sie nicht enttäuscht, wenn Sie anfangs und auch immer wieder zwischendurch nicht mehr als zwei oder drei Minuten schaffen. Es gibt hier nichts zu erreichen. Das Üben allein bringt Sie bereits voran in Ihrem Leben. Und mit der Zeit macht die Übung Sie zum Meister.

Raum zum Leben, zum Relaxen und zum Wachsen

Wachstum braucht Raum. Wenn Sie wachsen, benötigen Sie Raum für sich. Das ist vor allem für die Phasen wichtig, in denen Sie etwas für sich erspüren und klären wollen, und für die Zeiten, in denen Sie Ruhe brauchen, weil sich etwas in Ihnen entwickelt, was noch keine Aktionen im Außen verträgt. Ob Sie allein leben oder mit einem Partner, in einer Klein- oder Großfamilie, in einer WG oder wo auch immer: Schaffen Sie sich einen Raum, in dem Sie ganz für sich, ungestört und in einer entspannenden Atmosphäre relaxen können.

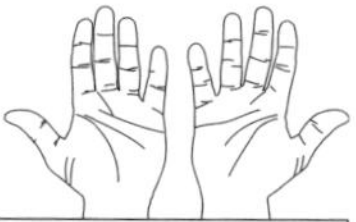

Übung

Für Ihren Werkzeugkasten: Ihre Wohlfühloase

Suchen Sie sich einen Platz, an dem Sie sich uneingeschränkt wohlfühlen. Das kann bei Ihnen zu Hause sein, in der freien Natur oder wo auch immer. Sie sollten jedoch immer Zugang zu diesem Platz haben. Wenn Ihnen nicht so viele Zimmer zur Auswahl stehen, kann Ihre Wohlfühloase auch ein Eckchen oder nur ein Sessel sein. Richten Sie sich diesen Platz so ein, dass es Ihnen rundum gefällt. Taufen Sie Ihren Platz nun bewusst »Meine Wohlfühloase«.

Besuchen Sie Ihre Wohlfühloase sooft Sie können. Sorgen Sie dafür, dass Sie dabei immer völlig in Ruhe sind. Lassen Sie keinerlei Störung zu, auch nicht durch Ihre eigenen Sorgen. Die Oase ist der Platz, an dem Sie nur das tun, was Sie möchten: Lassen Sie die Seele baumeln und genießen Sie Ihr bloßes Dasein. Sie können auch Musik hören, die Zukunft programmieren, ein gutes Buch lesen, meditieren, sich in Ruhe Gedanken machen, wohin Sie im Leben möchten und so weiter.

Entspannen Sie sich und erfreuen Sie sich am Leben, gerade jetzt, wo eigentlich gar nichts geschieht.

Nutzen Sie Ihren Platz ausschließlich als Wohlfühloase. So hüllt er Sie nach kurzer Zeit schon in ein entspanntes Wohlgefühl, sobald Sie ihn betreten haben.

Nur alt werden Sie von allein

Das Wissen um die verschiedenen Abschnitte, die unser Leben üblicherweise durchläuft, ist eine große Erleichterung. Dann wissen Sie nämlich, wo Sie gerade stehen, und können sehr bewusst mit dem Strom des gerade Aktuellen schwimmen.

Die Phasen des Lebens

Wir kommen als individuelles Wesen und mit entsprechender DNA auf die Welt. Schon im Mutterleib werden wir geprägt, zudem während der Geburt und dann die gesamte Kindheit hindurch. Wir identifizieren uns in dieser Phase ausschließlich über andere, vor allem über unsere Eltern.

Wie zufällig kommt dann die Pubertät. Jetzt wird die Entwicklung des Selbst eingeleitet. Das Bisherige kehrt sich um, wir rebellieren, kämpfen und machen von allem genau das Gegenteil, am liebsten von dem, was unsere Eltern leben. Das geschieht noch nicht aus einem Gefühl für das eigene Selbst heraus. Es geht nur um das Kontra. Die Pubertät ist die erste Chance, sich von Abhängigkeiten zu lösen.

In der nächsten Phase, die bis etwa Mitte oder Ende 20 anhält, probieren wir uns aus. Die sexuelle Erfahrung ist wichtig, wir lernen in jeder Hinsicht und erproben uns, viele machen weite Reisen und lernen fremde Kulturen kennen. Das eigene Weltbild wird immer wieder infrage gestellt, wir saugen neue Informationen auf und experimentieren. Es ist die Zeit der Erfahrungen.

Bis Mitte 30 oder Anfang 40 etablieren wir uns dann in Beruf und/oder Familie. In dieser Zeit werden wir zu Unternehmern, leitenden Angestellten, echten Profis, zu Müttern und Vätern. Es ist die Zeit der

Konsolidierung, es ist das Ende der evolutionsbedingten Prägungen, ab jetzt sollte das wahre Ich gefunden sein und gelebt werden.

Sobald alles schön fest gefügt ist, erreicht uns die viel zitierte und sehr gefürchtete Midlife-Crisis. Diese Phase ist allerdings eine große Chance, auch wenn die meisten es nicht so empfinden. Wir prüfen, ob die Art, wie wir leben, für uns stimmig ist.

In dieser Zeit ist es möglich, das Leben noch einmal komplett anders auszurichten. Wir können es so korrigieren, dass wir in unser wahres Ich hineinwachsen. Dieses Leben des wahren Ich, das ist für mich das Wesentliche. Eine solche Krise wie die in der Mitte des Lebens bietet die Chance auf einen Neuanfang in diesem Sinne.

Wenn Frauen in die Wechseljahre kommen, erreicht sie oft eine besondere Form dieser Krise. Sie haben häufig das Gefühl, ab jetzt zum alten Eisen zu gehören, nicht mehr wichtig und wertvoll zu sein. Je stärker sie sich zuvor darüber definiert haben, sexy, gebärfähig und Mutter zu sein, umso schwieriger kann es für sie in dieser Zeit werden. Was diese Frauen dabei übersehen, ist ihre große Chance: Denn ab jetzt ist es möglich, das Frausein unabhängig von den evolutionsbiologischen Funktionen zu leben. Die Frau muss sich jetzt nicht mehr über Sex und Kinder bestimmen, sondern kann die vielen anderen Dimensionen des waren Frauseins entdecken und leben. Etwas, was in unserer Gesellschaft noch viel zu wenige Frauen tun.

Wir haben also, zusammengefasst:

- Prägung,
- Rebellion,
- Experimentierphase,
- Konsolidierung,
- Prüfung und Neuausrichtung.

Krisen sind Geschenke

Natürlich führt eine Krise nicht automatisch zum Besseren. Die meisten Menschen ziehen das Leiden im Bekannten dem Glück im Unbekannten vor. Es gibt viele, die sich in der Krise einrichten, sich dort wohlfühlen und die Aufmerksamkeit genießen, die ihnen zuteil wird. Sie aalen sich im Selbstmitleid. Das beobachtet man auch häufig bei alten Menschen, die ihre Krankheit ganz gern haben, weil sie nur darüber Aufmerksamkeit von anderen bekommen. Erstaunlich viele – und nicht nur alte – Menschen sind auf einer tieferen Ebene eigentlich gern krank.

Ich beobachtete das auch bei Profisportlern. Bei einem Fußballer, der nicht nur einmal, sondern ständig hintereinander verletzt ist, läuft irgendetwas schief. Bänderriss, drei Wochen Zwangspause, das ist für einige eine Erleichterung. Sie wollen sich dem enormen Druck, der auf ihnen lastet, nicht mehr stellen. Die Gedankenkonstruktionen, die damit einhergehen, ein gläserner Mensch für die Öffentlichkeit zu sein, können lähmen. Meine Aufgabe ist es, zu helfen, diese Konstrukte zu lösen. Sicherlich kann es einmal vorkommen, dass ein Fußballer, der unabhängiger und mehr er selbst wird, merkt, dass der Profifußball gar nicht sein Ding ist. Dann wird er in einem anderen Bereich glücklich und zufrieden. Meist ist es aber so, dass die Profisportler, genauso wie alle anderen Menschen, Angst vor der eigenen Größe haben.

Das ist die grundlegende Herausforderung im Leben: Man kann wachsen und sich trauen, sich zu zeigen. Oder man kann klein bleiben, muss dabei aber in Kauf nehmen, dass das gesamte System rebelliert, weil es wachsen will.

Als Kleinkind werden wir abhängig gemacht, und physisch sind wir es in dieser Phase auch. Die Muster prägen sich tief in unsere Psyche ein. Dennoch gibt es im Erwachsenenleben immer die Möglichkeit, sich neu auszurichten. Sie können entscheiden, wie Sie die Dinge betrachten, fühlen und formen wollen. Wir gehen meist davon aus, dass es nur einen Weg gibt. Das stimmt aber nicht, wir haben stets unendlich viele Möglichkeiten. Gerade Krisen machen uns das deutlich bewusst.

Stehen Sie zu sich selbst

Jetzt haben Sie schon ziemlich viel über sich selbst erfahren. Und? Sieht doch gar nicht schlecht aus, oder? In welcher Phase auch immer Sie gerade sind: Leben Sie das, was Sie ausmacht, und stehen Sie zu sich selbst. Nur auf diese Weise ist ein rundum zufriedenes, glückliches und erfolgreiches Leben möglich.

Beispiel Hochbegabung

Dieses Beispiel ist mir wichtig, da ich selbst lernen musste, mit meiner Hochbegabung umzugehen. Hochbegabte sind nicht die Menschen, die in der Schule permanent Einsen geschrieben haben. Hochbegabt heißt einfach, dass pro Zeiteinheit mehr Wahrnehmungen, Gedanken und Bilder verarbeitet werden können als bei normal Begabten. Hochbegabte sind Menschen, die bereits die Lösung haben, während sich andere noch mit dem Erkennen des Problems herumschlagen. Dabei gibt es solche, die auf Teilgebieten hochbegabt sind, musikalisch, künstlerisch, mathematisch, emotional beispielsweise. Und es gibt Menschen, die umfassend hochbegabt sind.

Menschen mit einer Hochbegabung ticken einfach anders. Gerade in meiner Generation wurde natürlich kaum jemand entsprechend erzogen. Heute gibt es ganz andere Möglichkeiten, wenn die Eltern um diese Dinge wissen. So konnte und kann ich meine Söhne, die alle hochbegabt sind, bewusst fördern und entsprechend auf sie eingehen.

Auch in diesem Bereich ist es wichtig zu lernen, zu sich zu stehen. Ob Sie nun hochbegabt sind oder nicht, spielt keine Rolle: Dieses Grundphänomen gilt für jeden Menschen. Man bemerkt, dass man generell oder auf eine ganz bestimmte Weise anders ist als die Menschen in seinem Umfeld. Aus der Erziehung heraus, aus dem allgemeinen Umgang damit wird man eine Zeit haben, in der man sich als falsch empfindet und sich anzupassen versucht. Wahrscheinlich wird man damit scheitern und insgesamt nicht glücklich sein. Das macht wach für den nächsten Schritt: Man kann sich dahin entwickeln, zu dieser Besonderheit zu stehen, sie in ihrer Eigenheit überhaupt erst einmal zu entdecken und zu erforschen und sie schließlich zu leben. Damit ist man auf seinem ganz eigenen Weg und kann sich entfalten. Dann wird man auch Erfolg haben, denn man setzt genau das für sein Leben ein, womit man für dieses Leben ausgestattet wurde. Endlich zu sich zu stehen, ist eine Erlösung!

Gewohnheiten – ein Teil von Ihnen oder unnötig?

Ihre Gewohnheiten gehören zu Ihnen. Wir Menschen sind Gewohnheitstiere. Das Gesetz der Trägheit lässt grüßen. Wir bewegen uns normalerweise nicht allzu gern. Und schon gar nicht auf fremdem Terrain. Wenn alles so ist wie immer, dann fühlen wir uns sicher und geborgen. Es könnte besser sein, klar, aber was man hat und kennt, das hat und kennt man. So bringen wir es sogar fertig, uns unangenehme Dinge schönzureden, nur damit wir nichts ändern müssen.

Eingebettet in diese Gesetze fällt uns die Umsetzung von bestimmten Vorhaben, Zielen und Wünschen sowie die Änderung von Verhaltensweisen nicht leicht. Wir wollen es zwar auf der einen Seite, aber auf der anderen Seite dann eigentlich doch nicht. Dadurch leben wir immer wieder in einem inneren Druck, einem Zwiespalt, einem Hin- und Hergerissensein.

S. 88

> ***»Ich war sehr skeptisch. Manchmal überfällt es mich auch jetzt noch. Es ist einfach so ungewöhnlich, was da passiert, wenn man zu Holger geht. Aber ich würde selbst dem größten Skeptiker raten: Probier es aus!«***
>
> **O. M., Unternehmer**

Stellen Sie sich auf den Kopf!

Bringen Sie Flexibilität in Ihren Alltag! Dann lösen sich die starren Gewohnheiten. Wenn Sie immer am gleichen Platz am Esstisch sitzen, setzen Sie sich mal woanders hin. Wenn Sie immer den gleichen Weg zur Arbeit fahren, nutzen Sie doch mal ein anderes Verkehrsmittel, gehen Sie ein Stück zu Fuß, nehmen Sie einen Umweg oder eine abenteuerliche Abkürzung. Sprechen Sie mal mit anderen Leuten, probieren Sie eine völlig andere Abendgestaltung aus.

Brechen Sie aus Ihren Gewohnheiten aus, indem Sie sich das Gefühl geben, lebendig zu sein, indem Sie etwas wagen, kleine Dinge umgestalten, sich selbst überraschen. Wir Menschen sind Gewohnheitstiere, wir haben aber auch die Wahl, unsere Gewohnheiten zu durchschauen, zu durchbrechen, etwas Neues zu probieren.

Mit solch simplen Übungen erweitern Sie bereits den Rahmen, in dem Sie sich bewegen. Der Rahmen, in dem Ihr Leben abläuft, wird weiter gesteckt. Und schon ist alles ein bisschen größer, Ihr persönlicher Radius hat sich bereits gewandelt. Vielleicht werden Sie dabei auch auffällig für andere.

Ob Ihnen das nun angenehm ist oder nicht, erleben Sie es einfach. Sie werden größer, Sie werden sichtbar, Sie zeigen sich. Das im Kleinen zu üben und aushalten zu lernen, ist wichtig. Denn wer Erfolg hat, sticht aus der Masse hervor. Er bleibt nicht unsichtbar. Gewöhnen Sie sich schon mal dran!

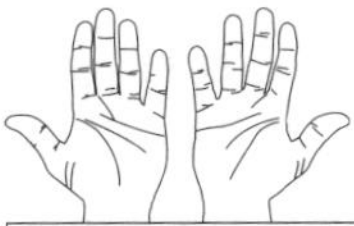

Übung

Für Ihren Werkzeugkasten: Blitzprogrammierung

Insbesondere vor wichtigen Gesprächen, Verhandlungen, Wettkämpfen und Ähnlichem bewirkt diese Methode wahre Wunder. Die Technik kommt aus dem EFT (Emotional Freedom Technique), das mittlerweile auch in verschiedenen Formen in Deutschland angeboten wird. Da ich von Natur aus ein sehr bequemer Mensch bin, habe ich die Methode für mich auf ein Minimum heruntergebrochen, sodass nur noch eine Übung notwendig ist. Sie können sie ganz leicht anwenden: Mit der rechten Hand machen Sie eine lockere Faust und klopfen damit leicht ein paarmal auf die linke, flache Hand. Anschließend machen Sie es genau umgekehrt: Mit der linken Faust klopfen Sie leicht auf die rechte, flache Hand. Parallel zum Klopfen geben Sie sich selbst klare Anweisungen zu dem entsprechenden Thema: positiv, konkret und in der Gegenwartsform formuliert.

Zum Beispiel vor einer Gehaltsverhandlung: Sie klopfen immer wieder ein paarmal auf die eine Hand, dann auf die andere und sagen dabei: »Ruhig und selbstbewusst führe ich das Gespräch. Ich verdiene X Euro netto im Monat. Ich freue mich darauf, X Euro netto im Monat zu verdienen. Überzeugend und im tiefen Vertrauen trete ich auf. Ich genieße es, X Euro netto im Monat zu verdienen.« Fahren Sie so lange fort, bis Sie das Gefühl haben, dass es reicht. Im Allgemeinen sind zwei Minuten schon ausreichend für eine erfolgreiche Programmierung.

Mit dieser Methode können Sie auch langfristig arbeiten, um gewisse Programmierungen in Ihrem System zu verankern. Immer empfiehlt es sich, die komplette Methode des Programmierens zu erlernen, wie Sie sie ab Seite 117 finden. Dann beziehen Sie nämlich Ihre momentanen Gefühle bewusst mit ein – und kommen sicher zum Erfolg.

Den eigenen Lebensweg gehen

Wie wichtig es ist, sich selbst treu zu sein, das ist Ihnen inzwischen klar. Der eigene Lebensweg ist keine vorgezeichnete Bahn. Er entsteht, während Sie gehen, mit jedem Schritt fügen Sie ihm ein Stück hinzu. Wohin Sie Ihre Schritte lenken, dorthin weist Ihr Lebensweg. Sie können sich auf diesem Weg glücklich oder unglücklich fühlen. Sie selbst haben die Macht, die Schritte zu lenken – und warum nicht in Richtung Glück?

Tun Sie's für sich – entscheiden Sie sich

Immer wieder sind auf dem eigenen Lebensweg Entscheidungen zu treffen. Da kommt niemand drum herum. Denn keine Entscheidung zu fällen, ist auch eine Entscheidung, und zwar die, andere oder die Umstände für einen selbst entscheiden zu lassen.

Wenn Menschen entscheidungsschwach sind, nehmen sie die Verantwortung für sich selbst und ihr Leben nicht an. Sie haben Angst vor den Konsequenzen ihres eigenen Tuns und bleiben lieber in der Opferrolle, indem sie andere über sich bestimmen lassen.

»In Gefahr und in höchster Not ist der Mittelweg stets der sichere Tod.«

Sprichwort

Der Mittelweg – ideal für Entscheidungsschwache und Ängstliche

Wenn Sie auf der Autobahn auf einen Stau zufahren, sehen Sie es: Die erste Spur, die dicht ist, ist immer die mittlere. Wenn eine dreispurige Straße in eine Stadt hineinführt, ist die mittlere Spur stets die vollste. Die Menschen entscheiden sich nicht einfach für eine Spur, sondern bleiben in der Mitte, von wo aus sie schnell noch nach rechts oder links wechseln könnten, wenn sie einen Wegweiser sehen. Das klingt erst einmal sinnvoll.

Sie könnten aber auch vertrauen: Darauf, dass sie sich intuitiv schon richtig entscheiden werden, und darauf, dass sie jederzeit noch auf die richtige Spur wechseln können, wenn sie doch auf der falschen stehen sollten.

Hinter diesem Mittelspurverhalten steckt die Angst, dass man nicht mehr rüberkommt, wenn man einmal auf der falschen Spur steht. Das lässt sich aufs Leben übertragen: Aus Angst, etwas falsch zu machen und dann die Konsequenzen tragen zu müssen, tun viele Menschen lieber gar nichts. Sie entscheiden sich nicht, sondern gondeln in der unverfänglichen Mitte herum.

Die Chance nutzen – an jeder Weggabelung

»Es ist viel besser, große Dinge zu wagen, große Triumphe zu feiern, auch wenn es auf dem Weg zu Fehlschlägen kommt, als sich in die Reihe der schlichten Geister einzuordnen, die weder viel Freude noch viel Leid erfahren, weil sie in der Grauzone leben, in der es weder Sieg noch Niederlage gibt.«

Theodor Roosevelt

Das Wort Ent-scheidung macht deutlich, dass jede Entscheidung eine Scheidung bedeutet. Mit jeder Entscheidung wählen Sie eine Möglichkeit und trennen sich gleichzeitig von allen anderen Wegen, für die Sie sich eben nicht entschieden haben.

Bei allen Entscheidungen des Lebens haben Sie im Grunde die Wahl zwischen Vergangenheit und Zukunft: Nehmen Sie das Alte, das, was Sie kennen? Oder wagen Sie das Neue, Unbekannte, das Reizvolle, das noch verborgen ist?

Sich nicht zu entscheiden, macht schwach. Sie beweisen sich jedes Mal neu, dass Sie sich nichts zutrauen, dass Sie kein Vertrauen ins Leben haben, dass Sie nicht davon ausgehen, noch etwas wagen zu können. So etwas kostet sehr viel Energie und Kraft, die dann natürlich in anderen Bereichen fehlt.

Es gibt keine falschen Entscheidungen, denn mit jeder Entscheidung ist mindestens eine Alternative abgewählt worden. Sie werden nie hundertprozentig wissen können, wie es gelaufen wäre, wenn Sie sich anders entschieden hätten. Wenn die getroffene Entscheidung unangenehme Konsequenzen hat, dann müssen Sie eben prüfen, ob eine weitere Entscheidung ansteht.

Entscheiden tut manchmal weh

Ein weiterer Grund, warum es vielen Menschen so schwerfällt, sich zu entscheiden, ist die Illusion, dass Entscheidungen stets leicht und ohne Schmerzen gefällt und durchgezogen werden müssten. Sobald diese Menschen dann Unbehagen erahnen, schrecken sie zurück. Sie warten dann so lange, bis nur noch eine der Alternativen übrig geblieben ist – und die nehmen sie dann. Das allerdings ist keine Entscheidung, sondern Fluchtverhalten.

Konzentrieren Sie sich nicht nur auf die Risiken und Gefahren. Natürlich birgt ein Weg, den Sie noch nicht kennen, möglicherweise Gefahren. Manchmal tut es weh, etwas Altes zu verabschieden und zu neuen Ufern aufzubrechen. Aber so ist das Leben.

Die ganze Palette von Gefühlen und Erfahrungen gehört dazu. Sie gewinnen an Mut und Respekt für sich selbst, wenn Sie sich trauen, anstehende Entscheidungen einfach zu fällen.

S. 93

Eine schnelle Entscheidung, auch wenn sie im Nachhinein nicht die optimale war, ist immer noch besser, als wenn man gar keine Entscheidung fällt und sich ewig mit der Sache herumquält.

Vergessen Sie »Bitte«, sagen Sie »Danke«

Um etwas zu bitten, kommt immer aus einem Mangel. Im Vaterunser beispielsweise kommt das Wort »bitte« nicht vor. Die meisten Menschen wollen immer bescheiden bitten und hoffen dann, dass sie es aus der Gnade des Gebetenen heraus vielleicht bekommen.

Wenn man hingegen für etwas dankt, geht man davon aus, dass es bereits da ist. Das gilt sowohl für Dinge, die bereits da sind, die bereits gelebt werden – als auch für die Dinge, die sich erst entfalten sollen. Damit programmieren Sie schon unbewusst, denn das Danken findet fast immer im Präsens statt. Und wie funktioniert das Unterbewusstsein? Richtig, in Bildern. Und in welcher Zeitform lassen sich Bilder ausschließlich malen? Wieder richtig, im Präsens. So schlagen Sie quasi zwei Fliegen mit einer Klappe.

Mit einigen der Übungen rege ich Sie bewusst an, zu danken. Wichtig ist, dass Ihre Dankbarkeit echt ist. So bedanke ich mich jeden Tag für die Gaben, die ich habe, dafür, dass ich meine Arbeit und mein Leben so gestalten kann, wie ich es eben tue. Ich verinnerliche mir das mit dem Ziel, damit immer besser verantwortungsvoll umzugehen.

Dankbarkeit ist der Gegenpol zur Angst. Wer für etwas dankbar ist, ist im Vertrauen, er weiß, dass die Dinge gut sind – warum sollte er Angst haben? Machen Sie sich die Dankbarkeit zu einer ständigen Begleiterin auf Ihrem Weg!

Wer hat Sie bis heute begleitet?

In Ihrem Leben gibt es zweifellos eine ganze Reihe von Wegbegleitern, die für Ihre wesentlichen Entwicklungsschritte eine wichtige Rolle spielten. Entweder haben sie Sie direkt unterstützt oder Ihnen etwas gespiegelt, damit Sie erkennen konnten, wo Sie gerade standen. Vielleicht haben sie Sie auf irgendeine Art und Weise provoziert, geärgert und herausgefordert. So wurden Schritte Ihrerseits nötig, mit der Situation umzugehen – und Sie konnten wachsen.

Danken Sie diesen Menschen bewusst. Reflektieren Sie, wer aktiv etwas für Sie getan hat, in welcher Begegnung Ihnen etwas Wesentliches klar geworden ist, wer Ihnen unbeabsichtigt etwas letztlich Gutes zustoßen ließ. Bedanken Sie sich bei diesen Menschen. Danken ist eine schöne und positive Energie, oftmals noch stärker als die Liebe. Wenn Sie eine solch positive Energie aussenden, wird ebenfalls positive Energie zu Ihnen zurückfinden. S. 98

Gefangen in mir

*Hilf mir, hilf mir,
mich endlich zu befreien
von dem Druck und der Last,
mich selbst zu kasteien.*

*Ich bin dir so nahe.
Und doch bist du fern.
Ich würd es dir gern sagen.
trau mich aber nicht, es zu wagen.*

*Hilf mir, hilf mir,
mich endlich zu befreien
von dem Druck und der Last,
mich selbst zu kasteien.*

*Ich genieß deine Nähe.
Ich genieß deinen Duft.
Ich bin aber in mir gefangen,
so ist's mir bisher immer ergangen.*

*Cool sein, hart sein,
so bin ich erzogen,
die wahre Liebe in mir
hab ich irgendwann verloren.*

*Hilf mir, hilf mir,
mich endlich zu befreien
von dem Druck und der Last,
mich selbst zu kasteien.*

*Du gibst mir so viel,
ich kann es doch spüren.
Und doch hab ich Angst,
dich deshalb zu verlieren.*

*So spüre ich die Sehnsucht,
es endlich zu leben.
Wie gern würd ich dir
noch mehr von mir geben.*

Hilf mir, hilf mir,
mich endlich zu befreien
von dem Druck und der Last,
mich selbst zu kasteien.

Mit deiner Hilfe und deiner Güte,
mit deiner unendlichen Liebe
entscheide ich jetzt, es zu schaffen,
endlich meine Gefühle für dich zuzulassen.

Ich hab hart dran gearbeitet,
du hast mich stets dabei unterstützt.
Durch heftige Schmerzen bin ich gegangen,
damit meine Liebe dich kann endlich empfangen.

Danke dir, danke dir
für alles, was du getan hast für mich.
Durch dich bin ich befreit
von jeglichem Druck und größter Last.
Du hast ein großes Wunder mit mir vollbracht.
Danke dir, danke dir.

Holger Fischer

Den Eltern danken

Ganz gleich, wie Ihr Verhältnis zu Ihren Eltern, zu Ihren Geschwistern und Großeltern war und ist: Bedanken Sie sich bei ihnen! Wenn Sie ein gutes Verhältnis zueinander haben, ist das selbstverständlich und wird Ihnen leichtfallen. Wenn das Miteinander nicht gerade gut ist, möchte ich Ihnen Folgendes zu bedenken geben:

- Ohne Ihre Eltern würde es diesen wunderbaren Menschen – nämlich Sie – auf dieser Welt nicht geben. Sie verdanken ihnen Ihr Leben, diese Existenz, die Sie, wie Sie ja nun wissen, völlig frei gestalten können.
- In der Ahnenreihe werden Sie immer unter Ihren Eltern stehen. Die Vorfahren zu ehren, bringt in jedem Fall Kraft und Verwurzelung.

- Erinnern Sie sich an die Funktionsweise der Psyche! Alle negativen Emotionen, auch die Ihren Eltern gegenüber, haben ihren Ursprung in der Vergangenheit. Und die ist vorbei. Was zu klären ist, kann geklärt werden. Doch ewig in alten Gefühlen zu baden und damit Beziehungen zu vergiften, hilft niemandem.
- Wenn Sie starke negative Emotionen gegenüber Ihren Eltern haben, sollten Sie sie mithilfe Ihres Werkzeugkastens bearbeiten. Außerdem empfiehlt es sich, sooft wie möglich die Kapitel G, F und B im Arbeitsbuch durchzugehen. Nehmen Sie professionelle Unterstützung in Anspruch, wenn es im Zusammenhang mit Ihrer Herkunftsfamilie starke Traumata gibt oder Ihre Gefühle zu heftig sind.

Die Versöhnung mit den Eltern ist eines der größten Geschenke, das Sie Ihrer Mutter, Ihrem Vater und nicht zuletzt sich selbst machen können. Vielleicht ist es im Außen nicht mehr möglich. Innerlich, in Ihren Gedanken und Gefühlen aber ist es auf jeden Fall möglich, jederzeit.

Dem Leben danken

Wer seinem Weg folgt, erlebt oft Dinge, die er nie für möglich gehalten hätte. Heilung, Bewusstseinserweiterung, bereichernde Begegnungen, Geschenke, intensive Gefühle und so weiter. Dann entsteht oft das Gefühl, wie von einer unsichtbaren Hand beschenkt zu werden oder wie von einem unsichtbaren Band genau dorthin gezogen zu werden, wo das Beste und Wichtigste für einen selbst liegt.

Im Lauf der Geschichte hat die Menschheit viele Namen für diese unsichtbare Kraft gefunden. Sie wurde als Gott, als Magie, als höhere Energie oder auch einfach als Leben bezeichnet.

Wie Sie sie nennen wollen, ist Ihre Sache. Eins ist klar: Wenn Sie diese Kraft einmal gespürt haben, dann wollen Sie sie immer wieder und immer tiefer erfahren. Das wiederum erreichen Sie am besten, indem Sie ihr danken. Danken Sie dem Leben, Gott, den höheren Kräften täglich, unabhängig davon, ob Sie sie bewusst wahrnehmen, und unabhängig davon, wie es Ihnen gerade geht. Danken Sie! Das Leben sorgt für Sie, in jedem Moment Ihres Daseins.

Vergebung – das Tor zur Freiheit

Über Geben und Nehmen, die beiden Aspekte des Überflusses, haben wir bereits gesprochen (siehe Seite 132). Vergebung nun ist die hohe Kunst des Gebens. Vergebung ist der Schlüssel zu höherem Wohlbefinden und größerer Entwicklung. Tatsächlich kann kaum etwas so sehr unsere Energie blockieren und Überfluss verhindern wie anhaltender Hass und Groll. Solche Gefühle, ganz gleich, ob sie sich gegen einen selbst oder gegen andere richten, rauben dem Menschen Glück und Frieden. Sie sind oftmals die Hauptursache von psychosomatischen, autoaggressiven Krankheiten.

Vergeben ist edelster Egoismus

Zu vergeben ist – je nachdem, was vorgefallen ist – nicht immer leicht. Aber wir können den Wunsch und das Verlangen, aus dem eigenen Leben das Allerbeste zu machen, höher stellen als jegliche Hass- und Grollgefühle.

Beginnen Sie bei sich selbst. Vergeben Sie sich Schritt für Schritt aus freiem Herzen. Klären Sie alle Gefühle, die dieser Vergebung entgegenstehen. Sie wissen doch: Niemand ist perfekt, und ohne Fehler gibt es kein Wachstum.

Als Nächstes sollten Sie von ganzem Herzen Ihren Eltern vergeben. Und zwar jede Ungerechtigkeit, Unfreundlichkeit und Grausamkeit, die sie Ihnen, offensichtlich oder auch scheinbar, zugefügt haben. Ein lebenslanger Groll ist ein zu furchtbarer Preis für etwas, das man sowieso nicht mehr ändern oder gar rückgängig machen kann. Der Prozess der Aussöhnung mit den Eltern ist fundamental wichtig. Denn erst wenn Sie Ihren Eltern von Herzen vergeben haben, sind Sie wirklich unabhängig. Bis zu diesem Zeitpunkt bleiben Sie, zumindest emotional und gefühlsmäßig, an den Eltern und den früheren Geschehnissen hängen. Indem Sie ihnen vergeben, befreien Sie sich selbst.

Vergeben Sie allen Menschen, die Ihnen jemals Ihrer Ansicht nach etwas Böses, Grausames oder Dummes angetan haben. Oder wollen Sie gerade von denen weiterhin abhängig sein? Wahre Vergebung – dieser edle Akt des Gebens – ist die selbstsüchtigste Tat des Menschen überhaupt. Denn die Vergebung, so gut sie auch dem anderen tut, ist das Tor zum eigenen Glück, zur eigenen Unabhängigkeit, zum eigenen Erfolg, zur eigenen Leistungssteigerung, zum eigenen Seelenheil.

Vergeben ist ein Prozess

Nutzen Sie kreativ alle Werkzeuge, um Ihre Gefühle anderen Menschen und den Ereignissen gegenüber kennenzulernen und in ihrer Wirkdauer zu beschneiden. Vergeben Sie den betreffenden Leuten jedes Mal, wenn die Erinnerung an die scheinbaren oder offensichtlichen Taten in Ihnen aufkommt. Sie werden spüren, dass diese Erinnerungen bald ihre Macht über Sie verlieren. Platz und Raum für Ihre Entwicklung werden frei!

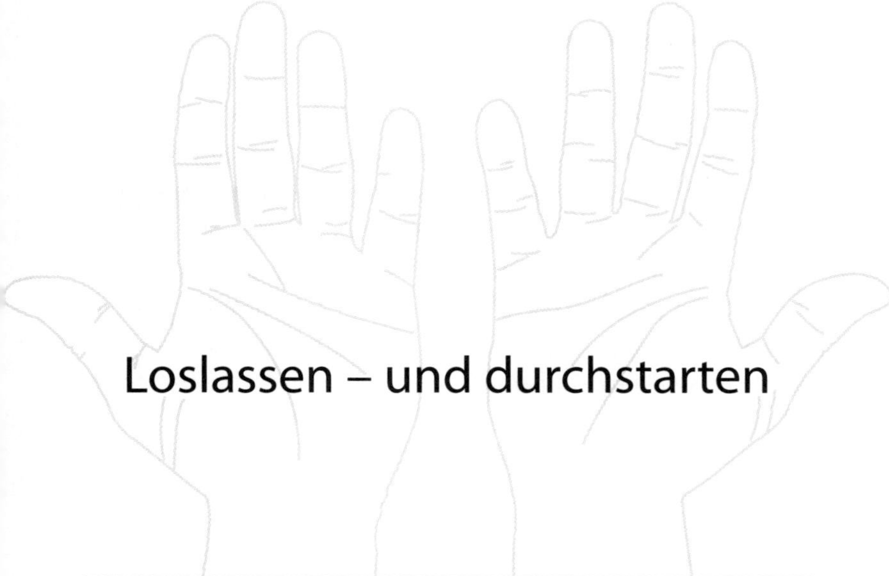

Loslassen – und durchstarten

Sie haben jetzt viel gelesen, in sich verarbeitet, verstanden und geübt. Nun sind Sie schon dabei, die ersten Veränderungen in Ihrem Leben zu erfahren und weiter voranzutreiben. Sicher spüren Sie, wie es Ihnen in einem zunehmenden Maße besser geht. Dort, wo es hakt, setzen Sie die vielfältigen Werkzeuge ein – und so macht der Weg sogar Spaß. Wenn es zwischendurch mal wehtut, nehmen Sie das in Kauf. Denn Wachstumsschmerzen gehören zum Leben dazu.

Abschied von der Vergangenheit

Bevor Sie jetzt so richtig durchstarten, empfehle ich Ihnen eine Art Ritual, mit dem Sie sich für alles Vergangene bedanken. Sie ziehen damit die Essenz aus all den Erlebnissen und Erfahrungen der zurückliegenden Jahre, um sie für Ihr weiteres Leben zu nutzen. Sie verabschieden das Erleben und die Ereignisse, vor allem das, was Sie ein Leben lang blockiert, emotional berührt oder sogar verfolgt hat. Machen Sie sich frei für Ihr neues Leben!

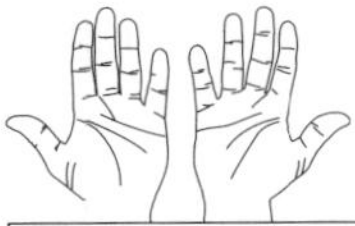

Übung

Für Ihren Werkzeugkasten: Mein Abschiedsbrief

Wählen Sie einen ruhigen Abend oder freien Tag für dieses Ritual. Lassen Sie sich so viel Zeit dafür, wie Sie eben brauchen. Sorgen Sie dafür, dass Sie ungestört sind, und legen Sie sich Papier und Stift zurecht. Sie schreiben nun einen Abschiedsbrief.

Beginnen Sie mit »Ich (Ihr Name und Ihr Geburtsdatum) schließe in Dankbarkeit Frieden mit mir und meiner Vergangenheit. Ich nehme von ganzem Herzen Abschied von ...« Zählen Sie nun alles auf, was Sie hinter sich lassen. Das können Menschen, alte Gefühle, Erinnerungen, Zustände des Selbstunwerts sein, alles, was Sie auf irgendeine Weise zu dem gemacht hat, was Sie heute sind, in der Gegenwart aber nichts mehr mit Ihnen zu tun hat. Machen Sie sich beim Schreiben bewusst, was Sie den einzelnen Dingen verdanken: Lehren, Erfahrungen, Wachstum vielleicht.

Wenn Sie fertig sind, stecken Sie den Brief in einen Umschlag und lassen ihn ein paar Tage liegen. Nehmen Sie ihn immer wieder zur Hand und ergänzen Sie ihn, sooft Sie es für nötig halten. Arbeiten Sie einfach so lange an diesem Brief, bis Sie das untrügliche Gefühl haben, dass er vollständig ist. Nun verbrennen Sie ihn bei Nacht, am besten an einem fließenden Gewässer. Während das Papier brennt, nehmen Sie bewusst und endgültig von dem Vergangenen Abschied. Bevor Sie sich dann die Finger verbrennen, übergeben Sie Ihren Abschiedsbrief beziehungsweise die Reste davon dem Wasser.

Beobachten Sie in der folgenden Zeit, wie Sie sich fühlen, vor allem, wenn es um Ihre Vergangenheit geht. Es kann durchaus sein, dass Sie das Ritual noch einige Male – gleich oder später – wiederholen wollen. Nur zu. Schreiben Sie immer wieder Ihren Abschiedsbrief und entlassen Sie das Vergangene mithilfe des Feuers aus Ihrem Leben. Irgendwann wird es gut sein. Wenn Sie parallel mit den Werkzeugen an Ihren Emotionen arbeiten, wird Ihr Leben immer leichter und erfolgreicher.

Hinein in Ihre beste Zukunft!

Jetzt hält Sie nichts mehr zurück. Der Weg nach vorn ist frei, während Sie sicher und bewusst mit beiden Füßen in der Gegenwart stehen.

Was haben Sie nun vor? Gerade nachdem Sie so intensive innere Veränderungen angestoßen haben, ist es lohnenswert, sich bewusst das Weitere im Leben zu überlegen. Sie wissen ja, dass die höheren Kräfte immer wieder für Überraschungen sorgen. Den Fahrplan für Ihren Weg aber bestimmen Sie.

Übung

Für Ihren Werkzeugkasten: Immer nur der nächste Schritt

Seien Sie stets wachsam, wenn Sie sich überfordern. Beim Programmieren, im Job, in der Klärung einer Beziehung: Sie müssen nicht alles auf einmal machen und nicht sofort das Optimum erreichen. Das Leben ist lang und manche Dinge brauchen Zeit. Stoppen Sie sich und machen Sie sich bewusst, dass es jetzt nur um den nächsten Schritt geht. Unterteilen Sie Ihr Vorhaben immer wieder bewusst in Teilabschnitte. Unterteilen Sie diese noch einmal, wenn es Ihnen zu viel wird. Immer ein Schritt nach dem anderen – so erreicht man Ziele.

Herzlichen Glückwunsch!

Sie haben sich auf das schönste Abenteuer eingelassen, das möglich ist: persönliches Wachstum. Wir sind am Ende eines gemeinsamen Weges angekommen. Ich habe Sie begleiten und dabei unterstützen dürfen, Ihr Leben und sich selbst mit anderen Augen zu betrachten. Sie haben sich getraut, an sich selbst zu arbeiten. Sie haben den Mut aufgebracht, sich selbst und Ihr Leben zu hinterfragen, das Alte hinter sich zu lassen und zu neuen Ufern aufzubrechen.

Dieser Mut wird belohnt. Denn Sie haben ein deutliches Ja zu sich selbst und zu Ihrer positiven Zukunft gesagt. Nun sind Sie bereits unaufhaltsam unterwegs in diese Zukunft. Dabei genießen Sie auch die Gegenwart, die das volle Potenzial Ihres Erfolges in sich trägt. Lassen Sie sich gesagt sein, dass die ersten Schritte die schwierigsten sind. Je länger Sie laufen, umso einfacher wird es.

Erkennen Sie sich noch wieder?

Es ist ganz natürlich, dass Sie wissen möchten, wo Sie denn nun stehen. Sicher spüren Sie bereits Veränderungen in bestimmten Lebensbereichen oder einfach in Ihrem Denken und Fühlen. Vieles ist aber tief in Ihrem Inneren angestoßen und noch nicht in den äußeren Erscheinungen sichtbar. Haben Sie die nötige Geduld und machen Sie einfach weiter. Nutzen Sie Ihren Werkzeugkasten und kümmern Sie sich immer genau um das, was gerade ansteht. Doch wenn Sie unbedingt schwarz auf weiß haben wollen, was sich denn nun bereits alles so verändert hat – dann schauen Sie doch mal ins Arbeitsbuch unter PP!

Machen Sie was draus!

Es gibt viele Möglichkeiten, weiter mit dem Angebot dieses Buchs zu arbeiten. Ihren Werkzeugkasten haben Sie fortan immer bei sich. Auch das Arbeitsbuch können Sie jederzeit wieder zur Hand nehmen und den gesamten Prozess noch einmal beginnen und dabei gründlich vertiefen. Oder Sie suchen sich bestimmte Kapitel heraus und bearbeiten diese.

Genauso können Sie das Buch oder einzelne Kapitel daraus ein weiteres Mal lesen. Was auch immer Sie tun, bleiben Sie dran! Sie haben sich mit dem Arbeitsbuch ein einzigartiges Werk geschaffen. Es ist voll mit positiven Aspekten Ihres Lebens. Dieses Buch ist fortan Ihr Ratgeber und ständiger Begleiter. Lassen Sie es noch eine Weile liegen, und warten Sie auf Ihren inneren Impuls, bevor Sie sich ihm wieder zuwenden. Alles, was Sie sich bislang erarbeitet haben, wirkt noch intensiv in Ihnen nach, keine Sorge. Alles sortiert sich neu.

Die von Ihnen gezeichneten Symbole

Sie haben in jedem Kapitel des Arbeitsbuches ein Symbol gezeichnet und es auf einer Doppelseite hinten wiederholt. Was hat es nun damit auf sich?

Wenn Sie nach einer kleinen Pause das Gefühl haben, erneut mit dem Arbeitsbuch arbeiten zu wollen, dann schlagen Sie bitte nicht das Inhaltsverzeichnis auf.

Öffnen Sie vielmehr die Doppelseite mit den Symbolen. Fragen Sie sich dabei bewusst, welches Kapitel für Sie gerade jetzt wichtig ist. Welches Thema will jetzt bearbeitet werden?

Mit dem Symbol, welches Ihnen spontan am schnellsten und intensivsten ins Auge springt, sollten Sie jetzt arbeiten. Ihr Auge erfasst die Doppelseite in einem Bruchteil einer Sekunde, und Ihr Unterbewusstsein hat in diesem Moment auch schon entschieden, welches Symbol das aktuell richtige ist.

Vertrauen Sie dieser Entscheidung, auch wenn sie Ihnen nicht einleuchtet oder nicht gefällt. Sie selbst haben beim ersten Durchgang durch das Arbeitsbuch diese Symbole geschaffen. Somit haben Sie einen intensiven Bezug dazu.

Ihr Unterbewusstsein weiß genau, welche Themen hinter welchen Symbolen stecken und welche aktuell bewältigt werden wollen. Probieren Sie es aus – und Ihr Vertrauen in Ihre eigenen inneren Kräfte wird sich festigen.

Absichtlich sind die Kapitel mit ungeordneten Buchstaben versehen. So können Sie mit dem Bewusstsein keinesfalls beeinflussen, welches Thema Sie auswählen. Sie müssen die Entscheidung Ihrem tieferen Wissen, Ihrem Gefühl überlassen.

Auch Seitenzahlen gibt es auf der entsprechenden Doppelseite nicht. Schauen Sie daher im Inhaltsverzeichnis vorn nach, auf welcher Seite sich die Fragen zu Ihrem Symbol und Buchstaben finden.

Arbeiten Sie das gewählte Thema noch einmal durch. Erstellen Sie die Listen neu, beantworten Sie die Fragen noch einmal, schreiben Sie die entsprechenden Sätze erneut ab, lesen Sie die dazugehörigen Kapitel im Hauptbuch. Bringen Sie das Thema in einen Bezug zu Ihren aktuellen Lebensumständen. Seien Sie kreativ! Verfolgen Sie Ihren Weg so weiter, wie es Ihnen am meisten Freude macht.

Es begleitet Sie, solange Sie wollen

Sie können beliebig oft und beliebig lange mit diesem Buch und dem Arbeitsbuch arbeiten. Ihr Unterbewusstsein braucht nach meinen Erfahrungen je nach Komplexität des Themas und ohne fremde Hilfestellung bis zu eineinhalb Jahre, um neue Inhalte tief zu verinnerlichen. Die Früchte des Neuen aber können sich durchaus schon deutlich früher zeigen. Die Ernte wird immer nur noch reicher und süßer, je länger und intensiver Sie Ihren Weg verfolgen.

Bleiben Sie also dabei, vertrauen Sie sich und dem Leben und genießen Sie Ihre Entwicklung. Die Entwicklung zu einem immer glücklicheren, zufriedeneren, gesünderen, erfolgreicheren und ausgeglicheneren Menschen. Zu dem Menschen, der Sie im tiefsten Inneren Ihrer Seele sein wollen.

Ich bedanke mich bei Ihnen dafür, dass ich Sie auf diesem Weg begleiten durfte, und wünsche Ihnen das Beste für Ihren weiteren Weg!

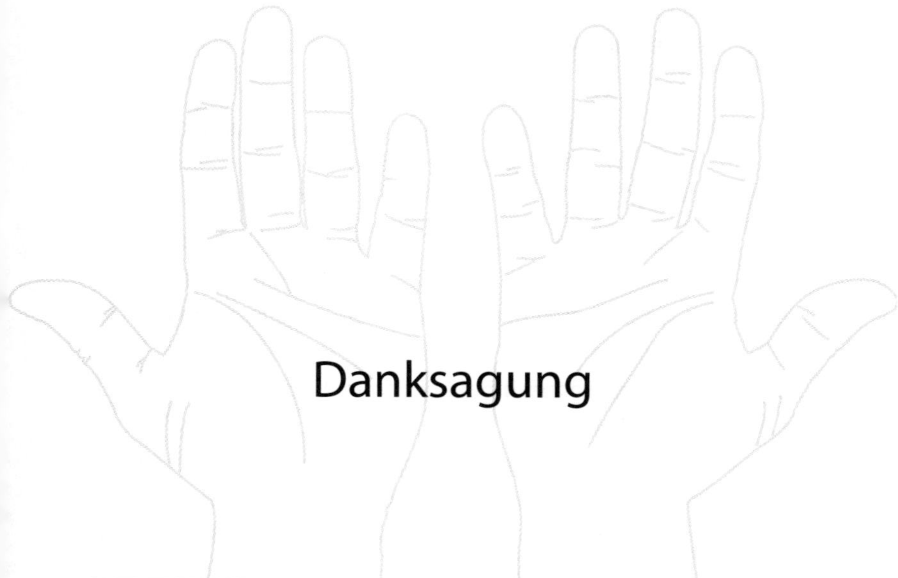

Danksagung

Ohne die Unterstützung von verschiedenen Personen wäre dieses Buch niemals entstanden. Meine Frau Martina möchte ich besonders hervorheben, die mir all die Zeit, in der wir jetzt zusammen sind, vorbehaltlos den Rücken gestärkt und freigehalten hat. Mein Schatz, vielen Dank für alles – ich liebe Dich.

Bedanken möchte ich mich auch bei Kay Auster, den ich anfangs als Journalist engagiert hatte, und der nun ein Freund geworden ist. Markus Schmerbeck bin ich sehr verbunden, er hat mich immer bestärkt, motiviert und an mich geglaubt.

Besonderer Dank geht an meinen Verleger Christian Jund, an meine Lektorinnen Anne Wiedemeyer und Birgit Sander und vor allem an Dr. Diane Zilliges, die mich meisterhaft, stets herausfordernd, in einem ständigen Dialog, persönlich, telefonisch und per Mail, dabei unterstützt hat, mein komplexes Gedankengut in eine lesefähige Sprache zu bringen, sowie an alle, die mit uns im Verlag im Hintergrund entscheidend mitgewirkt haben.

Ganz herzlich möchte ich mich bei allen Klienten bedanken, die mir vertraut haben und noch vertrauen werden. Ich habe viel von euch lernen dürfen.

Des Weiteren bedanke ich mich bei Christian Frautschi, meinem kollegialen Freund aus der Schweiz, bei Lars-Wilhelm Baumgarten, der mir die Tür zum Profifußball öffnete, sowie bei: Sergej Budanow, Prof. Ulrich-Jürgen Heinz, Renate Schwingenheuer, Rainer Schulte, Undine Supper, meiner Ex-Frau Betina, dem Ehepaar Moser, Herbert Briem und Michael Kauer, die mir in wichtigen Lern- und Lebensphasen – bewusst und/oder unbewusst – wichtige Impulse und »Lerngeschenke« gegeben haben.

Einen speziellen Dank möchte ich Armin Stepper, meinem Banker, widmen, der mir in der Zeit, als es finanziell »brannte«, stets hilfreich, unterstützend und vertrauensvoll den Rücken stärkte. Das ist nicht selbstverständlich.

Einen speziellen Gruß möchte ich auch an meinen Freund Thomas Spannuth richten, der stets, egal wie es mir ging und geht, hinter mir stand und mich in allen Belangen unterstützte.

Weitere Informationen über meine Arbeit und alles, was ich vorhabe, so anstelle und in die Tat umgesetzt habe, erhalten Sie unter +49 (0) 176 60895996 oder entnehmen es meiner Homepage www.hfcoaching.de.

Anfragen für Presse, Rundfunk und Fernsehen richten Sie bitte an Jürgen Knappenberger von Spirit Kommunikation,
Tel. +48 (0) 1777665800.

All the best … alles kommt gut!

In Liebe und Dankbarkeit
Holger Fischer

Sie sind … Ihr bester Coach

**Gesundheit, Glück, Erfolg –
was hätten Sie denn gern?**

Arbeitsbuch

Inhalt

Das Arbeitsbuch

Mit diesem Arbeitsbuch arbeiten Sie begleitend zum Buch oder auch allein für sich am wichtigsten Projekt, das es gibt: an Ihrer persönlichen Entwicklung. Dazu möchte ich Ihnen nur Folgendes mit auf den Weg geben:

- Arbeiten Sie in Ruhe und möglichst ungestört an den einzelnen Kapiteln. Da es jeweils ums Denken, Fühlen und Schreiben geht, sollten Sie sich stets ausschließlich diesem Prozess zuwenden.

- Erarbeiten Sie pro Tag höchstens ein Übungskapitel. Der Nachtschlaf zwischendurch ist wichtig, damit sich das Thema auf die neue Weise in Ihrem Unterbewusstsein verankern kann.

Und nun wünsche ich Ihnen viel Freude und viel Erfolg!

P

Der wichtigste Mensch dieser Welt

Schreiben Sie alles auf, was Ihnen als Antwort auf die folgende Frage einfällt:

Warum bin ich für mich der wichtigste Mensch auf der Welt?

Lesen Sie Ihre Worte noch einmal durch. Streichen Sie jetzt alle Gründe weg, die in Zusammenhang mit anderen Menschen, Ihrem Beruf oder Ihrem Hobby stehen. Nur die Gründe, die mit Ihnen selbst zu tun haben, bleiben stehen. Nur diese sind wichtig und gefragt!

Wie viele Gründe sind übrig? Wenn jetzt noch mehr als zehn Gründe auf dem Papier stehen, ist das schon richtig gut. Sie haben etwas sehr Wesentliches, bewusst oder unbewusst, schon verstanden.

Schreiben Sie nun die folgenden Sätze noch ein paarmal untereinander. Achten Sie während des Schreibens auf Ihr Gefühl.

Ich erlaube mir, ab sofort für mich selbst der wichtigste Mensch in diesem Universum zu sein.

Ich darf ab sofort für mich der wichtigste Mensch in diesem Universum sein.

Ich bin ab sofort für mich der wichtigste Mensch in diesem Universum.

Wie ist Ihr Gefühl dabei? Nicht so gut? Sie können sich bewusst mit den höheren Kräften des Lebens verbinden, den »Kumpels«, wie ich sie nenne. Danken Sie ihnen für die Unterstützung, die Sie bekommen. Denken Sie an meine Hände, auch das hilft.

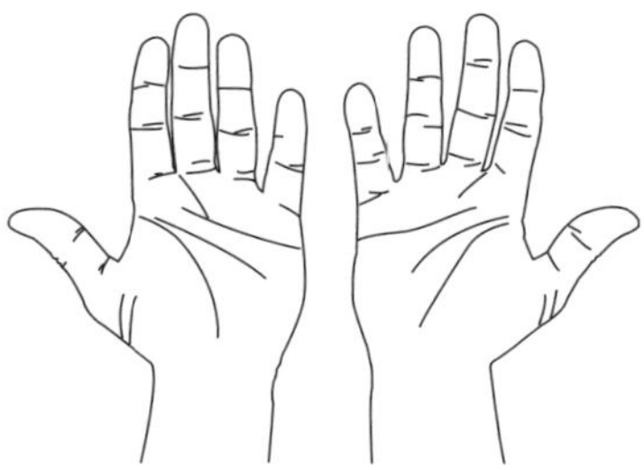

Schreiben Sie den Satz, der Ihnen noch am schwersten fällt, jetzt erneut ein paarmal auf, bis sich ein gutes Gefühl dabei einstellt. Sie werden sehen, es geht recht schnell.

Zeichnen Sie nun ein Symbol, das Sie mit dem Satz: »Ich bin für mich der wichtigste Mensch in diesem Universum«, verbinden. Seien Sie dabei so spontan wie möglich! Zeichnen Sie dieses Symbol nochmals auf Seite 108 dieses Arbeitsbuchs unter dem Buchstaben P!

Q

Was zeichnet mich aus?

Listen Sie Ihre Qualitäten und Fähigkeiten, Ihre Begabungen und Stärken, einfach all Ihre positiven Eigenschaften auf! Notieren Sie alles, was Ihnen einfällt!

Mich zeichnet Folgendes aus:

Was, war das etwa schon alles? Es gibt doch noch viel mehr, was Sie auszeichnet. Trauen Sie sich, Sie können nichts falsch machen. Schreiben Sie alles auf, was Sie auch nur ansatzweise als persönliche Stärke empfinden! Seien Sie nur nicht zu bescheiden!

Lesen Sie die Liste noch einmal genau durch. Sicher fällt Ihnen auf, dass es eine Menge Stichworte gibt, die im Zusammenhang mit anderen Menschen oder Dingen stehen, zum Beispiel: »hilfsbereit sein, gut zuhören können …« Das sind auch positive Eigenschaften. Nun geht es jedoch ausschließlich um Sie. Um das, was Sie ganz allein für Sie selbst auszeichnet: Schreiben Sie nachfolgend noch einmal nur die Dinge aus der obigen Liste auf, die ganz allein mit Ihnen zu tun haben.

Wichtig dabei ist, ein wirklich gutes Gefühl dazu zu entwickeln: Freude, Stolz, Lebenslust … Sie können sich wieder mit meinen Händen verbinden oder auf eine andere Weise die höhere Unterstützung spüren.

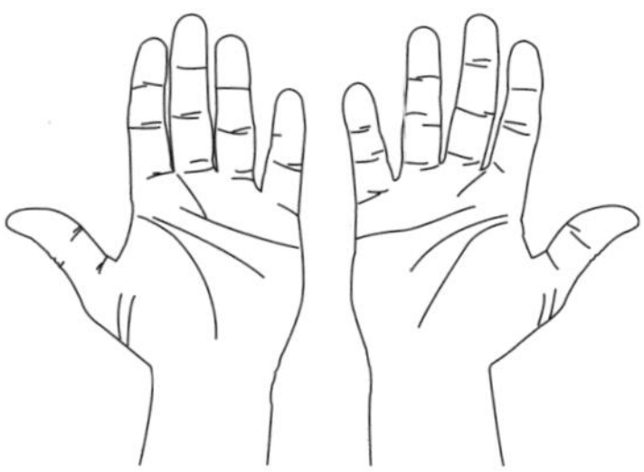

Mich zeichnet, ganz für mich allein, Folgendes aus:

Was für ein Gefühl hatten Sie jetzt beim Schreiben? Je schöner das Gefühl, umso besser ist es für Ihren Weg. War es gut? Dann saugen Sie dieses Gefühl förmlich in sich auf, auch wenn es noch etwas ungewohnt ist.

Schreiben Sie die folgenden Sätze noch ein paarmal auf. Sooft Sie wollen. Sie können auch ein Extrablatt verwenden, wenn Ihnen hier zu wenig Platz ist.

Ich erlaube mir, ab sofort stolz auf mich und meine Fähigkeiten zu sein.

Ich darf ab sofort stolz auf mich und meine Fähigkeiten sein.

Ich genieße es ab sofort, mich und meine Fähigkeiten zu leben.

Zeichnen Sie jetzt ein Symbol, das Sie mit dem Satz: »Ich bin stolz auf mich und meine Fähigkeiten«, verbinden. Seien Sie dabei so spontan wie möglich! Zeichnen Sie dieses Symbol nochmals auf Seite 108 dieses Arbeitsbuchs unter dem Buchstaben Q!

V

Meine zweite Seite

Schreiben Sie nachfolgend all Ihre negativen Eigenschaften auf. Schreiben Sie alles auf, was Sie an sich selbst stört, beschönigen Sie nichts, seien Sie ehrlich zu sich selbst. Je mehr Sie jetzt rauslassen, umso besser! All das, dem Sie ins Auge schauen können, kann schon gar nicht mehr so schlimm sein.

Meine negativen Eigenschaften und Eigenheiten:

Welche Gefühle hatten Sie beim Schreiben? Waren sie genauso unangenehm wie früher, als Sie noch nicht mit der Arbeit an diesem Buch und damit an sich selbst begonnen hatten?

Schreiben Sie die folgenden Sätze ein paarmal untereinander. Wenn Sie möchten, können Sie sich wieder mit der Energie meiner Hände verbinden oder sich anderweitig höhere Unterstützung holen.

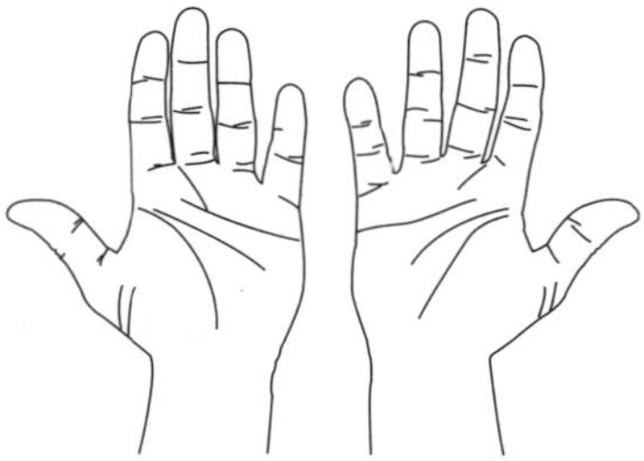

Ich erlaube mir, ab sofort alle meine scheinbar negativen Eigenschaften anzunehmen und zu akzeptieren.

Ich bin dankbar dafür, dass ich ab sofort meine scheinbar negativen Eigenschaften annehmen und akzeptieren kann.

Ich nehme ab sofort meine scheinbar negativen Eigenschaften an, akzeptiere und beachte sie und integriere sie in mein Leben.

Wie war Ihr Gefühl dabei? Wiederholen Sie diese Sätze so oft auf einem separaten Blatt, bis Sie zumindest kein schlechtes Gefühl mehr diesbezüglich haben.

Zeichnen Sie jetzt ein Symbol, das Sie mit dem Satz: »Ich nehme ab sofort meine scheinbar negativen Eigenschaften an, achte und akzeptiere sie und integriere sie in mein Leben«, verbinden. Seien Sie dabei so spontan wie möglich! Zeichnen Sie dieses Symbol nochmals auf Seite 108 dieses Arbeitsbuchs unter dem Buchstaben V!

K

Die Erfolge meiner Vergangenheit

Schreiben Sie nachfolgend alle oder zumindest die wichtigsten und prägnantesten Erfolge Ihrer Vergangenheit auf. Notieren Sie zudem, was jeweils dazu geführt hat oder was Sie dafür getan haben, damit diese Erfolge möglich wurden.

Die Erfolge meiner Vergangenheit und was ich selbst dazu beigetragen habe:

Welche Gefühle hatten Sie, als Sie Ihre Erfolge notierten? Beschreiben Sie diese Gefühle:

Schreiben Sie die folgenden Sätze ein paarmal untereinander. Schreiben Sie sie so oft, bis Sie ein gutes Gefühl dabei haben. Wenn Sie möchten, können Sie sich wieder mit der Energie meiner Hände verbinden oder sich anderweitig höhere Unterstützung holen.

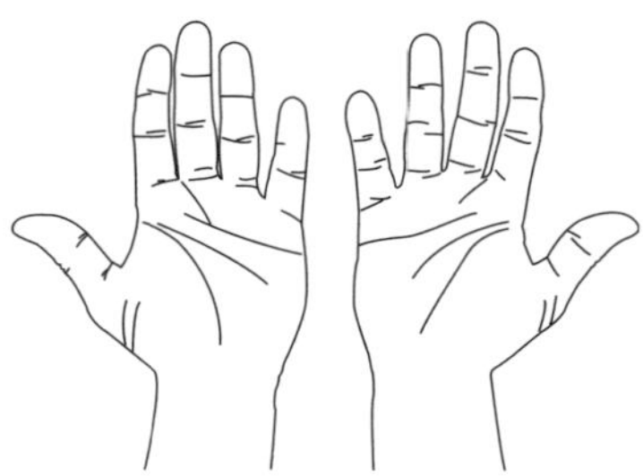

Ich erlaube mir, ab sofort glücklich und stolz auf die Erfolge meiner Vergangenheit zu sein.

Ich bin ab sofort dankbar für die Erfolge meiner Vergangenheit.

Ich bin ab sofort glücklich und stolz auf die Erfolge, die ich in der Vergangenheit mit meinen Fähigkeiten und meinem Einsatz erreicht habe.

Zeichnen Sie jetzt ein Symbol, das Sie mit dem Satz: »Ich bin glücklich und stolz darauf, welche Erfolge ich in der Vergangenheit erreicht habe«, verbinden. Seien Sie dabei so spontan wie möglich! Zeichnen Sie dieses Symbol nochmals auf Seite 108 dieses Arbeitsbuchs unter dem Buchstaben K!

G

Wer bin ich nicht?

Nehmen Sie ein bisschen Abstand zu sich selbst. Schauen Sie auf sich selbst, als wäre es jemand anderes. Erspüren Sie diesen Menschen. Füllen Sie dann die folgenden zwei Spalten aus. Schreiben Sie alles auf, was Ihnen einfällt, ohne es zu bewerten, ganz spontan.

Eigenschaften, die zu mir gehören und sich für mich stimmig anfühlen	Eigenschaften, die sich für mich nicht stimmig anfühlen, die aber andere von mir erwarten

Wie fühlt sich das an? Haben Sie etwas von Ihrem eigenen Wesen erspüren können, während Sie die Eigenheiten in beiden Spalten auflisteten?

Schreiben Sie die folgenden Sätze ein paarmal untereinander. Wenn Sie möchten, können Sie sich wieder mit der Energie meiner Hände verbinden oder sich anderweitig höhere Unterstützung holen.

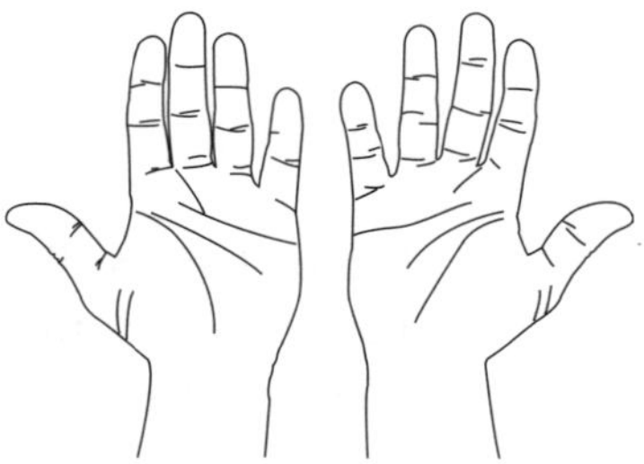

Ich akzeptiere ab sofort, dass sich über meinen wahren Wesenskern allerlei Muster und Erwartungen anderer gestülpt haben.

Ich erlaube mir ab sofort, diese Muster, die nicht zu mir gehören, Stück für Stück zu entlassen.

Ich bin ab sofort dankbar dafür, dass ich jetzt beginne, ausschließlich mein eigenes Ich zu leben.

Zeichnen Sie jetzt ein Symbol, das Sie mit dem Satz: »Manche meiner Eigenheiten sind nichts als Prägungen meiner Vergangenheit«, verbinden. Seien Sie dabei so spontan wie möglich! Zeichnen Sie dieses Symbol nochmals auf Seite 109 dieses Arbeitsbuchs unter dem Buchstaben G!

S

Verantwortung für das eigene Leben übernehmen

Wer sind Ihre Sündenböcke? Listen Sie alle Menschen, Institutionen, Ämter, Zeiten, Umstände auf, denen Sie die Schuld daran zuschreiben, dass Ihr Leben nicht ganz so ist, wie Sie es gern hätten. Listen Sie alle auf und schreiben Sie jeweils auch daneben, wofür Sie diese Sündenböcke verantwortlich machen.

Diese Menschen oder Umstände mache ich für das verantwortlich, was in meinem Leben bislang nicht optimal gelaufen ist beziehungsweise derzeit nicht optimal läuft:

Wie fühlt sich das an, mit so vielen »Schuldigen« auf einer Liste konfrontiert zu sein? Spüren Sie Wut? Dann spüren Sie sie einfach. Sie können auch auf ein Kissen einschlagen, wenn Ihnen das hilft. Dann kommt die Wut raus, verletzt aber niemanden.

Gehen Sie nun einen Schritt weiter: Suchen Sie sich aus Ihrer Liste ein Beispiel heraus, das Sie als nicht so schwerwiegend ansehen – der vermeintlich Schuldige ist X. Vergegenwärtigen Sie sich Ihre heutige Situation in dem Lebensbereich, mit dem auch dieses Beispiel zu tun hat. Fragen Sie sich: Wie viel Macht gebe ich X über mein Leben? Schreiben Sie alles auf, was Ihnen hierzu einfällt. Die Aussagen können sich auch widersprechen.

Wie viel Macht gebe ich dem »Schuldigen X« über mein Leben?

Wie fühlt sich das an? Müssen Sie vielleicht sogar darüber lachen, dass Sie einem anderen so viel Macht über sich geben? Dass Sie auf jemandem herumschimpfen, der das vielleicht nicht einmal merkt und glücklich sein Leben lebt? Dass Sie ständig an X denken, statt sich um sich selber zu kümmern?

Fragen Sie sich, ob Sie den Sündenbock X aus seiner Schuld entlassen können. Wenn ja, tun Sie es, lassen Sie ihn sein Ding machen. Ihr Leben nehmen Sie jetzt selbst in die Hand.

Wiederholen Sie das Ganze mit weiteren Kandidaten Ihrer Liste, sooft Sie wollen.

Schreiben Sie die folgenden Sätze ein paarmal untereinander. Schreiben Sie sie so oft, bis Sie ein gutes Gefühl dabei haben. Wenn Sie möchten, können Sie sich wieder mit der Energie meiner Hände verbinden oder sich anderweitig höhere Unterstützung holen.

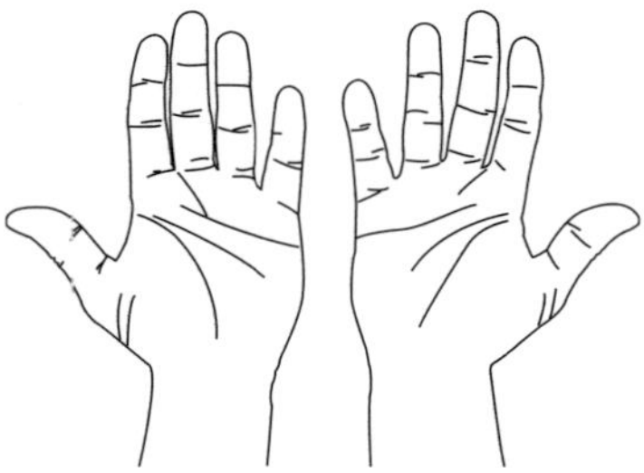

Ich erlaube mir, ab sofort die volle Verantwortung für mich und mein Leben zu übernehmen.

Ich bin dankbar, ab sofort die volle Verantwortung für mich und mein Leben übernehmen zu dürfen.

Ich bin dankbar, dass ich ab sofort keinen Groll, keine Wut und keinen Hass mehr gegen mich selbst oder gegen andere hege, die ich bislang für meine Lebensumstände verantwortlich gemacht habe.

Ich genieße es ab sofort, ohne Sündenböcke oder Schuldige mein Leben zu führen.

Ich übernehme ab sofort die volle Verantwortung für mich und mein Leben.

Zeichnen Sie jetzt ein Symbol, das Sie mit dem Satz: »Ich übernehme ab sofort die volle Verantwortung für mich und mein Leben«, verbinden. Seien Sie dabei so spontan wie möglich! Zeichnen Sie dieses Symbol nochmals auf Seite 108 dieses Arbeitsbuchs unter dem Buchstaben S!

F

Die Vergangenheit annehmen und akzeptieren

Schreiben Sie die folgenden Sätze ein paarmal untereinander. Schreiben Sie sie so oft, bis Sie ein gutes Gefühl dabei haben, selbst wenn es Tage dauert und Sie sich immer mal wieder daransetzen müssen. Lassen Sie sich Zeit, das ist ein wichtiger Schritt, der schnell oder langsam erfolgen kann. Nehmen Sie wahr, wie Sie sich in dieser Zeit fühlen, was Ihnen alles so durch den Kopf geht. All das ist Ausdruck dessen, dass es in Ihnen arbeitet: Es gehen Aufräum- und Putzarbeiten vonstatten, die Raum für das Neue schaffen.

Wenn Sie möchten, können Sie sich wieder mit der Energie meiner Hände verbinden oder sich anderweitig höhere Unterstützung holen.

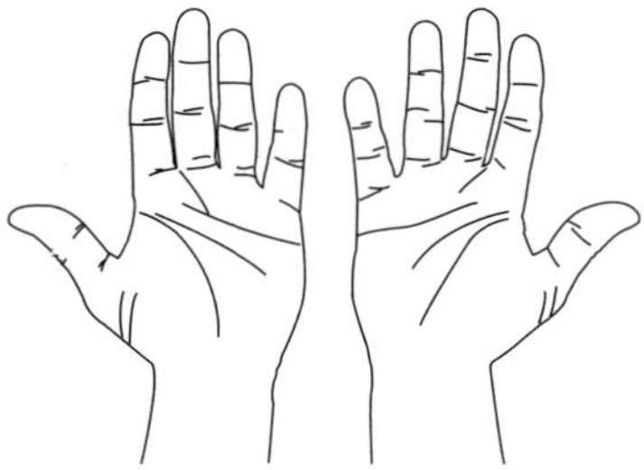

Ich erlaube mir, ab sofort alles Negative aus meiner Vergangenheit anzunehmen.

Ich bin dankbar, ab sofort alles Negative aus meiner Vergangenheit annehmen zu können.

Ich bin dankbar, mich ab sofort selbst so anzunehmen, wie ich bin.

Das Annehmen des Vergangenen, gerade des unangenehmen Vergangenen, ist ein großer Schritt. Wenn Sie sich damit gut fühlen, geht es ans Akzeptieren – damit steigen Sie eine Stufe höher auf Ihrer Treppe zum Erfolg und zum Glück.

Schreiben Sie die folgenden Sätze ein paarmal untereinander. Schreiben Sie sie so oft, bis Sie ein gutes Gefühl dabei haben. Wenn Sie möchten, können Sie sich wieder mit der Energie meiner Hände verbinden oder sich anderweitig höhere Unterstützung holen.

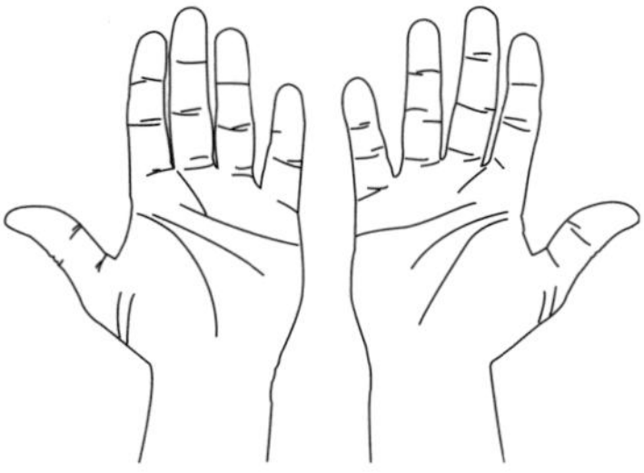

Ich erlaube mir, ab sofort mich selbst und meine Vergangenheit zu akzeptieren.

Ich bin dankbar, ab sofort mich selbst und meine Vergangenheit zu akzeptieren.

Ich schließe ab sofort Frieden mit mir selbst und meiner Vergangenheit.

Ich akzeptiere ab sofort mich selbst und meine Vergangenheit.

Zeichnen Sie jetzt ein Symbol, das Sie mit dem Satz: »Ich akzeptiere ab sofort mich selbst und meine Vergangenheit«, verbinden. Seien Sie dabei so spontan wie möglich! Zeichnen Sie dieses Symbol nochmals auf Seite 109 dieses Arbeitsbuchs unter dem Buchstaben F!

Z

Ängste, Zweifel und Unsicherheiten

Schreiben Sie alle Ihre Ängste, Zweifel und Unsicherheiten auf. Seien Sie ehrlich zu sich selbst. Es ist vollkommen normal und gesund, solche Empfindungen zu haben. Wichtig ist, sinnvoll damit umgehen zu können. Und dazu ist es nötig, sich diese Dinge bewusst zu machen. Nur mit dem, was man kennt, kann man konstruktiv umgehen. Trauen Sie sich also und schreiben Sie sich alles von der Seele …

Meine Ängste, Zweifel und Unsicherheiten:

Jetzt ist es raus! Alles, was Sie bedrückt, steht vor Ihnen auf dem Papier. Es ist damit überschaubar geworden. Im wahrsten Sinne des Wortes. Erleichternd, oder? Nun können Sie, gern auch gemeinsam mit mir und diesem Buch, Wege finden, mit diesen Dingen auf Ihrer Liste umzugehen.

Schreiben Sie die folgenden Sätze ein paarmal untereinander. Schreiben Sie sie so oft, bis Sie ein gutes Gefühl dabei haben. Wenn Sie möchten, können Sie sich wieder mit der Energie meiner Hände verbinden oder sich anderweitig höhere Unterstützung holen.

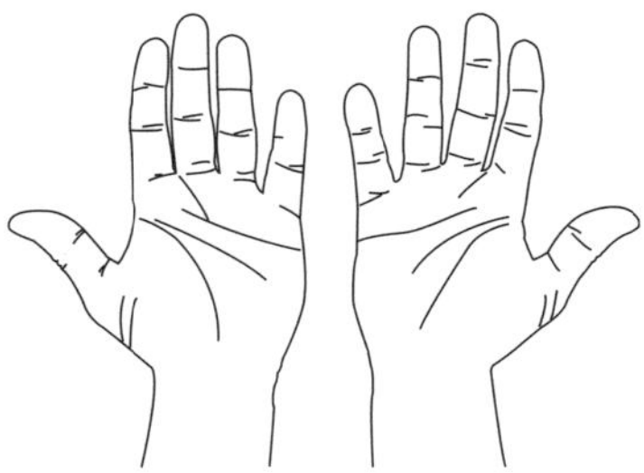

Ich erlaube mir, ab sofort bewusst Wirkdauer und Intensität meiner Ängste und negativen Emotionen zu verkürzen.

Ich danke dafür, dass sich die Wirkdauer und die Intensität meiner Ängste und negativen Emotionen ab sofort verkürzen.

Ich verkürze selbst ab sofort aktiv Wirkdauer und Intensität meiner Ängste und negativen Emotionen.

Zeichnen Sie jetzt ein Symbol, das Sie mit dem Satz: »Ich verkürze ab sofort aktiv Wirkdauer und Intensität meiner Ängste und negativen Emotionen«, verbinden. Seien Sie dabei so spontan wie möglich! Zeichnen Sie dieses Symbol nochmals auf Seite 108 dieses Arbeitsbuchs unter dem Buchstaben Z!

D

Wünsche und Träume

Notieren Sie Ihre Wünsche, Träume, Vorhaben. Was wollen Sie erreichen, was wollen Sie haben, wer und wie wollen Sie sein? Schreiben Sie alles auf.

Meine Wünsche und Träume:

Wie? War es das schon? Sind Sie mit so wenig zufrieden? Also, mein Vorschlag: Sie denken noch ein bisschen nach und schreiben mutig weitere Punkte auf. Es ist kein Problem, mehrere weitere Blätter dafür zu nehmen.

So. Jetzt haben Sie eine schöne lange Liste mit Ihren Wünschen und Zielen. Diese Liste wird nun genauer geprüft. Gehen Sie Punkt für Punkt durch und streichen Sie alles weg, was Sie eigentlich nur deshalb wollen, weil ein anderer das hat, weil das in Ihrer Familie so dazugehört oder weil es sich vor den Nachbarn oder Kollegen gut macht. Lassen Sie nur das stehen, was wirklich aus tiefstem Herzen Ihren eigenen Wünschen entspricht. Notieren Sie das nun noch einmal in einer neuen Liste.

Meine eigenen Wünsche und Ziele:

Schauen Sie sich wieder diese Liste an. Prüfen Sie jeden einzelnen Punkt nach einem weiteren Kriterium: Wünschen Sie sich das mit einem Gefühl des Mangels oder mit einem Gefühl der Fülle? Machen Sie vor jeden Punkt Ihrer Liste ein M, wenn Sie feststellen, dass Sie in diesem Fall ein Mangelbewusstsein haben. Und machen Sie ein F, wenn Sie aus der Fülle heraus an diesen Wunsch denken.

Genießen Sie es, wenn Sie ein F schreiben können. Machen Sie sich bewusst, wie sich das anfühlt. Die Punkte mit dem M sollten Sie im Auge behalten – da wird sich im Lauf Ihrer Arbeit mit dem Buch noch einiges tun.

Zeichnen Sie jetzt ein Symbol, das Sie mit dem Thema »Meine Wünsche und Ziele« verbinden. Seien Sie dabei so spontan wie möglich! Zeichnen Sie dieses Symbol nochmals auf Seite 109 dieses Arbeitsbuchs unter dem Buchstaben D!

C

Aus der Fülle heraus programmieren

Schreiben Sie die folgenden Sätze ein paarmal untereinander. Schreiben Sie sie so oft, bis Sie ein gutes Gefühl dabei haben. Wenn Sie möchten, können Sie sich wieder mit der Energie meiner Hände verbinden oder sich anderweitig höhere Unterstützung holen.

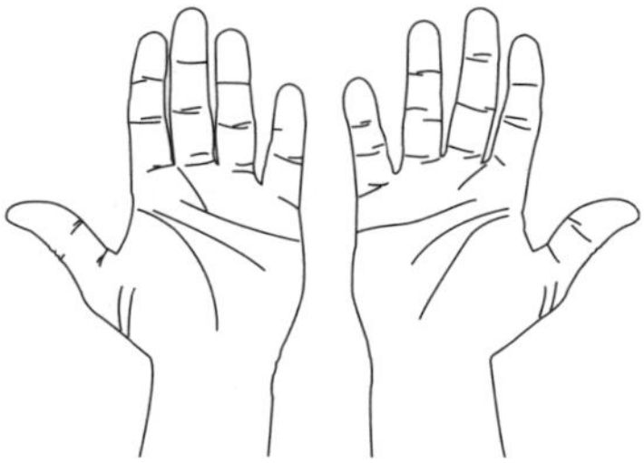

Ich erlaube mir, ab sofort aus dem Gefühl der Fülle heraus zu denken, zu fühlen und zu handeln.

Ich lebe ab sofort in dem Gefühl der Fülle.

Wie fühlt sich das an? Wenn es sich gut und stimmig anfühlt, gehen Sie zum nächsten Schritt über: Schreiben Sie auch die folgenden Sätze ein paarmal untereinander, bis Sie ein gutes Gefühl dabei haben.

Ich erlaube mir ab sofort, dass alles so kommt, wie ich es aus meiner Fülle heraus programmiere. Zu meinem Wohl und zum Wohle aller.

Ich bin dankbar dafür, dass alles so kommt, wie ich es ab sofort aus meiner Fülle heraus programmiere. Zu meinem Wohl und zum Wohle aller.

Alles kommt so, wie ich es ab sofort aus meiner Fülle heraus programmiere. Zu meinem Wohl und zum Wohle aller.

Ich genieße ab sofort dankbar meine Gegenwart und betrachte sie als Saatkorn meiner Zukunft.

Zeichnen Sie jetzt ein Symbol, das Sie mit dem Satz: »Ich programmiere ab sofort alles in meinem Leben aus der Fülle heraus«, verbinden. Seien Sie dabei so spontan wie möglich! Zeichnen Sie dieses Symbol nochmals auf Seite 109 dieses Arbeitsbuchs unter dem Buchstaben C!

W

Erwartungen und Ziele

Beantworten Sie folgende Fragen. Seien Sie ehrlich zu sich selbst, nur das bringt Sie voran.

Welche Erwartungen habe ich an mich als Mensch?

Welche Erwartungen habe ich beruflich?

Welche Erwartungen haben andere Menschen an mich?

Beantworten Sie folgende Fragen noch einmal. Formulieren Sie die Antworten dabei so um, dass es nicht mehr um Erwartungen, sondern um Ziele geht. Verfassen Sie alles zudem in der Gegenwartsform, also so, als ob sich die Ziele alle schon erfüllt hätten. So programmieren Sie sich zugleich auf das Erreichen der Ziele.

Welche Ziele habe ich für mich als Mensch?

Welche beruflichen Ziele habe ich?

Wie fühlt sich das an? Sie können jederzeit Ziele streichen, die sich als Irrtum herausgestellt haben, und neue hinzufügen, die mit Ihrem wachsenden Selbstwertgefühl hinzukommen.

Zeichnen Sie jetzt ein Symbol, das Sie mit dem Thema »Meine Ziele« verbinden. Seien Sie dabei so spontan wie möglich! Zeichnen Sie dieses Symbol nochmals auf Seite 109 dieses Arbeitsbuchs unter dem Buchstaben W!

M

Die Motivation für mein Tun

Schreiben Sie die Gründe auf, warum Sie aktiv werden, warum Sie handeln, etwas zu erreichen versuchen und im Leben in Bewegung kommen. Überlegen Sie in Ruhe und lassen Sie Ihren Gedanken freien Lauf.

Was treibt mich an, meine Ziele zu erreichen? Was treibt mich an, überhaupt etwas zu tun?

Schauen Sie sich die Liste an. Prüfen Sie, wie oft hinter Ihrem Handeln Ängste, Unsicherheiten oder ein Vermeidungsverhalten stecken. Wie oft sind wirklich Freude, Liebe und Spaß der Motor Ihrer Motivation? Stellen Sie einfach fest, wie es momentan ist.

Lassen Sie das Ergebnis wirken. Machen Sie sich bewusst, dass es zwei Motivationsprinzipien gibt: das der Angst beziehungsweise der Schmerz- und Fehlervermeidung und das der Fülle, der Liebe und des Spaßes. Nutzen Sie nur eines davon? Oder beide?

Schreiben Sie die folgenden Sätze ein paarmal untereinander. Schreiben Sie sie so oft, bis Sie ein gutes Gefühl dabei haben. Wenn Sie möchten, können Sie sich wieder mit der Energie meiner Hände verbinden oder sich anderweitig höhere Unterstützung holen.

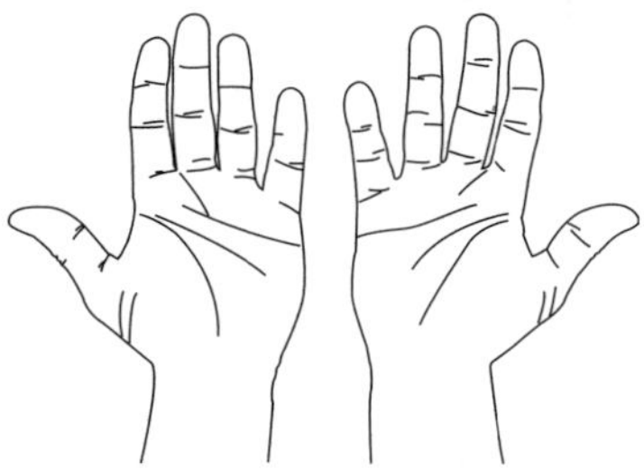

Ich erlaube mir jetzt, ab sofort zu akzeptieren, dass ich mich bisher häufig über die Angst zum Handeln motiviert habe.

Ich erlaube mir, ab sofort bewusst selbst zu entscheiden, welches Motivationsprinzip ich anwende.

Ich bin dankbar dafür, dass ich mich ab sofort mit dem Gefühl der Fülle und der Freude motiviere, etwas zu erreichen.

Ich erreiche ab sofort meine Ziele mit Freude und Spaß an der Sache.

Zeichnen Sie jetzt ein Symbol, das Sie mit dem Thema »Die Motivation für mein Tun« verbinden. Seien Sie dabei so spontan wie möglich! Zeichnen Sie dieses Symbol nochmals auf Seite 108 dieses Arbeitsbuchs unter dem Buchstaben M!

N

Die eigenen Werte finden

Schreiben Sie auf, nach welchen Werten Sie von Ihren Eltern und dem Umfeld Ihrer Kindheit erzogen worden sind.

Die Werte meiner Erziehung:

Gehen Sie die eben erstellte Liste aufmerksam durch. Prüfen Sie bei jedem Punkt, ob dieser Wert auch heute noch für Sie Gültigkeit hat. Schätzen Sie jeweils für sich persönlich ein, ob die einzelnen Werte Sie heute im Leben eher fördern oder hemmen.

Schreiben Sie nun alle Werte auf, die Ihnen heute entsprechen. Prüfen Sie auch, ob diese Werte für Ihre Zukunft und Ihre Ziele hilfreich oder kontraproduktiv sind. Es können Werte der obigen Liste sein, die ihre Gültigkeit bewahrt haben. Es können aber auch neue Werte hinzugekommen sein. Denken Sie an verschiedene Lebensbereiche, an das Private, die Beziehungen, an den Beruf ...

Meine eigenen, heutigen Werte:

Schreiben Sie die folgenden Sätze ein paarmal untereinander. Schreiben Sie sie so oft, bis Sie ein gutes Gefühl dabei haben. Wenn Sie möchten, können Sie sich wieder mit der Energie meiner Hände verbinden oder sich anderweitig höhere Unterstützung holen.

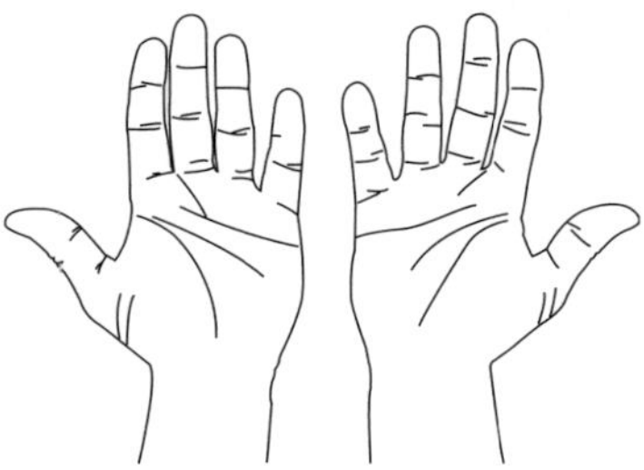

Ich erlaube mir ab sofort, mich von den Werten zu verabschieden, die nicht mehr meine eigenen sind.

Ich bin dankbar, ab sofort nur noch die Werte zu akzeptieren und zu leben, die mich in meiner Entwicklung positiv unterstützen.

Ich lege mir ab sofort meine Werte selbst fest und fülle sie mit Leben.

Zeichnen Sie jetzt ein Symbol, das Sie mit dem Thema: »Meine Werte« verbinden. Seien Sie dabei so spontan wie möglich! Zeichnen Sie dieses Symbol nochmals auf Seite 109 dieses Arbeitsbuchs unter dem Buchstaben N!

J

Meine Anziehung

Schreiben Sie die Qualitäten und Stärken Ihres Partners/Ihrer Partnerin sowie die Qualitäten Ihrer besten Freunde und Freundinnen auf. Notieren Sie alles, was Ihnen einfällt, einerseits die offensichtlichen Stärken, andererseits die Fähigkeiten, die diese Menschen nicht oder nur sehr wenig ausleben.

Die Qualitäten meiner engsten Mitmenschen:

Notieren Sie nun nach Ihrer Einschätzung die Schwächen dieser Personen, die Sie eben in ihren positiven Eigenheiten beschrieben haben.

Die Schwächen meiner engsten Mitmenschen:

Und nun wird es spannend: Vergleichen Sie beide Listen aus diesem Kapitel mit denen aus Q und V (Seite 13 und 18). Beantworten Sie dazu folgende Fragen:

Welche Übereinstimmungen finden Sie?

Welche Unterschiede gibt es?

Sind es äußere oder innere Merkmale, die Sie und Ihre engsten Mitmenschen voneinander unterscheiden?

Haben Ihre engsten Mitmenschen Merkmale, die Sie an sich selbst noch nicht wahrgenommen haben, die Ihnen aber jetzt bewusst werden? Welche sind das?

Schreiben Sie die folgenden Sätze ein paarmal untereinander. Schreiben Sie sie so oft, bis Sie ein gutes Gefühl dabei haben. Wenn Sie möchten, können Sie sich wieder mit der Energie meiner Hände verbinden oder sich anderweitig höhere Unterstützung holen.

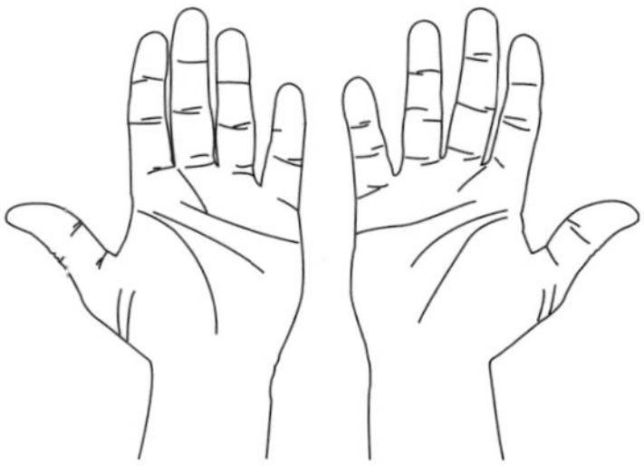

Ich erlaube mir ab sofort, mich ohne schlechtes Gewissen anderen Menschen gegenüber so zu entwickeln, dass ich glücklich bin.

Ich bin ab sofort dankbar für meine Entwicklung und bereit, alles loszulassen, was nicht mehr zu mir passt.

Ich bin ab sofort dankbar für meine Entwicklung und bereit, das anzunehmen, was ich anziehe.

Ich bin ab sofort dankbar für meine Entwicklung und freue mich auf alles, was auf mich zukommt.

Zeichnen Sie jetzt ein Symbol, das Sie mit dem Satz: »Ich ziehe an, was ich ausstrahle«, verbinden. Seien Sie dabei so spontan wie möglich! Zeichnen Sie dieses Symbol nochmals auf Seite 108 dieses Arbeitsbuchs unter dem Buchstaben J!

X

Ich und meine Mitmenschen

Schreiben Sie die folgenden Sätze ein paarmal untereinander. Schreiben Sie sie so oft, bis Sie ein gutes Gefühl dabei haben. Wenn Sie möchten, können Sie sich wieder mit der Energie meiner Hände verbinden oder sich anderweitig höhere Unterstützung holen.

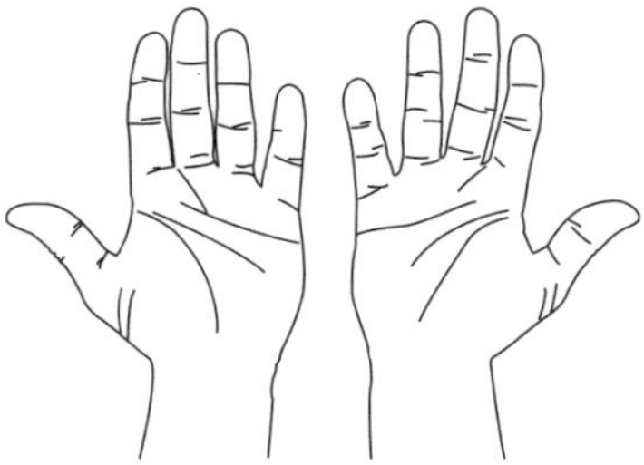

Ich erlaube mir jetzt, ab sofort alle Menschen so zu lassen, wie sie sind.

Ich bin ab sofort dankbar, alle Menschen so lassen zu können, wie sie sind.

Ich akzeptiere ab sofort, dass alle Menschen so sind, wie sie sind, und kümmere mich ausschließlich um mich und meine Entwicklung.

Zeichnen Sie jetzt ein Symbol, das Sie mit dem Satz: »Ich lasse meine Menschen ab sofort so, wie sie sind«, verbinden. Seien Sie dabei so spontan wie möglich! Zeichnen Sie dieses Symbol nochmals auf Seite 109 dieses Arbeitsbuchs unter dem Buchstaben X!

T

Frei von Erwartungen*

Beantworten Sie folgende Frage:

Was wünsche ich mir von meinem Partner/meiner Partnerin?

* Wenn Sie derzeit in keiner Partnerschaft leben, können Sie diese Übung auch für eine frühere Partnerschaft machen oder für die Beziehung zu einer anderen Ihnen nahestehenden Person.

Schauen Sie sich die eben erstellte Liste an. Welche Ihrer Wünsche kennt Ihr Partner/Ihre Partnerin bereits, ohne sie aber bislang erfüllt zu haben? Kennen Sie die Gründe dafür? Untersuchen Sie, warum Sie an diesen Wünschen festhalten, und fragen Sie sich, ob Sie sie loslassen können.

Schreiben Sie die folgenden Sätze ein paarmal untereinander. Schreiben Sie sie so oft, bis Sie ein gutes Gefühl dabei haben. Wenn Sie möchten, können Sie sich wieder mit der Energie meiner Hände verbinden oder sich anderweitig höhere Unterstützung holen.

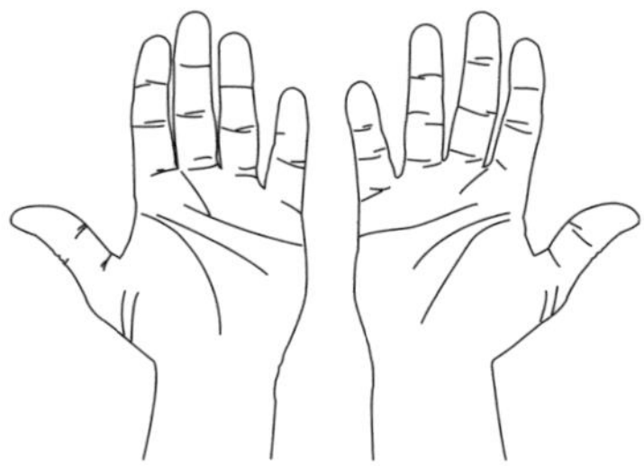

Ich erlaube mir ab sofort, mich von jeglichen Erwartungen frei zu machen.

Ich bin dankbar, ab sofort meine Erwartungen an andere Menschen loszulassen.

Ich lasse ab sofort alle Erwartungen an andere los.

Zeichnen Sie jetzt ein Symbol, das Sie mit dem Satz: »Ich bin ab sofort frei von Erwartungen«, verbinden. Seien Sie dabei so spontan wie möglich! Zeichnen Sie dieses Symbol nochmals auf Seite 109 dieses Arbeitsbuchs unter dem Buchstaben T!

B

Kontrollverhalten

Schreiben Sie die folgenden Sätze ein paarmal untereinander. Schreiben Sie sie so oft, bis Sie ein gutes Gefühl dabei haben. Wenn Sie möchten, können Sie sich wieder mit der Energie meiner Hände verbinden oder sich anderweitig höhere Unterstützung holen.

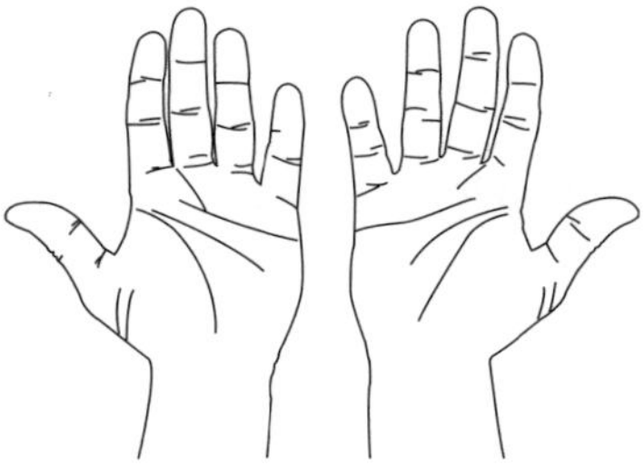

Ich erkenne ab sofort an, dass die Emotionen und Ängste in mir stärker als meine Gedanken sind.

Ich erlaube mir ab sofort, mein Kontrollverhalten loszulassen.

Ich bin ab sofort dankbar und offen für die positiven Gefühle, die in mir sind und die ich jetzt leben darf.

Ich bin ab sofort dankbar und offen für die positiven Gefühle, die ich mir selbst und anderen vorbehaltlos zukommen lasse.

Schreiben Sie diese wesentlichen Sätze auch noch auf einem separaten Blatt so oft auf, bis Sie ein richtig gutes Gefühl dabei haben.

Zeichnen Sie jetzt ein Symbol, das Sie mit dem Satz: »Ich lasse mein Kontrollverhalten los und öffne mich ab sofort für alle positiven Gefühle für mich selbst und andere«, verbinden. Seien Sie dabei so spontan wie möglich! Zeichnen Sie dieses Symbol nochmals auf Seite 108 dieses Arbeitsbuchs unter dem Buchstaben B!

R

Meine Gewohnheiten

Notieren Sie hier Ihre Gewohnheiten. Schreiben Sie auf, was Sie immer und immer wieder machen. In welchen Bereichen verhalten Sie sich stets auf die gleiche Weise: im Tages- oder Wochenverlauf, in der Freizeit oder im Urlaub, bei Herausforderungen oder in Gesprächen, beim Essen? Es kommt sicher einiges zusammen – notieren Sie alles, was Ihnen einfällt.

Meine Gewohnheiten:

Betrachten Sie Ihre Liste. Suchen Sie sich ein paar Punkte aus, so viele, wie Sie momentan wollen, und formulieren Sie sie neu: Lassen Sie die Grundtendenz bestehen, aber schreiben Sie eine Variation auf. Wenn Sie notiert haben, dass Sie immer italienisch essen gehen, schreiben Sie nun, dass Sie ab und an griechisch essen gehen oder schlichtweg zu einem Italiener in eine andere Stadt fahren. Öffnen Sie sich für etwas Neues! Gehen Sie hierbei von unserem bewährten sportlichen Grundsatz aus: »Vom Einfachen zum Schweren.«

Ich öffne mich für folgende Varianten:

Schreiben Sie die folgenden Sätze ein paarmal untereinander. Schreiben Sie sie so oft, bis Sie ein gutes Gefühl dabei haben. Wenn Sie möchten, können Sie sich wieder mit der Energie meiner Hände verbinden oder sich anderweitig höhere Unterstützung holen.

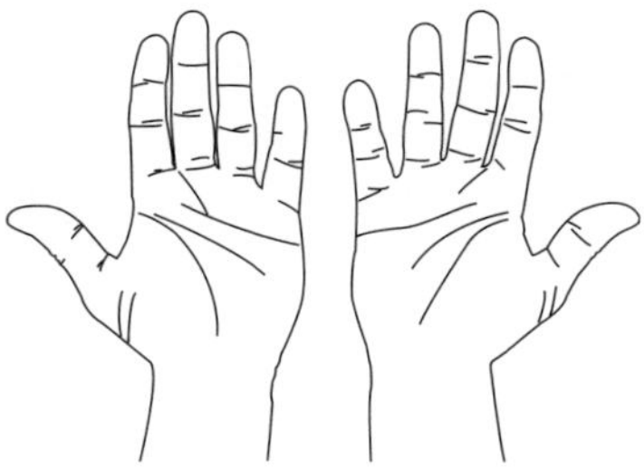

Ich erlaube mir jetzt, ab sofort flexibel und offen für Neues zu sein.

Ich bin dankbar, ab sofort flexibel und offen für Neues zu sein.

Ich bin ab sofort flexibel und offen für Neues.

Zeichnen Sie jetzt ein Symbol, das Sie mit dem Satz: »Ich bin ein offener und flexibler Mensch«, verbinden. Seien Sie dabei so spontan wie möglich! Zeichnen Sie dieses Symbol nochmals auf Seite 109 dieses Arbeitsbuchs unter dem Buchstaben R!

H

Meine Entscheidungen

Schreiben Sie nachfolgend alle Themen auf, bei denen eine Entscheidung ansteht.

Diese Entscheidungen stehen an:

Markieren Sie jetzt mit einer Farbe die Entscheidungen, die Ihnen leichtfallen und die Sie möglicherweise nur aus Bequemlichkeit noch nicht getroffen haben. Anschließend schreiben Sie ein Datum oder/ und eine Uhrzeit neben das Stichwort, bis wann Sie diese Entscheidung getroffen haben. Wenn sie dann getroffen ist, haken Sie das Stichwort ab. Erledigt.

Markieren Sie mit einer anderen Farbe die Entscheidungen, die Ihnen schwerfallen oder Angst machen. Arbeiten Sie so lange mit den Werkzeugen aus dem Buch an diesen Themen, bis die Ängste nur noch minimal sind. Dieser Prozess dauert so lange, wie er dauert. Sie arbeiten dran, das allein zählt.

Sobald Sie ein gutes Gefühl dabei haben, diese Entscheidungen zu fällen und die Konsequenzen zu tragen, notieren Sie auch hier ein Datum, bis wann das Thema erledigt ist.

Schreiben Sie die folgenden Sätze ein paarmal untereinander. Schreiben Sie sie so oft, bis Sie ein gutes Gefühl dabei haben. Wenn Sie möchten, können Sie sich wieder mit der Energie meiner Hände verbinden oder sich anderweitig höhere Unterstützung holen.

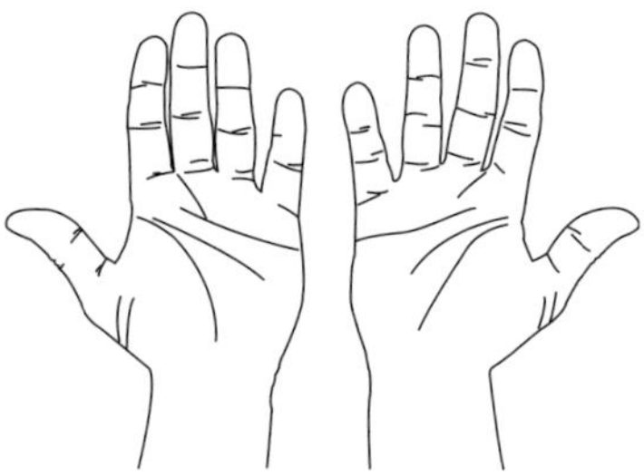

Ich erlaube mir ab sofort, den Mut zu haben, Entscheidungen für mich und meine glückliche Zukunft zu treffen und die Konsequenzen daraus zu tragen.

Ich bin ab sofort dankbar für den Mut und die Entschlossenheit, Entscheidungen für mich und meine glückliche Zukunft zu treffen und die Konsequenzen daraus zu akzeptieren.

Ich genieße es, ab sofort Entscheidungen zu treffen.

Ich treffe ab sofort Entscheidungen und stehe zu den Konsequenzen.

Zeichnen Sie jetzt ein Symbol, das Sie mit dem Satz: »Ich entscheide ab sofort mutig und konsequent«, verbinden. Seien Sie dabei so spontan wie möglich! Zeichnen Sie dieses Symbol nochmals auf Seite 108 dieses Arbeitsbuchs unter dem Buchstaben H!

Y

Mein Dank

Dieses Arbeitsbuch ist Ihr Buch geworden. Sie haben damit ein sehr persönliches Werk verfasst, ein Buch Ihres bisherigen Lebens. Am Ende danken die Autoren üblicherweise allen Menschen, die sie beim Erarbeiten des Textes unterstützt haben.

Listen Sie alle Menschen auf, denen Sie dafür danken möchten, dass dieses Buch, Ihr Lebensbuch, möglich geworden ist. Schreiben Sie auch auf, wofür genau Sie sich bei diesen Menschen bedanken möchten. Beginnen Sie bei jeder neuen Person mit den Worten: »Ich bedanke mich aus ganzem Herzen bei …«

Meine Danksagung

Zeichnen Sie jetzt ein Symbol, das Sie mit dem Satz: »Ich bin dankbar und glücklich, dass mich so viele Menschen unterstützt haben und unterstützen«, verbinden. Seien Sie dabei so spontan wie möglich! Zeichnen Sie dieses Symbol nochmals auf Seite 108 dieses Arbeitsbuchs unter dem Buchstaben Y!

L

Meine nächsten Schritte

Schreiben Sie auf separaten Blättern auf, wie Ihre nächsten Schritte in Ihrem Leben aussehen werden. Verwenden Sie beim Schreiben wieder die Gegenwartsform, um die Programmierung zu unterstützen. Seien Sie so konkret wie möglich und beziehen Sie alle Aspekte Ihres Lebens mit ein: sowohl die privaten und die beruflichen Aspekte im Außen als auch Ihr Seelenleben und Ihre persönliche Entwicklung im Inneren.

Lassen Sie sich Zeit, über Tage hinweg, bis Sie selbst das Gefühl haben, dass alles stimmig und rund ist und sich einfach nur sehr gut anfühlt.

Schreiben Sie die folgenden Sätze ein paarmal untereinander. Schreiben Sie sie so oft, bis Sie ein gutes Gefühl dabei haben. Wenn Sie möchten, können Sie sich wieder mit der Energie meiner Hände verbinden oder sich anderweitig höhere Unterstützung holen.

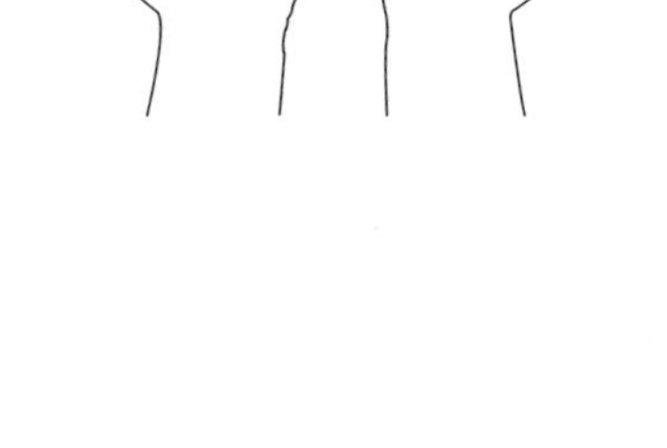

Ich erlaube mir ab sofort, mein Leben und meine Zukunft ab sofort selbst zu kreieren.

Ich bin ab sofort dankbar dafür, die Kraft und Energie zu haben, für mich selbst meine Zukunft zu gestalten und zu leben.

Ich bin ab sofort der Designer meiner Zukunft und habe die Kraft und die Energie, sie mit Leben und Liebe zu füllen.

Zeichnen Sie jetzt ein Symbol, das Sie mit dem Satz: »Ich allein bin der Designer meiner Zukunft«, verbinden. Seien Sie dabei so spontan wie möglich! Zeichnen Sie dieses Symbol nochmals auf Seite 108 dieses Arbeitsbuchs unter dem Buchstaben L!

PP

Der wichtigste Mensch dieser Welt

Schreiben Sie noch einmal alles auf, was Ihnen als Antwort auf die folgende Frage einfällt:

Warum bin ich für mich der wichtigste Mensch auf der Welt?

Vergleichen Sie diese Liste mit der ganz vorn im Arbeitsbuch unter P!
Gibt es Veränderungen? Auch im Gefühl zu dieser Liste?

Zum Abschluss

Sie haben mit diesem Arbeitsbuch ein einzigartiges Werk geschaffen. Es ist voll mit positiven Aspekten Ihres Lebens. Dieses Buch ist fortan Ihr Ratgeber und ständiger Begleiter. Lassen Sie es noch mindestens eine Woche liegen, bevor Sie sich ihm wieder zuwenden. Alles, was Sie sich bislang erarbeitet haben, wirkt noch intensiv in Ihnen nach. Alles sortiert sich neu.

Die von Ihnen gezeichneten Symbole

Sie haben in jedem Kapitel ein Symbol gezeichnet und es auf einer Doppelseite hinten wiederholt. Was hat es nun damit auf sich? Wenn Sie nach einer kleinen Pause das Gefühl haben, erneut mit dem Arbeitsbuch arbeiten zu wollen, dann schlagen Sie bitte ***nicht*** das Inhaltsverzeichnis auf. Öffnen Sie vielmehr die Doppelseite mit den Symbolen. Fragen Sie sich dabei bewusst, welches Kapitel für Sie gerade jetzt wichtig ist. Welches Thema will jetzt bearbeitet werden?

Das Symbol, das Ihnen spontan am schnellsten ins Auge springt, mit dem sollten Sie arbeiten. Ihr Auge erfasst die Doppelseite im Bruchteil einer Sekunde, und Ihr Unterbewusstsein hat in diesem Moment auch schon entschieden, welches Symbol das aktuell richtige ist. Vertrauen Sie dieser Entscheidung, auch wenn Sie Ihnen nicht einleuchtet oder nicht gefällt. Sie selbst haben beim ersten Durchgang durch das Arbeitsbuch diese Symbole geschaffen. Somit haben Sie einen intensiven Bezug dazu. Ihr Unterbewusstsein weiß genau, welche Themen hinter welchen Symbolen stecken und welche aktuell bewältigt werden wollen. Probieren Sie es aus – und Ihr Vertrauen in Ihre eigenen inneren Kräfte wird sich festigen.

Absichtlich sind die Kapitel mit ungeordneten Buchstaben versehen. So können Sie mit Ihrem Bewusstsein keinesfalls beeinflussen, welches Thema Sie auswählen. Überlassen Sie die Entscheidung Ihrem tieferen Wissen. Auch Seitenzahlen zu den Symbolen gibt es auf der entsprechenden Doppelseite nicht. Schauen Sie daher im Inhaltsverzeichnis vorn nach, auf welcher Seite sich die Fragen zu Ihrem Symbol und Buchstaben finden.

Arbeiten Sie das gewählte Thema noch einmal durch. Erstellen Sie die Listen neu, beantworten Sie die Fragen noch einmal, schreiben Sie die entsprechenden Sätze ab, lesen Sie die dazugehörigen Kapitel im Hauptbuch. Bringen Sie das Thema in einen Bezug zu Ihren aktuellen Lebensumständen. Seien Sie kreativ! Verfolgen Sie Ihren Weg so weiter, wie es Ihnen am meisten Freude macht.

Es begleitet Sie, solange Sie wollen

Sie können beliebig oft und beliebig lange mit dem Buch und dem Arbeitsbuch arbeiten. Ihr Unterbewusstsein braucht nach meinen Erfahrungen je nach Komplexität des Themas bis zu eineinhalb Jahre, um neue Inhalte tief zu verinnerlichen. Die Früchte des Neuen aber können sich durchaus schon früher zeigen. Die Ernte wird immer nur noch reicher und süßer, je länger und intensiver Sie Ihren Weg verfolgen.

Bleiben Sie also dabei, vertrauen Sie sich und dem Leben und genießen Sie Ihre Entwicklung. Die Entwicklung zu einem immer glücklicheren, zufriedeneren, gesünderen, erfolgreicheren und ausgeglicheneren Menschen. Zu dem Menschen, der Sie im tiefsten Inneren Ihrer Seele sein wollen.

Ich bedanke mich bei Ihnen dafür, dass ich Sie auf diesem Weg begleiten durfte, und wünsche Ihnen das Beste für Ihren weiteren Weg!

L

H

P

V

J

Z

Y

Q

S

M

K

B

X

F

D

W

C

T

G

R

PP

N